未来からきたフェミニスト

KITAMURA KANEKO

北村兼子

YAMAKAWA KIKUE

と

山川菊栄

花束書房

北村兼子

◉もくじ

山川菊栄

◉はじめに

生きづらさを突き破って、未来へ

なぜいま、このふたり？

北村兼子と山川菊栄。前者は今日の日本では知る人が少なく、両者の交流もなかった。ではなぜ「未来からきたフェミニスト」としてこのふたりを合わせて紹介するのかと疑問に思う人も多いだろう。

北村兼子（1903－1931）は、日本の女性で初めて法律の世界に飛び込んだ人である。関西大学法学部在学中には大阪朝日新聞の記者にもなった。記者になると、大学で男子と同じ教育を受けて痛感した性差別を追及するために筆をふるったが、セクシュアルハラスメント、性的被害によって2年ほどで退社に追い込まれてしまう。兼子はその理不尽さを訴え、その後も女性の立法権・参政権を求めて発信を続け、政治・経済・文化など多方面にわたる評論活動を展開、国際的にも活躍した。やがて飛行士になる夢を抱き飛行学校に入学したが、訪欧飛行を控えた折、にわかに発病して急死。27歳だった。

一方、山川菊栄（1890－1980）は社会主義の立場から、婦人運動の理論的指導者として後進の育成にも努めつつ、多くの著作を残した。著作は現在、全集や文庫で読むことができ、時世とフェミニズムの潮流も受けて、いままた光があたっている。

パンデミックに環境破壊、資本主義の行きづまりによる分断、人種差別、戦争。国内でもこれらに呼応するように、政治は腐敗の極みに、主流ジャーナリズムは機能不全におちいっている。コロナ下ではとりわけ女性の困窮者が増え、自死数が年々増加。2022年には子どもの自死数が過去最大を記録し[※1]てしまった。入管および外国人技能実習生が働く現場での人権侵害は、戦前の朝鮮半島出身者、中国人らへの強制労働を思わせる酷さである。SNSでは、トランスジェンダーを中心にセクシュアルマイノリティや障がい者への憎悪言説も増えている。そしてお墨付きを与えるかのように、政治家がセクシャルマイノリティを侮辱する発言を繰り返す。法律で差別の禁止すらしない。さらに、今後5年間で増税によって軍事費を倍増させようとしている。反面、軽視されているのが文化芸術や教育、福祉といった分野である。

未来が描きにくい社会で、つい歴史を振り返る。残念ながら兼子と菊栄が生きた厳しい時代からあまり進歩していないし、ふたりの言葉には、とくにいまのフェミニズムのイシューを考えるヒントが多いからである。ふたりは未来からやってきたかのように先進的だっただけでなく、時代の変化をみながらアップデートも続けた。誤りがあれば正し、変わり、自分の言葉を見つけていった。もちろん、現代から見たら差別的と思われる言葉も残しているし、考えの違う女性を不必要に攻撃したことだってある。また、ふたりは植民地下朝鮮、台湾の現状を見て日本政府・資本による搾取を批判したものの、そこに帝国主義的視点がなかったかどうかは検証が必要だ。それでも、ふたりの言葉は、変わっていく、変えていく可能性を感じさせてくれる。そもそも「未来」が希望に満ちているからではなく、変わる可能性に賭けて未来に希望を見るのだ。そのことが、目の前の生を彩っていく。そして自分が変わると、世界は違って見える。

何を「悪」とするかがその時代の社会規範で変わっていくように、人間の考えはその時代の価値観、規範のなかでかたちづくられる。一方で、時代の価値観は変わっても人間の問題意識はさほど変わらないのではないか。兼子と菊栄を「未来からきた」としたのもそこにある。ジェンダーやセクシュアリティ、障がいや生まれた地域など自分ではどうにもできないことで差別されたくない、戦争のない平和な日常が続いてほしい、表現する自由を奪われたくない、働いたら正当に評価されたい、子どもに十分食べさせ、教育を受けさせたい……。現在では法のもとで保障されているこれらの願いは、普遍的な問題意識に根差している。誰もが自分を歴史的な存在だととらえられれば、こうした問題意識を共有するようになり、他者への偏見も薄れるだろう。兼子はハワイで行われた汎太平洋婦人会議に参加した際、人種の平等や日本の植民地下での搾取などに触れ、婦人団体から「赤い」と指摘されたことに対して「マルクスの踏絵を踏まして思想吟味するまでもなく、前述のように穏健主義で、平凡に満ちた意見です」と述べている(『新愛知』1928年7月21日付)。また、マルクス主義者の看板が付いてまわった菊栄は晩年、「私の書いたものをよんで下さる方は、その平凡で常識的なのが婦人解放論の真理であることを知ってほしいと思います」(ドメス出版『近代日本女性史への提言』)と、レッテルを否定した。

本書では、兼子と菊栄をとりあげるにあたり、次のような共通点に着目しながら構成した。

まず最大の共通点は、文章の魅力である。社会の矛盾を突きながら女性差別を非難する切れ味鋭い言葉は、たしかな社会分析にもとづき、いま読んでも通用するものが多い。兼子の文章は皮肉とユーモアが小気味よく、独自の味がある。本書では著作の抄録を中心に掲載している。菊栄は、戦時中の『武家の女性』『わが住む村』などで取り組んだオーラルヒストリーを経て、とくに戦後にかけての文体は名人芸といえるほどだ。さらさらと流れるような読み心地だが滋味深く、ときに澄んだ名刀のごとき鋭さをきらめかせる。

同時代の女性たちとさかんに議論を交わしたことも共通する。考えや立場が違う相手を批判したり、理解しようと努めたりしながら、ふたりは自分の言葉を磨いていった。そもそも、社会主義、共産主義を否定し、その限界を指摘した兼子と菊栄も、まるでベクトルが違う。それから、フェミニズムの今日的なイシューでもある、セクシュアル・リプロダクティブ・ヘルス／ライツ（性と生殖に関する健康と権利）についてふたりがさかんに書いたことは、いまとくに光をあてたい。優生思想が「常識」であった時代にそれに異議を唱えたこと、産児制限および姦通罪の背景にある構造の問題を指摘したことなどである。そのほか、国際的視点から日本社会の問題を分析したこと、反軍事を訴え続けたこと、結婚制度と女子教育を非難したこと、女性労働への抑圧を追及したことなども共通する。ふたりとも幕府・幕臣系統の漢学の家に生まれ、教養の背景が似ていることもあり、早くに歴史的視点を育くみ、社会を俯瞰できたのかもしれない。基本的に婦人団体に属さず、一匹狼的に文筆で活動したことも似ている。

ふたりの人生を振り返りながら、共通点や異なる点をもう少し詳しく見てみよう。

知る情熱によって得た独自のフェミニズム

兼子は日露戦争勃発の前年、１９０３年11月26日、大阪市北区天満に生まれた。幼少期に漢学者の家の跡継ぎとして「男の学問」を叩きこまれたせいか、女学校の良妻賢母教育を醒めた目で見ていたと、のちに振り返っている。卒業後は大阪外国語学校別科英語科（現・大阪外国語大学）を経て、１９２３年、22歳で関西大学法学部法学科に入学。当時の制度上、女性ゆえ「聴講生」であり学位は得られなかったが、法学に打ち込み、道を模索する。そして高等文官試験の司法科・行政科に応募したが、女性の判事・検事・弁護士の前例がないからと門前払いであった。そもそも出願条件に中学校卒業とあり、制度上、女子には門戸が閉ざされていたのだが、要綱に「女性を除く」とはなかったために応募したのだった。それでも、大学で高等教育を受けるうちに兼子は目覚めていく。――「私は女子に限定せられた教育を呪うものである、現に女学校で虚偽の修身を教え込まれた私が、大学の法科、何千人という男子ばかりの中に交じって男性的教育を受けて初めて、人間というものは、そんな卑屈な不自由なものでないという事に目が覚めた」(『ひげ』)。あるいはこうも述べている。——「私は肉体は売る時があっても学問は売りたくない。学問は肉体より尊い。百円や二百円の端金に面を叩かれ、十年苦心の学問を売ろうとは何事である。(中略)尊い学問をダンピングすな。売れなかったら労働者になれ、それは高尚だ。乞食になれ。そして餓えよ。更に貴い。餓えて死ね。最も尊い」(『竿頭の蛇』)、「女学校で男子礼賛、差別待遇行程を叩き込まれ、男子に対する恭順の念をシカと蒔かれている。そのほかに宗教——とくに仏教——が女を穢れたものとして、人間という水平線から押し下げてきている。そういう観念から出発する女性であるから、一議もなく女卑を承認してしまう」(『婦人』)。なお、菊栄も、日本では欧米のように知識階級の婦人運動が振るわない理由について、「まず日本における仏教および儒教思想の影響を挙げたい。これらの教義がもたらした極端なる男尊女卑の思想は、約一千年間わが国婦人を虐げてその進歩発達を阻害した上、怯懦因循をほとんど第二の天性とするに至らしめた」(『山川菊栄集１』２０６頁)と見ていた。

１学年を終えた頃、兼子が書いた論考「法律を学ぶ私」(26頁〜)、「爆弾事件と法の適用」(２３１頁〜)が新聞に掲載されて注目を集め、在学中に大阪朝日新聞の記者として正社員採用された。男子普通選挙法が実現し、政党内閣の確立期に入り、戦前ではもっとも民主的な時代を迎えていた。市川房枝らの婦人参政権獲得期成同盟会が結成され、女子高等教育を求める全国団体が立ちあがり、労働運動、朝鮮独立運動、部落解放運動などが各地で巻き起こっていた。兼子も大阪市の実業会館で行われた女子学生連盟演説会で、共学実現のため演壇に立った。「社会主義運動、鮮人運動、水平運動等に興味を持ちます」「婦人運動の毫も鋭くない中に今度のこの共学運動だけは真剣な異常の鋭さを持っている」という発言からは、兼子の時代認識、社会運動への共感がうかがえる。さらに、当時大阪にあった大原社会問題研究所に通い、社会学も精力的に学んだ。これは新聞社でのカフェー取材も含めて、大衆心理を学ぶことで、活きた法学を考えていくためでもあった。

全課程修了前、早くも1冊目の著書『ひげ』が刊行され、1か月以内に4版を重ねた。版を重ねるごとに、序文にも若いフェミニストらしい気概が垣間見える。初版では、新聞社の上司や読者に対して古風な候文で礼を述べており、「あらあらかしく」と、おそらくあえて「女らしく」締めていた。それが、「再序」は、「売れてはいけないヒゲ。『ひげ』が出てからいろいろの書状が私の手許（てもと）へ舞い込む、その中に売れてはいけないヒゲという皮肉なものがありました。貴女はまだ若い、出版は早い、だが出たものは仕方がない、私も読んだ、面白く読んだ結果として心からの貴女の嘆美者としてヒゲの売れないことを希望する、それはヒゲの評判が高いに比例して女に特有の慢心が昂（たか）ぶって研究向上の歩みが鈍る、天がモシ北村女史を大成させようとするならばヒゲの評判が悪く本が売れない方がいい……と、こういう意味であった」となる。続く三版は、「有りがとう、さような意味に於いてヒゲの売れないことを望んで下さる御好意に背いて、本はよく売れました、三版が出来ました、それも注文殺到で残部がないそうです、今四版をヤルという話が話されています、その次に『短い演説の草案』というのと、まだ掲題の極っていないヒゲ類似の本を連発しますが、売れると売れないとによって研究心が水銀のように昇（あが）ったり降（さが）ったりする心配は御座いませんから、どうか相変わらず書きなぐらせてください、何も修行中ですから」と意気込んでいる。

『ひげ』序文の変化を見ると、記者デビューした頃からセクハラの標的になっていたことが想像できる。そして早くも8か月後、カフェーでの潜入取材を4冊目の著書『恋の潜航』にまとめると、大衆紙や雑誌に性的な誹謗中傷記事が急増し、性的行為の強要や、ストーカーまがいの被害も受けるようになった。兼子はこれに言論で対抗したが、退社に追い込まれたのである。こうした経緯は評伝『炎のジャーナリスト』（大谷渡著、東方出版、1999年）にも書かれているにもかかわらず、近年でも、「スキャンダル」[※2]がもとで退職したとか、フリーランスになるために退社したとか書かれた文章が見られる。いずれも当時の女性が置かれた差別構造には目を向けず、兼子が男性と関係を持ったと自明視して書いているが、兼子が書いたものを読んだのかと首をかしげてしまう。そもそも亡き人のセクシュアリティがはっきりするはずがない。

さて、兼子が活動した時期の大阪は、女性運動の一大拠点でもあった。1919年、大阪朝日新聞社が設立した全関西婦人連合会（以下「全婦」。1927年には大阪朝日から独立）は、北陸や東海まで含む西日本全域の連合婦人組織であり、ピーク時で会員数300万人という国際的にも最大規模の団体であった。1925年からは婦人参政権推進の方針を固め、数万人の請願署名を貴衆両院に提出している。婦選運動は東京が中心と思われがちだが、全婦は地方への波及に影響力があり、大阪は工業都市として人口も各種運動の規模も、東京をしのぐほどだったのだ。職業婦人団体も多かったことから、これらの労働運動や社会事業と関わった婦人運動も、大阪が先進的だった。また、全婦は中産階級を主軸としていたが、無産婦人団体とも組織的に結びついて産児制限運動や廃娼運動で共闘し、民法・刑法の改正に向け注力した。兼子は、全婦の特徴でもあった「婦徳涵養（かんよう）」「勤倹貯蓄」には反対して立法権を重視する立場を明らかにしながら、機関誌『婦人』に寄稿するなどして運動の一翼を担った。

前述したように、兼子は記者として人気実力ともに上り調子のときに性的な誹謗中傷、デマ記事の嵐に見舞われ、職を奪われた。それでも、退社前に被害の理不尽さ、職業婦人を貶める卑劣な手口、女性憎悪の言説を追及したことはいま改めて強調したい。現代の #Me Too ――ほかの人の性被害に連帯しつつ被害を明かすだけでも勇気がいるのに、セクハラという言葉すらないおよそ100年前にひとりで被害を明かし、怒りを表明したのである。女性が公然と怒りを示すことが、その後どれほどの加害を引き起こしたのか、容易に想像がつく。レコードでは「真剣の告訴状」「職業婦人擁護であり、女性擁護であり、汎人間主張」とし、「どこまで、いつまで黙っていなければならないんでしょう」「もう怒ってもいい、嚇怒（かくど）してもいい」「ご婦人方よ、主義は鋭かれ」と高らかに述べている。[※3]

現在でも誹謗中傷、セクシャルハラスメント記事をばらまかれてしまうと、それを回収することは難しい。まして女性の人権がきわめて制限されていた時代に、「一ダスの情人を持って居る」「淫婦である」といった人格を貶める記事が出てしまうと、噂が噂を呼び、偏見で「評価」を下す人は後を絶たなかった。しかも、それは戦後まで尾を引いた。たとえば、1963年に書かれた「北村兼子の功名心」(読売新聞社『随筆・私の見た美人たち』)という文章では、兼子が次のように紹介される。――「じぶんの美貌を武器に利用して云々などと、同性の間には悪評あるいは好意的でない噂が流れていた」「(兼子が、ひどく肉感的でデカダンな浮世絵に似ているとし)そういう女の眉目に弱い男の心を掻き乱し誘うものがあるようだった」「(兼子が参加した汎太平洋婦人会議について)浮世絵美人と金瓶梅式の東洋の艶姿がなにゆえに、教育、政治、社会事業を論じ合う婦人会議におもむくキリスト教矯風会のガントレット恒夫人たちの一行にくっついて行けるのか、いかにしてうまくこの年配の偉い女史たちに取り入って腰巾着になったのか」などと、戦前耳にした噂の記憶、憶測、偏見によって尊厳を傷つけた内容であった。全編にわたりミソジニーと悪意に満ちた文章だが、これを書いたのは少女小説で人気を博した吉屋信子なのである。兼子は若くしてかなりの著名人であり、その筆力も当時の文筆家のなかで突出しており、大胆な言動が目立ったことから周囲の注目を集めたようだが、それでも目に余る内容だ。

1930年、『婦人毎日新聞』主宰の婦人文化講演会に出演するため、雑誌『女人芸術』の同人とともに台湾に渡った。前列右から北村兼子、生田花世、望月百合子、林芙美子。後列左から蔡阿信、山田やす子、堀江かど江、蔡阿信の夫・彭華英。
(写真提供：新宿歴史博物館)

兼子の活躍の場は世界に及んでいったが、いくら著作で強い言葉を発したからといって、無作為に誹謗中傷を受ければ傷ついたと考えるのが自然であり、それは著作を検討すれば伝わってくる。死の前まで孤軍奮闘できたのは、因習と枠にはまることを何より嫌う個性と勇気、必死に打ち込んできた勉学が支えになっていたのかもしれない。

本書では、名誉回復の意味も込めて、兼子の言葉をいまのフェミニズムや人権の視点から見つめ直したい。兼子は性差別への怒りを土台に、人類の平和や福祉、教育の平等といった理想の社会を考えたからである。

兼子と菊栄をつなぐ接点、視点は?

兼子が死去した折、作家の三宅やす子が追悼文を寄せた(242頁〜)。やす子は兼子の著書に序文を寄せるなど、親しくしていた。そしてやす子は、小学校から女学校まで菊栄の同級生であった。菊栄が特別に思い入れのある人たちを描いた「このひとびと」(『山川菊栄集8』)では、才気にあふれていたやす子が家の事情で早々に結婚を決めた悔しさを、「ただのお嫁さんになる気でいるのが、もどかしく、寂しかった」と哀惜を込めて綴っている。

兼子と菊栄をつなぐもうひとりの人物が、法学者の滝川幸辰(たきがわゆきとき)である。滝川は、兼子が刑法について学んだ師匠であった(178頁参照)。菊栄は、兼子と同様に女性による犯罪を分析する文章をよく書いており、そのなかで滝川を評価していた。たとえば菊栄は、姦通罪が男子の姦通について刑罰を規定していないからといって、男子の姦通を積極的に奨励し賛美しているわけではないと指摘しているが、兼子も、滝川譲りの見解と現実に即して似たような意見を述べていた。また、博士号を取るために恋人の女性医師から6年間援助してもらった男が、博士号を取得した途端に恋人を捨てた事件があった。女性医師は職業上で手に入れたチフス菌で男の毒殺を図るも、ほかの犠牲者を出してしまったのだ。菊栄はこの女性を非難したうえで、ジェンダーの問題を指摘しながら被害男性も批判し、女性に同情を寄せた。そして、この難事件を滝川が弁護するとの報道に「一抹の明るさ」を感じたと述べ、こう付け加えた。「欲には婦人弁護士が開業していて、せめて滝川氏の補助的な任務でも引きうけられるとなおよかったと思う。（中略）追々にこんな事件に進んで起つ女弁護士の将来に期待せずにはいられない」（『山川菊栄集6』210頁）。兼子を思い浮かべてしまう言葉だが、兼子はこのときすでに世を去っていた。

このように、菊栄も女性が法律を学ぶことを重視していた。ヒトラーが「一人のお偉い婦人法律家よりも、健康な七児を擁する婦人を尊重する」と演説したことを伝え聞いたときは、せっかく健康な子を産んでも「またぞろ世界戦争のやり直しで、大砲の餌食にされては、母親もたまるまい」と皮肉った。そして、法律を学ぶことと子を産むことは秤にかけられないほど別の値打ちがあり、女性には学んだり考えたりする本能もあるのだとし、「ヒトラーの御厄介にならずにすむ日本では、健康な子を生む母と同時に、偉い婦人法律家も遠慮なく出てもらいたいものである」（『山川菊栄集6』139頁）と述べた。

女性、マイノリティをめぐる法制度上の不備が指摘されるいま、法律を重視したふたりの言葉にも注目してほしい。

女性運動の先駆者として戦後にバトンをつなぐ

菊栄は1890年11月3日、東京・麹町（こうじまち）に生まれた。兼子の13歳年上である。少女時代は、水戸藩の儒学者だった祖父・青山延寿（あおやまのぶとし）と同じ敷地内に暮らし、その影響も受けながら本や新聞を読み漁った。当時、女の子に新聞を読ませる家庭は珍しかったから、恵まれた環境で教養を積んだといえる。女子英学塾（現・津田塾大学）に入学した際、作文で「婦人解放のために働きたい」と書いたことをとがめる教師にはがっかりしたが、ここで身につけた英語力が翻訳の仕事につながり、かつ国際的視点で社会を分析していく土台となった。

女子英学塾に通った明治末期は社会主義者への弾圧が厳しかったが、資本主義の急発展によりのちのデモクラシーの兆しも見えていた。当時の菊栄も「明治は終わった、明日からは新しい日が来る」（『おんな二代の記』）と新時代に期待したように、職業婦人は増え、各種運動が活性化した。菊栄は伊藤野枝との「廃娼論争」で論壇にデビューし、文筆を軸に運動に入っていく。

廃娼論争の背景には、1916年に警視庁が発表した「私娼撲滅、公娼寛遇」の方針があった。これに廓清会（かくせいかい）、基督教矯風会（きょうふうかい）などが反対し、廃娼運動が熱を帯びていく。野枝は問題の基本的な背景を押さえずに「矯風会のような上流婦人による虚栄」といったあいまいな意見で非難しつつ、公娼制度を認める立場から発言したため、菊栄が論旨明快に批判したのだった。菊栄はその後、公娼問題について論を深め、「私は矢島さんの仕事の中で女子学院と公娼問題だけは小さいながらも価値を認めております」とも述べている（『おんな二代の記』、矢島＝矯風会の矢嶋楫子（やじまかじこ））。

若くしてメディアに登場した菊栄は平塚らいてう、市川房枝らによる新婦人協会をブルジョアのインテリ婦人による運動だとして手厳しく批判した。婦人解放は参政権ではなし得ないからと経済制度の変革を訴え、社会主義にもとづく啓蒙を試みたのだ。結局、新婦人協会はらいてうの引退と房枝の渡米によって2年で解散、菊栄らによる赤瀾会（せきらんかい）も早々に挫折。菊栄は「無産婦人運動の任務とその批判」（1928年『労農』3、5月号）で反省の言葉を述べたが、その理論は後輩たちの支持を得て引き継がれていく。

関東大震災後は思想、書きぶりがやや変化する。復興をめざす女性たちが超党派で結成した東京連合婦人会には、かつて批判したキリスト教系や市民系婦人運動家たちとともに加わった。また、夫の均らとともに無産政党の組織化をめざし、政治研究会に婦人部を設けると、「婦人の特殊要求」を本部につきつけた。戸主制度の撤廃、不平等法律の撤廃、母性保護、男女同一賃金などを要求したものであり、「特殊」とはいえ世間一般にも理解されうるものであった。結局、取り入れられなかったものの、のちの労働運動に活かされている。同時期に設立された日本労働組合評議会には、依頼を受けて「婦人部テーゼ」の草案を書いた。これは、労働運動が男性中心に進められてきたことを批判しつつ、女性労働者の組織化と意識の向上などをめざしたものである。これもまた組織に翻弄されて終わり、菊栄はその後運動の一線から退いた。こうしたなか、かつて「貴族主義、独善主義、享楽主義」(『山川菊栄集3「新婦人協会と赤瀾会」16頁)と攻撃したらいてうに対してもその歴史的役目を認めるなど変化もあった。震災前の若い菊栄は、官憲からの弾圧や社会主義に対する使命感などから筆が尖りがちだったのだろう。無産運動、労働運動が大衆化した震災後には余裕もうまれ、自他への客観的な視線が芽生えたようだ。

菊栄は、兼子の死後まもなく引き起こされた、いわゆる満州事変、軍拡に厳しい視線を向けたが、日中全面戦争に入るあたりからは総動員体制により言論統制が厳しくなったため、文章に変化が見える。さらに、体調を崩しがちだった均が弾圧により検挙されるとその世話に追われ、また立場上、原稿依頼も途絶えてきたため、うずら園の運営や畑仕事で自活の道を探った。そして、農村暮らしのなかで生活史、社会史への関心を深め、民俗学者・柳田国男の依頼で『武家の女性』『わが住む村』を刊行。これにより生活が少し落ち着き、敗戦まで思想を守り抜くことができたのである。

戦後、労働省婦人少年局の初代局長になった。写真は、東京・小金井の浴恩館で行われた地方職員室主任会議のときのもの。現代とは正反対に、写っているほとんどが女性である。
(写真提供:山川菊栄記念会)

敗戦後の1947年4月、片山哲社会党内閣が成立する。労働省が設置され、女性の総合的な行政機関として婦人少年局が立ち上がり、初代局長に菊栄が就任。女性・年少労働者の保護に取り組んでいく。ここで菊栄は、地方職員室の室長を全員女性にするという異例の人事を行なった。職員の女性たちは女性労働の現場に足を運び、実態調査と啓発活動を精力的に進め、男女別統計——いまでいうジェンダー統計を導入させたのも画期的であった。晩年は政界入りをめざして選挙演説に走り回った兼子が果たせなかった女性行政を、まったく異なる立場の菊栄が実現したのである。だが1951年5月31日、政局の変化により突然、解任された。

その後、初めての外遊を経て刺激を受けた菊栄は、雑誌『婦人のこえ』を創刊する。やがて夫・均の死に見舞われ、日米安保条約改定が強行され、1961年には同誌が廃刊するなど失意の日々が続いた。しかし翌年には心機一転、婦人問題懇話会を発足させ、70年代にかけて婦人問題を研究する団体として発展させた。婦人問題懇話会は幅広い層からなり、扱ったテーマも戦前から菊栄が取り組んできた問題の延長線上にあるものが多く、ここでも保護と平等をめぐる論争が交わされたりもした。菅谷直子や田中寿美子ら多くの後輩たちが育ち、その思想と言葉が現代に継承されている。

「私どもを救うものはただ未来である」

今日的な問題に即して本書にとりあげた菊栄の問題意識を見てみよう。

まず、セクシュアル・リプロダクティブ・ヘルス／ライツ。「自主的母性」という言葉を使い、産む自由・産まない自由を当然の権利として選べるべきであり、そのために産児調節も必要だとして、多くの論考を残した。また、電車内の痴漢、性暴力についても激しく非難している。そして、いまとくに注目したいのが、社会主義者であり同性愛者であったエドワード・カーペンターの『中性論』抄訳を雑誌『番紅花（さふらん）』に掲載したことである。『番紅花』は『青鞜』の同人だった尾竹紅吉（一枝）が始めた文芸誌で、女性同性愛がテーマの作品も掲載していた。

女子教育は兼子同様、痛烈に批判しつつ、「日本の女にとっては、未来がいっさいである。過去も現在も語るにたりない、むしろ語るに忍びない。私どもを救うものはただ未来である。しかり私どもを救うものは、ただ未来に対する希望、未来に対する信念、そして未来のために闘う勇気あるのみである」

（『山川菊栄集3』117頁）とも述べている。

軍拡非難も共通点だ。これはふたりの言葉を紹介したい。大衆をあおって年貢を増やし、軍事化を推し進める権力者を、寓話風の記述で風刺した「牙をぬかれた狼」という菊栄の文章がある。私利私欲のために中間搾取されているとも知らず、年貢を出す側は「そのお蔭で自分たちが安穏に暮らしてゆける、国防とかの費用になるのだと信じ、梟や鸚鵡のいう臥薪嘗胆とはこのことだと考えて、喰うや喰わずで、血を吐くような思いをしながら、せっせと年貢を収めていました」（『山川菊栄集3』50頁）とある。臥薪嘗胆とは、軍事費を国家予算の6割にまで増やした日露戦争のスローガンだ。晩年、飛行機に魅せられた兼子はこう述べている。――「男性文明は機械を造った。鉄砲も水雷も飛行機も潜水艇も造ったが、しかしそれをすぐ戦争に使う。理化を研究したが毒瓦斯も殺人光線も人を殺す方面に用いる。人を押しのけて自ら幸福を独占しようとする掠奪主義がいけない。なにが贅沢だといっても軍事費のごときは贅沢を通り越した有害な浪費である」（『女浪人行進曲』）

過去のフェミニストを見るとき、単に学んだり、反面教師にしたりするだけではなく、自分も同じ歴史の流れに連なっていると想像して読み直すことが、いま必要になっているのかもしれない。どの時代の人間も、その時代の空気を吸って考え、少しでもいい明日を迎えたいと願いながら生きている。それはきっと未来の誰かも同じはずだ。

兼子が晩年に、菊栄が高齢期に残した言葉を紹介しよう。

> 私たちが行動や言論で悪い習慣を打ち破って進んで行けば、それがやがて新しい法律ともなり、新しい道徳ともなるのであります。先覚婦人が新社会を勇敢に建設して行けば遅ればせに法律がそれを条項に現すのであり、道徳もそれを追っかけてくるのであります。

私たちの運動は逃避であってはなりません、前進であります、一路前進であります。

——北村兼子『表皮は動く』

人類の黄金時代は、過去にはなく、未来にしかありえないこと、それを現実のものとするための闘いの途上、私たちの同志先輩がどんな犠牲をはらい、どんな過ちをおかしたかをいくぶん知っていただけるでしょう。

——山川菊栄『おんな二代の記』

※1　2022年に自殺した小中学生と高校生が512人（暫定値）となり、初めて500人を超えたことが、厚生労働省が警察庁のデータをもとにした統計により明らかになった。これは、統計がある1980年以来、過去最多。（警察庁自殺者数統計：https://www.npa.go.jp/publications/statistics/safetylife/jisatsu.html）

※2　一例を挙げると、根川幸男「船旅と海賊とモダンガール―北村兼子の台湾・広東紀行」がある。根川はこうした指摘の注で、「兼子が『男性を翻弄する』ふるまいは、まだ時代にさきがけすぎていた」という井上章一の分析を紹介する。井上の引用は、ゆまに書房『近代日本のセクシュアリティ19　風俗からみるセクシュアリティ』所収「ジャーナリズムと性」解説より。「兼子が男性を翻弄するふるまい」は、少なくとも著作から確認できるものはなく、著作を読めばむしろ男性嫌悪がほの見えるのである。

※3　「関西大学　大学昇格100周年記念特撮サイト（https://www.kansai-u.ac.jp/shokaku/movie.html）にて、レコード『怪貞操』の音源を公開している。

［凡例］

・寄稿文を除き、北村兼子本編および「はじめに」で引用した資料は、旧字体を新字体に改め、現代かな遣いに改めた。明らかな誤字は訂正し、読点、送りがなを適宜、補っている。
・引用文中には「鮮人」「支那」「醜業婦」などの差別的表現を含むが、歴史を科学的に継承するためそのまま掲載している。
・文中の引用文献の書誌情報は本編および巻末に掲載した。

デモクラシーと女性運動がさかんな時代、
女性として初めて法律の世界に飛び込み、
同時にジャーナリストとして鋭く社会を射抜いた北村兼子。
性差別にさらされながらも果敢に言葉で闘い、広く世界を見て、
晩年は飛行士をめざして最後まで自由をもとめ続けた。
わずか6年ほどの活動期間に残した13冊もの著書や論文から、
兼子の思想の軸やいまのフェミニズムのイシューに沿った著作を紹介する。

1929年5月17日、東京駅にて。万国婦人参政権会議
出席するためベルリンに向けて出発する北村兼子。
（日本電報通信社撮影、写真提供：共同通信社

1章

法律でフェミニズムに目覚める

法律を学ぶ私（抄録）

貴方が法律をやりかけられた動機は何からですか。

私は煩(うるさ)いほど探求的な此の問いに接する。原因を探らずにはおかぬまなざしで、隼(はやぶさ)の鋭さをもって私の顔面筋肉の運動に注意する。瞳が少(ちい)っと変に動いて唇を噛めば、失恋の痛手からとでも解される。私は堪(たま)らぬ。

私は常に第三者の立場にある。人と話をして居ても私は当事者になり得ぬ。余りに冷た過ぎる性かもしれぬ。有名な演説使いが演壇から群衆を熱狂させている時でさえ聴衆の一人に交じっているその私自身が、だんだん頭が冷却して、何だ馬鹿らしいと言う様な事が、頭からコビリついて離れぬ。何だか冷蔵庫に吊られている鱒(ます)のように、腸(はらわた)まで氷化しているような気がする。小さい時から叩き込まれた漢学[※1]が私を此様に、油抜きにしたのかも知れぬ。

悲しくなって泣いても、男が作った女性の悲哀を主題とする、小説のような捏造的な悲しみに浸っているのは、一瞬間にすぎぬ。涙が過去の惰性を辿って涙腺から分泌する詩的な情緒に浸らんが為めに、私が嘆いていると思われると、物が間違う。小説でも法律でも、たいていは男性の手に成ったもので、その調子で女の心を忖度せられては勝手が違う。女というものは本調子ばかりでは行かぬ。二上(あが)りも三下(さが)りもある。雨蛙の心で油虫の感情を察しるって、それは嘘だ。がその嘘や間違いが堂々として、通用するから嫌やになる。癪に障る。みるみる中(うち)に私は女らしさを失って行き、男が勝手に想像した女性を突き破って進むか、又は現在そのままの状態を無理に肯定するか……、の外(ほか)に途(みち)はない。

語学を志したが段々、毛唐じみてくる友を見ているといやになる。クリスマスがどうの、復活祭がどうのでお正月を忘れかけたので旗を巻いた。英語でなくて酔い語で通弁や会話で渡ろうとは思わぬ。私は蓄音機になれないと思った。洋服を着ればクリスチャンかと問われる。宗教によらなければ生きて行けない様な女とみられるのが心外である。見損くなってもれいますめいと舌を巻きたくなる。私はそんな、基督はこう言われた、釈迦はこうされたという様なことを、如何にも口授でも受けたかのような受売りだの、安っぽい感情の押し売りは、ようせぬ。基督も釈迦も天理王のなんとか婆も私の目からみて優劣はない。私は自己を信ず。そして過去を探らぬ。未来を追わぬ享楽と慰安とは現在に求めて充分である。しかし私はデカダンで言っているのではない。私の心は些(さ)の頽廃も許さぬ。

上すべりのした社会の表面に浮いて暮らしたい人達が相集まって、所謂(いわゆる)宗教の化物がヤレ何会とか、慈善市とかで東奔西走している。会費とかで少なからぬ負担を、シブシブ財布の底をはたいて（名前を出してくれるが為めに会費を出したがっている篤志家も例外としてはある）さて嬉々として白粉(おしろい)と衣服の共進会に出席し、議事とかなんとか大きなことで、終始時間を空費して家庭を顧みぬ。子供のことなど超越し、美しい装(なり)を見てもらうことによって徹底的の自己満足を得、お天気はいいですね位の会合を強いて意義あらしむるよう、各自の心に勝手な解釈を植つけて帰る。結局は幹部二三人の脳味噌の割出しで原案可決となり衆愚政治の小さな模型を作る。たまに自己を主張する人はあっても、マアマアでうやむやになり、何回かの洗練の結果、都合よく去勢される。

婦人参政権獲得運動も一種の売名策として取り扱われている間は前途は長い。私は擽(くすぐ)ったい気になって真正面からとても凝視できぬ。民法も知らず、憲法もしらずして如何(どう)して政治に参与されよう。法治国に生まれたものが、国法を知らずに盲動する程、大胆なものはない。ヒステリーの興奮では政治は出来ぬぞよと、大本教式に一喝してやりたい。養われていながら男女同権を夫に迫るより以上に、事が大きいだけに晴がましい。枝の柿を飛びついて食おうとする前に梯子(はしご)が必要である。人形の家が建ったところで、中に入れる人間はやはり木偶(でく)の坊だ象牙の塔だから象牙の塔へ入れるので無意味の移転ではなかろうか。

女性自らが目覚めて歩調が定まれば、南船北馬、腰弁当で頭を下げて頼み回らなくても選挙権くらいは呉れるし、又た発言権も得られる。木に縁(よ)って魚を求めるより退いて網を結ぶにしかずと云う。これが私の法律を学ぶ振出しで、目下骸子をコロがしてせっかく道中の行きつ戻りつで、何時上がるかは問題にして、してはいない、併し私は今進みつつあることに就いての懐疑は可成りに根深いものである。だが何年かの後には必ず役立つものであることを信じている。

　女性と感情は引き離せないものと相場が定まっている中に、独り第三者として判断して行ける私の当然の帰着点として、大方の婦人の行く紋切り型の道筋たる宗教や文学から法律に右へ廻れをやったにすぎぬ。

　六法全書なんか見るとカチカチになりましょうと人が言う。堕落する人は境遇によらず堕落するように、法律を読んで変にコヂれるような人はやらなくても脇へそれる世の中に味のないものはない。法は日常生活の様式を文字に映写したもので、これを活動せしめると甚だ面白い。それは吾々の進むべき軌道で甚だ辷り心地のよいものである。何人も法を無視して行動する事はできぬ。新しい人は構わぬと言おうが原始時代でも不文の法律は在ったので、それがスクリーンに映ったに過ぎぬ。何も算盤や鍬を措いて六法を読めとは言わぬ。しかし法律を特別のものとして異端視するには及ぶまいと思う。殊に婦人には婦人の天分がある。天分のない多くの人が天分のあるごく少数の人の具に供せられることは有難迷惑であるに違いない。

　多くの人は法律の妙味を知らないで、唯頭を堅く干枯びさして仕舞うものと決めているようで、女子は言わずもがなである。若し、法の精神を取り入れた日常生活を営むときは如何に過去の相違に思い当たる事であろう。法律は人の作ったものであるから人を離れては法がない筈であるが、現在の法は余りに超人的で世間と交渉が薄いと思う。特に女性とは間隔が多い。私は家庭に法律を取り入れてみたいと思う。それは夢想だと片づけてはいけない。法文が口語体に書き直される時分には、必ずこの機運が到着するものと思う。滾々として尽きぬ泉、それこそわが日常生活を規律づける法の賜物でなくて何であろう。

　未だ系統だって法律を修むるものなき吾国に於いて、私がやりかけたのは何も奇を衒ってではない。法律は私の得手ではないが併し国艱難内外多事の秋に私を家庭にあらしめて火吹竹を吹きながら、入超に悲憤したり、お汁の加減を試みながら婦人参政権を考慮せしめるのは、あまりに酷であると思うが故に、何千万かの女性の中で桁を外させてもらって、第何章第何条と逐条に研究しているのは学究になる積りでもなければ又煽動家になりたい野心でもない。ただあまり遠からぬ将来に、国家は私を必要とする時期があろうと思うだけなのである。自惚れか何かは知らぬがなんだか左様な暗示を受けているような気がしてならない。

社交界のえらい婦人たちが、美しい装で活動していらっしゃる、その中から外れてコッコツと法文を研究している私をいじめないで、騒然たる雑音の中にささやかな音を呑んで、呼吸する少女を見逃していただきたい。

解説

1926年『ひげ』（改善社）所収。関西大学在学中に出版した『ひげ』は1冊目の著書として売れに売れ、発売1か月弱で4版を記録した。在学中からドイツ法学を学ぶ女子大学生として話題を振りまいていた兼子は、「なぜ女のあなたが法律を学ぶのか」としきりに質問を受けていた。それに対して答えたのがこの「法律を学ぶ私」である。「女」の自分への好奇のまなざしや、主体性のない存在とみなす偏見を冷徹に分析している。さらに、市民系婦人活動家やキリスト教系の廃娼運動、慈善活動とはまったく別の道として法律を選んだ自負もみなぎる、決意の書でもある。この「法律を学ぶ私」や、「爆弾事件と法の運用」が大阪朝日新聞社などの目に留まり、幹部から熱心なスカウトを受けて、兼子は在学中に大阪朝日の記者に採用された。なお、『ひげ』巻末の「北村兼子一代記」によれば、「固すぎず人ざわりがよく、然も一度ペンをとれば男性的勇猛にたちかへる兼子さんの性質を何より喜んで従来の看板式婦人記者とは意味を異にし、男のヒゲ武者記者と同待遇に取扱ふことになっている」とあり、男性記者と同様の待遇で採用された。

※1　兼子は漢学者の家に長女として生まれ、弟・正勝が15年後に生まれるまで跡継ぎとして育てられた。京都の与力（幕臣）であった祖父・北村龍象は幕末、14代将軍家茂が上洛した折に二条城で行われた試験で褒賞を得て京都文武場の教官となり、在京役人の子弟らの教育にあたっていた。その次男が、兼子の父・北村佳逸である。やはり漢学者であったが、欧米の思想も積極的に取り入れ、和漢洋に通じた学者・詩人として知られた。兼子の死後、大阪時事新報社編集局主筆を務めている。兼子は幼少時からこの祖父と父から10年間、漢詩の額や漢籍が並ぶ四畳半の部屋で学問の手ほどきを受け、小学校へ上がる頃には『日本外史』『十八史略』を終えていた。

卒業して、それから

一

今年は卒業生の売れ口が好(よ)いとか悪いとか相場が高いとか廉(やす)いとか、卒業生身売りの噂が高まる毎(ごと)に私はむかつく。

売る買う——は商取引であって物質上のターム(Tarm)である、それを移し来(きた)って吾が敬愛する卒業生の門出を評価する、何と云う無作法な事である、併(しか)しかかる用語づけられるに到ったのは学生それ自身の行動が招いたフォールト(Fourt)である、何となれば商品として学問を取り扱った事、それが誤りの第一歩である。

今仮に商取引の慣用語を其儘(そのまま)流用して学問を売買するとして、享受する利益は売方(うりかた)に在(あ)りや買方(かいかた)に在りやと考えて見る。一般の商行為は原則として利益を売る方に在る、然(しか)るに卒業生が百円の月給で売られて行くと仮定する、その人が実際上百円の値に相当するものとせば雇主は何を苦しんで、Y100・00−100・00＝0のものを買おうや、買方は採算の高いものであるから這奴(あいつ)は百五十円を稼ぎ得ると見込んで百円に買う、故に次の算式が現れる、150・00−100・000＝50だから此の商取引は買方に在って借方(かりかた)利益、売方に在って貸方損失となるが原則である。

此の原則が反対になって儲ける方の買主が威張って儲けさせる方の売主が頭を下げて頼み込む、それも無智な職工なら資本主に搾取せられている事を労働ブローカーの煽動によって初めて気付くこともあろうが、理智に長けた筈の卒業生にして此の道理を覚(さと)らず高遠な理想は脱ぎ棄(す)てた制服のポケットの中に忘れ置いて資本主に低頭平身するとは何事である。

それは学問を売ろうとするからの結果で、世に学問を商品とすることほど引合わぬ商行為はない。学問は世界から超越したものである。従って景気と不景気とによって貧乏揺るぎもするものではない。

売るのではない与えるのである、与えるに何の気兼ねがある、価値と云うものがモシ存在するならば価値以上のものを与えるのだ、威張って行け、遠慮すな、需給の不均衡で行くべき途がなかったなら車夫になれ紙屑を買え小使になれ、その方が尊い、そして気楽だ。

享楽の春に背いて死にもの狂いに買主を漁る、何という愚かな事である。赤ん坊でさえ五年たてば独りで歩くではないか、これでは入学当時に就職保険にでも這入らねばならぬ、変な名前の保険が流行る時節だから就職保険＝それもよかろう、併し八百屋でも肴屋でも商品全部を売り切る事はないから人間でもハネの出るもに不思議はあるまい。

二

卒業生の誤りは文化住宅に住みたいと云う心に在る。美しい家庭を造ろうとするに在る、折衿の洋服を着たがるに在る、精神と肉体と売って其代償として此等を望む、それもよし、併し傭主に憐みを乞い心にもない愛嬌を作ってまでの交換物としては余りに低いではないか、私は之を陋とする。出発点が陋劣である、売りかたが下手だと代物が粗製品に見える、喧嘩に負けた犬は優者に対して終局まで尾が上らぬ。

私は女である、女であるが為め何十年大学に在っても学士にはなれない。正式の卒業も出来ないが併しそれで好い。学問は人を造る、学問によって人になろうとするその高遠な理想に活きている私は幸福である。学問を売ろうと云う邪念が交ざると「人」の影が薄くなる。それが身振るいするほど嫌や。

私が女子学生連盟に加わって学問の機会均等を叫ぶのは学士になりたいとか無試験検定の恩典※1を裾分けしてもらいたいとか云うケチな考えではない。ただ正義に反する条理に反する、人道に反すると云う点を男性に知らしめ其悔悟を待つのみである。女子の為めに叫ぶのではない、男性の為にその蒙を啓きたいのだ。男性の頭痛を代理する余裕はない、それ以外では私は現在の聴講生で申分はない。

私は肉体は売る時があっても学問は売りたくない、学問は肉体より尊い。百円や二百円の端金に面を叩かれ十年苦心の学問を売ろうとは何事である。せめて対等の取引としてはどうか。但し買う方は多く先輩であるから其点に於いて敬意を表するはよろしい。又た其指揮に服従するも素より正当だ、併し売らんが為め煩悶し焦慮し憔悴する、そんな男は却って買方から御免と逃げる、人間のバチ物を誰が買ふ、尊い学問をダンピングすな、売れなかったら労働者になれ、それは高尚だ、乞食になれ、そして餓えよ、更に貴い、餓えて死ね、最も尊い、ヘナチョコどもが死んで学問は生きる。

(Pride) その覚悟がほしい、人は売れなくてもそのプライドが売れる、そして傑出する、現在の青年に最も欠乏しているのは真直(しんちょく)な気概であって最も多過ぎるものは曲がった小才子である、小才子は売れぬ、買っては損だ、頭の向け方が曲がっている、鼻でも真直なのは大天狗で曲がったのは木の葉である。

学問あり手腕あれば自ら顧みて気丈夫である、それでよろしい、売れなければ買わない方が悪い、渋柿と知ったら誰が買う、甘い林檎は色に出る、買うものは売るものより役者が一枚上だから。

私は死ねと云う。それは活きよと云う事である。殺人剣則活人剣、そこが分からぬようで月給にあり付こうなど面の皮が厚過ぎる。

解説

1926年『竿頭の蛇』(改善社)所収。関西大学全課程修了を控え、学友会雑誌部発行の『千里山』創刊号に同タイトルの文章を寄稿した。同年3月、たったひとりの女子学生だった兼子は男子をしのぐ成績で全過程を修めたが、女性ゆえに学位はもらえず、「聴講生」としての証明書が発行された。

※1　卒業生は高等文官試験の予備試験を免除されたが、その恩恵を受けられなかったことを指す。1894〜1948年まで実施された高級官僚の採用試験である高等文官試験の合格者は行政・司法の高級官僚に採用された。受験資格は中等学校卒業程度の者で、高等学校高等科卒業者、大学予科修了者、文部大臣が定める同等以上の学力を有する者は予備試験を免除された。したがって女性は必然的に試験資格がなかった。

私はわらう

この一文は女よりも寧(むし)ろ男に読んでもらいたく筆を執って見た。

何事も男万能の世の中に少し無理な要求かも知れないが、日本には男ばかりでなく御邪魔さまながら「女」というものが三千万ばかり活きさせてもらっているということを治者の頭に持ってもらいたいのである。

たとえばこの頃の法制審議でもそうだ、男ばかりの委員で法典の改正を審議しているが贅沢は云わないから一名か二名でよろしい女性を加えてほしい。

民法では親族編、妻の財産権とか戸籍や婚姻に関する条項とか、多数の女工に利害の関係する労働法案とか、刑法では姦通や堕胎など、また少年法にせよ治警案にもせよ文官試験規則にもせよ国際的の少年婦女売買にもせよ、女ならでは知り得られない欠陥が多いにもかかわらず智識があっても意見があっても女なるが故に委員の中へ加えないとは男性とは存外に世間せまいものである。

女には法律の学識がないからというようなことは反対の理由にならぬ、そんなことをいう事……それが根本的に間違っている、それというのは法律は法律学者だけのモノポる※1べきものと思い込んでいる、ちょうど縁日商人が夜店の縄張りを論じているようなものである。

誰が見ても誰が考えても常識のあるものでさえあれば、特に法律学というような狭い区域を限ったものを専門に研究しなくとも、自由に案を立てられ常識で理解せられるものが人類の法律で、現在のように学ばなければわからないような下手な男の筆で書き綴られた法律は、全く人間ばなれのした妙なものである。

こんな法律で治められている国民は禍(わざわい)である。特に全国民の半数を占めている女性が求めるところは六法のドノ条項にも反映していない男護(だんご)ヶ島にだけ通用する変な法律に治められている女は更につらい。

立法審議に女を加えても何等の意見も吐き得ない。したがって効果もないという説もあろうが、それは男に似合わぬ察しのないことで、女を加えておけばきっと啓発するところがあろう。仮に積極的に益がないにもせよ消極的には害がない、そして天下の女性は発言権を得たことに満足する。これは女たらしの政策としては上乗(じょうじょう)なもので、副産物として近く来なければならぬはずの婦選の基礎となるべき法制上の智識の刺激を与える。そのほかに男ばかり角(つの)つき合わせている中(うち)に女のやさしい潤いが法文の上に現れる。女ばかりで別に審議するがいいって？　そんなことをしては潤いすぎてベタベタだ。

暴力の流行、議会でも腕ぷしの強い守衛を募集する物騒な世の中に、か弱い女性はせめて法律の保護によって生きようとする。その頼りとする法律が葷酒山門(くんしゅさんもん)に入(い)るを許さず※2では女の立つ瀬が何処にある。

第一に癪にさわるのは法律の文章である、こんな文章は現代人の書いたり読んだりするものとは違う、むかしは法律の威厳を保たせるという間違った考えから故意に難解な述語を列(なら)べて喜んでいたものらしい、今度の改正にも更に徹底した難解な文字を列べているのは何たることだろう、モシ委員のうちに女が加わっていたらそんなカ上にバを加えたようなことはせぬであろう。改正のよい機会を利用して全部を口語体に書き直して文部省の制限漢字の範囲内で平易に作りあげる意見を出したに相違はあるまい、義務教育を終えたものが自国の法律を読んで理解できないというようでは悪意なくして罪に引っかかる場合が出来る。それで国民は安心ができるか、とりわけ女性は不安に堪えぬ、欧州の法律を漢文式の直訳――これでは分からないのが本当だ、アンな文章で現代の意思や感情が書き表されるものと思うのは大胆極まる。謎のような法律、その六つかしい謎を解けないものは罪に脅かされる。それが智恵のあると自称する男性ばかりの作ったクロスワード式の法律である。クロスワード式流行もすたれかけている今日(こんにち)に…………もう許された紙面の余白がない……私は嗤(わら)う。

解説

1926年『ひげ』（改善社）所収。

※1　モノポる＝モノポライズの略。独占するとの意味。（大谷渡『北村兼子　炎のジャーナリスト』東方出版）

※2　かつては匂いの強い野菜と酒を「女人」とともに山門から排除していた。つまり法曹界の「女人禁制」を指摘している。

婦人記者の観た女性犯罪

婦人記者の観た女性の犯罪を書いてくれとのこと、ほかの婦人記者のことは知らないから、ここで婦人記者というのは、すなわち私自身のことを指したものであろうと思って、それならば何でもないことと主観で一貫した文章をノタくらせてみる。

私が記者となって真っ先に振り当てられた任務は裁判所詰であったから、犯罪とは因縁が浅くない。第一に驚いたことは裁判所そのものが、女性を取り扱うようになっていないことである。男女共学の叫ばれているときに、無理に男女を引き離して別々の知識を授けながら、罪を犯せば一括して裁こうとする。離さんでもいいときに離して、離さなければならないときに離さない。銭湯（ふろ）に行っても男女は別々だ。しかるに裁判所は混浴ときている。

こんな男いきれのする中で、女の本当の気分が出るものかと思いながら、記者席へ着くと、アレは何だ、証人かと傍聴者が珍しそうに囁く。

十日目ほどのこと、ある女教員の嬰児（えいじ）殺しを受け持った。これは評判の事件で、各社の記者の中に交って、私ははじめて筆をとる運命を与えられた。いささか興奮して、鉛筆を握っていると傍聴者の囁きがまた耳についた。こんな大切な事件に各社は精鋭をすぐっているなかに××社は婦人記者を入れている。妙なことだと。

勝手に言うとくれなはれ。明朝の新聞に駆け出し記者の駆け出しぶりをご覧に供してくれるワと心を落ち着けて被告を見る。

法廷の用語は女の気分を表わすことに不適当である。この女は自分の犯罪の経路を述べているが、しかしそれは水の面（おもて）を流れている浮き草に過ぎぬ。その浮き草を漂わせた波に説き及ぼし能（あた）わぬ。この女が嬰児を殺すに到ったそこには女性に対する圧迫、興奮、反抗がある。男性は法律を焼いて女に詫びねばならぬ錯誤がある。それを言い表わすに適当な用語がなく、それを受け入れる理解がない。哀れなものよと思ったときに私の心に閃いたサムシングがあった。それだ、それを書けと思って一気に筆を走らせた。それを見た友だちは、そんなものが新聞に載るものか、入社してから記事になるまでは少なくとも数ヶ月の努力を要する。それは素人の筆として紙屑籠に投ぜられるといった。それが翌朝の紙上に三段抜きの大記事として現われて私は面くらった。しかし私の上(じょう)長(ちょう)には女の胸奥の機微に触れたところを見てくれる人があると思って私は気強さを感じた。

私は急がわしく各社の朝刊を取り寄せて私の記事と見比べた。どれも女の神秘に触れたものは一つとして見当たらなかった。私の記事はたしかに図抜けていた。いいえ、うぬぼれでない、「図抜けて」の下に「マヅかった」を加えるのである。

芸は上手でも男のお園、石女(うまずめ)の扮した政岡、そんなものに精神は籠らぬと私は堅く感じた。そして私の背後には三千万の女性が味方してくれるときの声を聴いた。

女は優しいものと思う。それがチグハグの第一歩である。

無知による怯懦(きょうだ)と混合しているものである。怯懦なるがゆえに放火もする人殺しもする。放火してから後悔し、そして証拠の隠滅にとりかかる。それは先(ま)づ証拠を隠滅せしめる手段を研究してから罪を犯すのと行方が違うところは、つまり「無知にもとづく悪の遊戯」である。

それから間もなく剃刀(かみそり)で夫の喉を切った殺人未遂事件。被告は可愛くて仕方がないから夫を殺そうと思ったという。それが犯罪の本音である。それが弁護士にも法官にも受け入れられたかどうか、そんなことがあるものかと思うのが男なら、そんなことがあるものと思うのが女である。違いはかの一字だが、結果は大きな間違いとなる。

そこだ。だから女性が可哀想だ。可愛くてたまらないから夫を殺すということ、それが理解してもらえなくては女の身のつまりだ。それを理解してやることによって、法の量定が出来、またそれをハッキリ言い表わしてやることによって、弁護士が出来る。雌犬が愛しすぎて子犬を食い殺すことがある。無智な女は雌犬ではないか。その一点が一番大切なところだ。私はこれを週刊朝日に書いたら多数の婦人から感謝の言葉を受けたのは、女の心臓にピリッと感じたところがあったものと信じていた。しかし男性の頭には感じた何ものもなかったらしい。

平家物語を読んで敦盛[※1]を哀れと思った。併(しか)し知章(ともあきら)はヨリあわれと思った。熊谷(くまがい)の芝居を見て表わされた敦盛より、見失われた知章を更にいとしいと思うように此(この)事件から引き出された同情が思わず筆を執らしめたのである。議論を要せぬ。無教育者ながら彼の女の陳述は華やかな文明の背後にある暗い社会の相を説明するのに十分であろう。

私は間もなく裁判所の係りから他の部署に就いて法廷のこと、犯罪のことは忘れてしまったが、すべての方面において、女性の気分が抑えられ、誤られているのを痛切に感じた。こんな女の原稿がモノになると思うのが女の浅はかさ、男性が見たら何だ鼻紙にもならないといわれるところに女の悲哀がある。

女が権利を主張する家庭は決して幸福な過程ではない、少なくとも現在の日本の状態では主婦が知識に生きることはできない、だといって男性を本紙として女性が付録になっていられるであろうか。そこで権利の限界がドイツ法のいわゆる（Chicano）の問題で両性ともに一歩ずつ退いて考えなければならない事がらである、自己の権利を行使するに何人に対しても遠慮はないというローマ法以来、法律の下を流れている潜在意識は家庭から切り離して考えなければならない？

解説

1926年『竿頭の蛇』（改善社）所収。

※1 源平合戦の「一ノ谷の戦い」における平敦盛と熊谷直実の一騎打ちを指す。熊谷が打ち倒した敦盛の兜を取ると、16歳ぐらいの美少年だった。わが子と同じ年ごろの子を見た直実は不憫に思いながらも首を落とす。同じく悲劇の最期として知られるのが、16歳の平知章が、父・平知盛に挑みかかった敵に斬り込んで命を落とす「知章最期」である。幼少時から和漢の古典に親しんできた兼子はしばしばこうした例え話を挙げている。

悪法に呪いあれ（抄録）

何という肩身のせまい代表だろう。

お座敷へ出せない法律、台所の蔭へかくして置かなければならない鼻つまみの法律、漬もの桶のような法律、道徳へ歩み寄らない法律、日本代表を泣かせる法律、恥をかかせる法律、悪法、悪々法、超悪法、超々特作悪法。

汎太平洋婦人会議に列席した日本代表は私を除く外はみな粒がそろっていた。その演説や討論は国内で聴いていた時より水際立っての上出来だった。そのうちで法科出身のものは私だけであったから円卓談話では私を包囲して日本の法制について質問が非公式に続発された。

彼女らの中には法科出もあるが、法律を修めないものでも法律経済の知識は一と通り持ち合わせたものばかり、最も興味をもっているのは日本法の離婚原因で男女の差別待遇であった、彼女らは興味をもって聞くが、こちらでは苦杯を嘗めながら答える。興味どころか息づまる問題だ。

「法律ではこう定めてはあるが、裁判官は男女平等の原則から見て人情味のある判決を下すのが例となっている」という答弁はなっていない。それではなぜ改正しないのか、日本法典は未成品かというような問もある。こんなこともあろうかと航海中に用意しておいた防御策も種切れとなりそうだった。

日本は半分だけの普選だ。国内では乞食や破産者並みに取り扱われている婦人が国際的に大きな顔のできようはずはない。国内では「情けなく」思っていた程度だが、国外へ踏み出してみれば「腹立たしい」問題に化す。

国際関係が不可離のものとなって、世界は経済的に血脈を通じて一つの人格を組織している。日本がかけ離れているのは地図の上だけであって、天恵の薄い国は決してかけ離れた存在を許さぬ。随って法律も道徳も世界的であらねばならぬ。金禁輸はできても移民は禁止できても日本だけの国情は通用できない。

移民問題では「国の自尊心を傷つける」というのが日本の抗議の核心であった。それが本当なら国際会議で婦人の自尊心を傷つけられた損害はだれが賠償するのだろうか。

立法者の意見、及びこれが改正を拒む現立法府は国体を重んじる誠意から出たものであるならば、風俗習慣の旧套で国粋を取りちがえて良心が不良心となっているのである。

「時期尚早」と「調査中」とによって、つっぱっている国情は反動頭が造りあげた手製の国情である。私は司法記者であった時代に婚約不履行の損害賠償請求の訴訟に負けた女が法廷を出るときに「アア判事さんは男であった」と叫んだことを想い出す。

判事さんも男なら大臣も代議士も男である。女子の職業範囲は法律で限られているのだ。

夫が他の女に子を産ませた。夫は自分の子でないと主張したが認知の裁判に負けて子は入籍して、妻は見ず知らず思いがけずの子の母となって、その財産は外部からの闖入者（ちんにゅうしゃ）に取られてしまった。家庭における妻とはこんなものだ。

親子の情愛は道徳的であって法律的ではない。しかるに親権をもって子の自由を奪い取ることは不当である。結婚式が重いか届出が重いかといえば実際では結婚式が重いのだが法律上では届出が重い。戸主と戸主との結婚にはむづかしい法律が恋愛を縛る。女は家庭の中心になっているはずだが法律では何の権利もない。男性を主体とする承認権と財産権とでひしがれる。戸籍面の家族は実際の家族ではない。こんなことがなぜ国際会議に注意を惹くかといえば、アメリカ、カナダ、ニュージーランドなどで悩み悩まされたことのある写真結婚が深く彼等に印象を残していたのであった。

いますぐ婦人参政、女子高等教育、治安警察法その他男女差別法律を改正してほしい。

太平洋の十字街に立って故国を顧みるときは情けなさに涙がこぼれる。いつかは書いてみようと思っていた意見だったが、今は書かずにいられないほどの意見となった。激怒した筆で忙しい中の時間を割いてこの文を書いた。

解説

1929年『情熱的論理』(平凡社)所収。

3段落目冒頭にある「汎太平洋婦人会議」とは、出版の前年に兼子が参加した太平洋沿岸諸国相互の平和を図るための会議。1928年8月9日から18日までホノルルで開催され、講演を行う全体会議と討論を行う円卓会議からなり、円卓会議は「社会事業」「教育」「保健衛生」「労働婦人及び職業婦人問題」「婦人と政治」の5部門にわかれていた。日本からは井上秀子を団長とし、各界から代表者二十数名が参加。どの婦人団体にも所属していなかった兼子は、ホノルルの汎太平洋同盟本部に自ら掛け合って出席がかなった。肩書は著述家で、新愛知新聞社と特派記者契約を結んだほか、複数の出版社から原稿を依頼されていた。兼子は8月13日夜、ホノルルの真言宗別院で市川房枝、平田のぶとともに講演したほか、18日まで本会議に政治部委員として参加している。

婦人問題を鷲攫(わしづか)みにして

女が男の搾取から合法的に脱れようともがくところから、こんにちの婦人運動が出発している。男子の専制はおのれに峠を越して支配関係は日に影を薄くしているように見えるのは女性のひいき目であって、その防御陣地は、不落ではないがたしかに難攻である。

敵の陣営は旗幟(きし)は鮮明でも、おのれに欵(かん)[※1]を吾々に通じているものもある。いくら頑強な男性でも賢いだけに世界の大勢を知っている。それでもなお、特権階級の位置に執着が強く「時期尚早」という柵を立てて防いでいる。男子が自己防衛の苦しい言い草としてならば、それもよしとするも、女性の口から「時期尚早」の谺(こだま)返しをするに至っては、言語道断、裏切り者めと叫びたくなる。ただし、静かに考察してみれば、無理のないことは次の通りである。

彼女らは女学校で男子礼賛、差別待遇工程を叩き込まれ、男子に対する恭順の念をシカと蒔(ま)かれている。そのほかに宗教——とくに仏教——が女を穢れたものとして、人間という水平線から押し下げてきている。そういう観念から出発する女性であるから、一議もなく女卑を承認してしまう。

彼女らが教わったことは大きな嘘である。先生は「女は奴隷に甘んぜよ」という耳ざわりの悪い言葉を修身に用いないで、「女は女らしく」といったような、円滑で狡猾な陰険的感化をもって限定せられた不自由な範疇のうちに女性を追い込んでしまう。弁護士や法官に登用するくらいの小さな贈り物——彼岸のお茶の子にも当たらぬほどの進物——でさえ、試験に中学校卒業といったような細則を設けて、容易に与えようとはしない。

女学校が門戸を開いて学生を迎える主たる目的は、奴隷観念の潜入的注射をほどこすためで、女子教育拡張という美名のもとに、奴隷の大量生産を試みている。私は決して奇矯な説を吐いて自ら異端者の群れに入りたくないが、いま仮に男女の位置を転換して法律上の権利を剥ぎ、家庭上の煩累を転嫁し、粗衣粗食で朝から晩まで洗濯や炊事や子守を行わしめたら、彼らはむしろ○○を選ぶであろう。○○には賃金も得られるが、驚くべきことは女子が家庭の賤役に十四、五時間を働きぬいて、その勤労が無報酬なのである。かような家事教育をほどこされて得心しているものが、婦人運動の第一線に立って何の役に立つものか。目覚めたと称するものでも教育という催眠術にかかり、男子の暗示に従ってフラフラとしている。

それで私は、女子に限定せられた教育を呪う。現に女学校で虚偽の修身を教え込まれた私が、大学の法科で何千人という男子ばかりのなかに交じって男性的教育を受けて、初めて人間というものは、そんな卑屈な不自由なものでないということに眼が覚めた。

私が共学問題を高唱するのは、この体験を基調としたもので、私は相当の根強さをもって、薄弱な反対論には辟易せぬ信念を有している。

婦人問題が理屈としてはすでに飽和点に達しているが、実行としては出発点を離れただけで、わずかに蛙のひと跳びほどしか乗り出していない。廃娼論も、純正理論から出発した理屈は聞き厭いた。廃娼論者の入用な国があるなら輸出してやりたいほどに豊富だが、ただ粗製濫造はあらかじめ諒解を得ておくがよかろう。

もちろん、婦人運動にも知識を要する。その知識も実際の社会と交渉のある学問を基調とした実行可能の智識でなくてはならぬ。歌や絵はダイヤやルビーとともに、婦人運動から見れば贅沢物に属する。女学校の教育は足手まといにはなるが、戦闘力には益がない。

婦人が人類としての差別撤廃を要求するのが尚早なら、いつになったら尚早でないのだ。女の進歩は亀のようで、男のそれは兎のような教育の制度であって、この兎はひと眠りもしないから、追いつき得られる時があったら、おとぎ噺の奇跡に過ぎぬ。十年二十年と待って男性から女に権利を「施行」してもらうか、はた女性自らの力をもって権利を奪還するかの分かれ路に立っている。イタリー首相ムッソリーニのように、男尊女卑を高唱するものは相手にとっても男らしいが、我邦の大臣や名士たちのように「原則としては賛成だが」ですべらされてしまっては、一路長安を衝かんの気概も、ベタベタに挫けてしまう。ずるい防戦の仕方である。このまま隠退していれば、吝ン坊の常として、出しかけたチップも袂に引っ込めてしまうかもしれない。やはり奪還のほうを選ぶが賢い仕方らしい。

理屈はアトからなんとでもつけられる。猛然として蹶起することが必要である。しかるに、こんにちの運動方

法は春日遅々（しゅんじつちち）で、前途は霖雨蕭々（りんうしゅくしゅく）。※2

婦人問題は多種多岐にわたっているが、しかし出発点も帰着点もひとつである。共学の実行によって婦人の地位が向上すれば、参政権はおのずから獲得せられる。政権をつかんだうえで廃娼なり、制度改革を断行すればよい。この種の問題は不可避なもので、帰納すれば一個の個体に凝結するものであるが、便宜上、廃娼問題から職業問題を簡単に片づけて結論へ急ごうと思う。

廃娼運動でも、協議会を開けばわずかに十数人のお常連が集まるだけだから「これでは少数のものの意見で大多数は希望していない」と禿どもが言い訳の逃げ道を見出す。女はミミズのごとし、引っ張り出そうとすればますます引っ込む。直接、目の前に利益の関係のないものは、見て見ないそぶりである。それが振るわぬ原因である。

廃娼運動で、女子が隊を組んで代議士や名士を訪問すると、その場では傾聴してくれるが、その帰ったあとで彼らの談話は、

「揃いも揃ってみっともないやつらばかりだ」

「アノ中で娼妓に売れるヤツはいないじゃないか」

「端から三番目の面相はちょっと踏めるよ。三年千円くらいなら売れるね」

「それ以外のものは娼妓にしたらお客は金を出して逃出すよ」

「ウワハ……」――笑いの合唱。

といった調子で取り扱っている。それを知らずに帰って成功を報告する訪問委員、それを聴いて拍手感激する平会員、内幕を覗いては興が冷める。立派なお膳でも、板場を見ないから旨い。

私は「廃娼」論者ではない。「娼廃」論者である。つまり廃の字を他動詞としないで自動詞とする。婦人の地位が向上すれば「娼は廃る」ので、「娼を廃する」のではいけない。すなわちオートマチックの廃娼、否、娼廃を高唱するものである。

「わたしゃ売られていくわいな」。なんという詩的な劇的な哀調であろう。この刹那、見物に穢らわしい売春行為と見るには、あまりに崇高な犠牲である。猪名川の女房が駕籠に乗って花道へかかるとき、観衆は悲壮な興奮に打たれる。旧道徳の見地から、売春行為が尊い行為と見られることは、講談や小説で美化せられて、親孝行の道徳から兄なり夫なりに対する献身事業として現れている。こんにちでも警察への届け出には、家計を助けることを理由とするものが多い。ただし旧道徳が権利を失いはじめている現在、娼妓に売られることは精神上から見ても、物質上から見ても、不利益であることの自覚によって、漸減するであろう。ただ目先の不景気に起因する

生活難から、売笑の出るは堰（せき）得られないことではあるが、これは婦人運動を成功せしめて、立法上の権利を獲得すれば、もうこちらのもので、なんでもなく片づけ得られることであるから、次に職業問題に触れてみよう。

営利的職業は男子の独占で、婦人は単にその一部の補助者たるかまたは非生産的の事務――たとえば洗濯とか掃除とか――に追い込まれていたのだから、惟（これ）では直接、生産に従事する男性の経済的勢力に対抗することのできないのは至当である。

東京府の調査によれば、職業婦人の平均月収は三十八円で、小学校教員がもっとも優等の地位を占めているそうだが、これはもっとでっち上げねば男性と水平を保つことはむつかしい。工業が幼稚な時代には家庭職業として、家事と兼ねて行うこともなし得られたが、こんにちでは機械の発達はそれを不能におとしいれた。いきおい、家庭を出でて外で働かねばならぬ。これには家庭上の混雑もともない、危険も生ずる。ただし、それは婦人に限った事件ではなく、両性共通の問題であるが、ただ伝統的に男子の行為として至当のことと認められているに過ぎない。女性でも男性にかわって職業的に支配権を握ることの困難でない一例として、私の家庭実権を挿話とする僭越をゆるしてもらいたい。

私の家庭では、炊事や洗濯を男の召使いに命じて、女は老弱ともいま少し高等な職業をとっている。そして幸福に、円満に、経過している。実行上、少しも差し支えない事実を基調としてこの議論が生まれている。このことは以前ある新聞に私の小論文が載せられているからここにはこれを省くが、男女の位置を家庭において転換し得られるだけの体験は、数年間の実行において可能であるばかりか、あるいはこれが至当でないかと思われる。したがってこの議論は、社会上、政治上にも延長して、男子征服は難事でないと思われる。

運動が理屈で成功した例はない。「勢い」だ。勢いで押していくところに洪水の威力がある。廃娼論者も、参政権論者も、共学論者も羅馬（ローマ）へ通ずる道は多くとも目的はひとつであるから、小異を捨てて大同につき、目的達成に努力せねばならぬ。目的達成のあとにはそれで満足する右派と、何千年来男性に苦しめられてきた女性のために報復の追撃戦に移ろうという左党とに分かれるであろうがそれはどうでもよい。

目前の急務として、勢いを作って敵に迫らねばならぬ。喧騒もせず、餓死同盟もせず、腹が減ってもひもじい顔もせず、隠忍幾百年の同性をあくまで男性が抑圧することは、人道上より見て不可なるのみならず、政策上からいっても、この行為は女性を駆って社会主義の極端派に提携せしめるおそれがある。私はそれを恐れる。いまにおいて、男子が早く目覚めて婦人運動が危険性を帯びない前に降伏して機会均等に与(あずか)らしめるか、はた敢然として微温的な冠をかなぐり捨てて、女子の挑戦に応ずる態度を明らかにしてもらいたいのである。議院の言論に見ても、政治上の施設に見ても、男は女の思うほどに賢いものではない。立法権さえ獲得すれば、政治に対する趣味も生じ、訓練もできて、同性の熱望する諸種の問題は解決の緒に就くことは確実である。

私の論は言い尽くされてはいないが、もし編集者が許されるなら、次号に載せて論旨を完くしたいと思う。

解説

1925年『婦人』(全関西婦人連合会/大阪朝日新聞社)所収。法律にもとづく差別構造を背景に、前半で良妻賢母教育を、後半では廃娼運動を批判している。末尾にあるように、前提として女性が政治に参加して立法権を得ることが、兼子の主張の柱であった。

※1 交わり、よしみ。
※2 春日遅々は、日が長く暮れるのが遅いこと。霖雨蕭々は、長雨で物悲しいさま。

婦人運動の体系

——参政権が本殿の神体　禁酒、廃娼は末社

女子が男性化することは男性にとって迷惑であろうが女にとっては権利の奪還である。人間という水平線に達しようとする当たり前の努力である。男性化するのではなくして奴隷から人間なみに進化しようとする要求で、聾でも聞こえるはずの悲痛な叫びである。

宴会に出ても、キチンと両手を膝に、飲みたい酒も遠慮して空いた腹も飽和状態を装わねばならず、途中で男子と行き違っても見て見ぬ素振りをせねばならならず、品行は正しく、洗濯は怠らず、御飯の水加減は気に気をつけ、天真の性を抑え偽善の顔を飾り、犬に轡(くつわ)を嵌(は)め馬に鼻づらを通し、鯱(しゃち)こばって一生を暮し、権利知らずの義務はウンと背負わされる、肩の凝ること凝ること。

女が児を産まぬようになり、家が外から完全に戸締りのできるようになってから参政権を要求せよ、そうでなくては婦人運動は無茶だと片岡政務次官※1の官僚ばなれのした放言、よい相手ができたが、台湾でペンギン鳥をさがせというような、できないことと、できにくいことを二つならべて無茶呼ばわり、その言い分こそ超無茶苦茶だ。

共学の行われているアメリカでは女子の学力が男子を通り越したといわれている。フランスでも女子の大学生は男子より少なくはない。大学教授もあれば最高政策の委員もある。内務次官よりエライ女はたくさんにあるから片岡さんに教える。米国や仏国の婦人は女である。女であるから児を産むこともある。

空想に精力を浪費することは愚の骨頂である。権利の獲得は理屈によって得られた例はない。禁酒とか廃娼とかケチ臭い理屈では立法上の権利は手に入らぬ、理屈は勇気を挫けさす、合理は現実とはヘーゲルの学説として棚の上にしまっておいて、酒を飲むも可、煙草もよろしい、筆者自身が酒も煙草も好まぬのは性分の致すところで、決して抑制の意味で酒を飲まぬのではない。米国で

は飲んだくれのケレー女史の巻いた管から尊い奴隷廃止論が飛び出し、女子参政権の熱も吹かれた。

婦人運動を成功させた歴史をみても品行方正な家庭的婦人よりもむしろ売春婦人の活躍に負うたことが多い。欧米でも宗教の団体がこれを拒否しても、第一線に立って軍隊と衝突したものは歌よみや家事に長じた婦人ではなかった。明治維新の際でも志士を助けたものは深窓の淑女ではなくいわゆる芸者ガールであった。

活きた社会に活きた働きは賢母良妻に期待することはできぬ。[※2]普選の実施も功労者としては酒と待合と山王台と監獄とであった。お行儀のよい布陣を運動の先鋒たらしめようとするのは豚に荷車を曳かせようというものである。

酒の弊害論や群馬県の花柳病の統計などは聞き飽いた。蟻の脚気を診察するような細かいところは後回しし、廃娼、禁酒、廓清などの末社はあとからして本殿の御神体が拝みたい。荒ごなしでもよい。まず立法権をトッ掴むこと。

婦人に参政権を与えた結果は選挙が静粛になって教育や社会事業が整備し、職業婦人の地位は高まり児童の保育制度も完成することは、外国でその証拠を見せてくれている。女の脚に鎖をつけて、いらぬ干渉はなんたることだ。男にはそんな権利はないはずである。

やれ禁酒、それ廃娼、廓清、共学と数々の太鼓を叩いて餓えた胃拡張病者のようにむさぼり食うよりも参政権獲得に熱中するほうが賢い。参政権さえつかめば他のものは解決は容易だ。この意見は私の文中にどこでも重複するが、私がシチくどく機会のあるごとに唱えるお題目なのである。

婦選阻止者に二派がある。その一つは婦人に政権を分けてやっても喜ぶ者は少数だというのと、ほかの一つは、政権を与えたら多数の婦人が家を外に政治に奔走するからいけないというのと相反する二つの議論が阻止に一致していることは、両頭が胴体において合している蚊のようで飛行機と潜水艦との攻撃である。喜ぶものが少数であろうとも人間である以上は当然の権利を要求するので、催促の仕方が手ぬるいから借金を踏み倒そうとはなんとした言い草だ。少数であろうが皆無であろうが、いらぬ詮議立てというものだ。

政権を与えたら家を外に奔走するからいけないとはなんだ。家の内にくすぶって政治を理解せぬような動物があってこそいけないので、国民の半数たる婦人が政治上の興味のないようでは国家は振るわぬ。家を外にするという。その家とは何である。巣である、ねぐらである。眠るときに雨露さえしのげればそれで足るではないか。その家のため精神まで束縛せられてはたまらぬ。

鳥を見よ、雌だからといって巣の中にばかり籠っていられるものではない。孵化のときのほかは自由の天地に飛翔する。婦人が向上したら権利を与えようというが、権利をくれないで束縛せられては向上のしようがない。束縛を解いてくれれば女の手足が伸びる。夜が明けたから太陽が昇るのではない。太陽が昇るから夜が明けるのである。

生理上から脳髄が男より軽いとか重いとかいってずるい商人が砂糖の小売をするようなことが理屈とみなされるなら、入学試験には脳味噌の軽量を測る法を案出したらメンタルも入らねば競争も無用、代議士選挙にもこの法を用いるがよい。ケチのつけかたが頭から間違っている。マルクスが結婚した年が二十六、花嫁のエニーが三十であった。これはなんでもないことのようで、なんでもないと看過したくない。夫婦の年齢の差がますます甚だしくなるほど情的欠陥がともなう。特に男の年齢が女より上にあるときに一層いけない。夫婦の年齢は男女相等しいものが原則であらねばならぬ。今、かりに男三十、女二十で結婚するとせば差し引き十年間の男子の情欲はどうして抑えられるか。そこに売笑の制度も必要となり処女侵害事件も起こる。結婚に際し、一方は処女であることを要求しても他方が童貞を守っていた男がないというのは、この性的本能が頂点に達しているときに十年の差を生じさせる不合理にもとづく。男尊女卑はここにも現れている。

これに対する反駁としては女はフケやすいといったようなつまらぬ議論が有力なもののひとつとなろうが、それは賎役を女に申しつけて台所に燻ぶらせるから老ける。虐げられるものは神経衰弱になって早老する。フケるのではない。フケさせるのだ。その次には女子の春期発動期が早いといったような論も出ようが、これも因襲的に女に遺伝させたもので習慣によって還元させ得られる。その他の異論は一々取り立てるにあたらぬ。要はびっこを引かぬことだ。下駄の高さは揃っているがよい。

異性を説服するよりも、因循な同性を刺激して覚醒させるほうがかえって大事業で、街頭に叫ぶ声は悪魔の吠えと響き、家庭を出ることを恐れること風邪を気遣う肺病人の臆病さを持つ。文部省の女学生の思想調べ、各高女の校長がうやうやしく、女学生の現代思想に明るいとの上申、調査させたものの頭は禿げ、上申する者の頭も鏡のごとし。

わが国でも女子が男子に接近したことは著しく、最近十五年間に女の体格が甚だしく向上し、身長五尺五六寸・体重十六七貫※3という女子が、どの高女にも一人や二人は見受けられる。明治十五年の平均統計に比し胸囲が一寸五分、身長が二寸、体重が一貫匁を加えている。体格は立派になったが電車で男に席を譲ってもらうようでは婦人の意気はあがらない。

今年の婦人服の流行をみたが、欧米ではスカートを除外してほとんど男子服と異なったところを見出せぬ。これは職業婦人が男子に立ち交わって働く、その目的がまったく日本のそれと違って、婚資を得んがための腰かけ仕事ではなく、精神的に職務に打ち込んで働くから、その服装なんぞはどうでもよい。頭だ。ロシア婦人はルパシカで官署で真剣に働いている。頭のことだ。一千九百五年の英国総選挙で自由党内閣の大臣のうち四名と代議士のうち四百の婦選論者が現われたから、全国の婦人は自由党を援助するに全力を尽くしたが、選挙が済んで政権の安全を得たが最後、明後日おいでと婦人を突き離した。英国のような言責を重んずる国でさえその通り、東西を通じて政治家は大ぼら吹きの嘘つきである。通過する懸念があったら手のひらを返すこと請け合いである。羊かと思って頭を撫でたら、牙をむき出したり、美人かと見返ったら尻尾があったり、演壇に立って真面目な顔をして公の嘘をつく。それが男のえらいところである。ドイツでもどこやらの国のように軍閥がはびこっていたから、一千八百六十四年に婦人倶楽部ができて一千九百十八年十一月に参政権を獲得するまでずいぶん苦心であった。婦選実施後、第一次の総選挙に三十六名の女代議士が出て、議会は静粛になり、代議士は選挙に婦人の歓心を得んがため、女に不利な法制を改革するにつとめたから、女性の権利はたちまちに伸ばされた。多言を要せぬ。単刀直入に心臓を刺すべし。心臓とは参政権のこと。

ロシアでは婦人の権利が法律で確保せられ、男子となんらの差別待遇を受けぬ。姦通でも売春でも、男女平等の処罰となり結婚においても民法上対等となり、離婚も一方の意思表示でいつでも別れることができるようになって、三角関係があとを絶った。子供の養育義務は男子の負担となっている。かように婦人の権利が伸長したのは単に法制上ばかりでなく、実質においても一躍して男子と同一の位置に進んだ。前に米あり、後に露あり、中に勢いのない声で女が悲鳴をあげている国がある。

この文は全号の続稿とも、また独立した一文とも見られる。あるいは次号にこの続きが載るかもしれない。文章はなるべく簡単に圧搾してあるからきれぎれになっているが、ただ前後を通じて自分の思想が一貫して流れているものと、自分で信じている。

解説

1925年『婦人』（全関西婦人連合会／大阪朝日新聞社）所収。

※1　若槻礼次郎内相の内務政務次官であった片岡直温。
※2　エレノア・ルーズベルト（1884〜1962）の「お行儀のいい女が歴史を変えることはほとんどない（Well behaved women rarely make history）」をほうふつとさせる言葉である。
※3　約170㎝、60㎏。

貞操の所有権と処女の賭博

社会政策と婦人問題とを除外して何の政治がある、結婚と職業とを省いて何の婦人問題がある、数回に渉(わた)って殺風景な評論をつづけた私は、この号においては結婚という艶のある問題をさげてボツボツ出掛けて見よう。

処女に大バクを打たせるもの、これを名づけて結婚という、双方に了解もなければ意思の疎通もなく陰陽両性を結合させ一生の運命を賭け、仲人という舞台監督か悲喜劇の三番叟[※1]を演ぜしめる。

結婚がナゼ人生の一大事かというに、異性は暫(しばら)く措(お)いて、女性にのみ就(つい)て考察して見れば、自分の力のみで自分の運命を開拓する能力がないから異性に縋(すが)って行かねばならぬ、その男に財産があるとか手腕があるとかで婿としての条件を構成するが、その財産が何かの事情でなくなれば妻として悲惨な境遇に堕ち、手腕があっても愛情が薄らげば妻として矢張り同じ境遇に出喰わす。おもちゃの風船玉が一本の糸に運命を托しているように、フワリフワリとして自己の意思による能動的のものでない、云わば結婚は愛情問題よりも生活上から重大問題という帰着となるので、結婚しなければ生存することが出来ないために結婚するのでは妾や売笑婦と同じく貞操と食物との交換であって廃娼論を唱える資格はないのである。

事実に於て何々夫人と称せられているものも夫を離れて自存し得るものは少ない、まして現在の地位と名誉とを保持して行けるものがあろうか、これらの地位は自分の手腕で得たものでもなければ、自分の努力から得たものでもない。内助と云うようなケチくさい働きは評価にあたらぬ。これらの貞操をかけたバクチが当たったものは上流夫人と意張っているが、ある意味に於て売春婦より劣っている。

本年の大阪市社会局の調査によれば、開業医、美容術師、結髪師が時として男子の平均収入を凌駕するだけの職業として認められ、これに次いで教員、タイピスト、看護婦、交換手、店員、事務員という順序になるが平均四十円の月収でかろうじて衣食――衣(きもの)はむつかしいが食――だけは支弁せられる。

しかるに男子が晩婚する結果は婦人の家庭に入る機会が乏しくなって、勢い容姿を飾って競争的に男子に媚びる風習をつくり、その結果は衣服その他の調度に身分不相応な金を投じて男子の恋愛を刺激しなければならぬようになり結婚を急ぐ焦燥の気分があきらかに看て取られる。近来婦人界に華美な装身を見るのは既婚婦人にあっては夫の愛をつなぐ必死の努力と、未婚のものにあっては、経済上の理由から男子の争奪に力を注ぐ必要を基調とする処世上の哀れむべき手段であって、つまり商人がショウーウィンドを飾るのと同じ必要があるので、必ずしも一概に虚栄のためと冷視してはならぬ社会現象である。

女の犯罪が情事関係を主とする時代から漸次に生活関係に推移して金銭を目的とする窃盗が激増するようになったのは生活苦が恋愛線から乗り出したもので腹が飢えては性欲が発動せぬという論文を提出して博士になった人さえある、生活の脅威に追跡せられる時は恋愛は権威を持たぬ、桜かざして今日も暮す上流ほど恋の味は濃厚である。労働者の妻は共稼ぎによって自己の存在を現すが、多産によって生活苦を離れにくい、ただ身体の健康によって夫婦関係のある楔(くさび)となるだけで、俸給生活者の妻の如く有閑階級で生活苦が直接身を攻めぬものほどに濃厚でない。少女の恋愛に対する知識は活動※2や小説や芝居から得た架空的のものであって、これをそのままに実行することは危険千万であるが、さりとて恋に干からびたスポンジの禿頭で、愛に燃え立つ情熱の若人の自由意思を蹂躙(じゅうりん)することは一層悪い。女は情的方面に発達する年齢に達すると智的方面が退歩するという議論がある、換言すれば生理的に情欲が旺盛となるに反比例して心理的に智能指数が減退するというので、これは吾々職業婦人にとって脅威に値する問題である、女の美しい期間が短いうえに早く結婚しなければ智能が減退するという。こんな同性を駆って男子と対抗しようとするのは、牛の臀(けつ)にモーターを取りつけて駿馬(しゅんめ)と競争するよりも絶望的である、しかし、一寸(ちょっと)待て、学問の注射で脳髄に新味を注ぐことによって救われるものと信ずべき理由はある。

職業婦人は家庭婦人より苦痛もある代りに幸福を増進することは事実である、檻に幽囚せられている狐や狸は外敵の襲来がないから安全であるが、幸福とは云い得られない、職業婦人は外に放たれて敵と対抗して猛烈な脅威のなかに居るが同時に幸福と自由を享受する。

図々しい女になると、自己に生存の手腕を持ちながら夫の扶助に甘んじて徒食するものがある。また夫の生存中は自己の手腕を自覚せず扶助者に死別して初めて覚醒一番、寡婦として存在を認められたものもある。

賢母良妻主義とは即ち自立する能力のない意味で、学校の教科書のどこを捜しても自主の気風を取り入れる文字がない云わば死んだ水である、この混濁した水を飲んで自営の思想はみな排泄せられる。すでに自立の念がない以上は夫の愛が去っても、妾ぐるいをせられても、ついて行かねばならぬ、古来貞淑な妻と云われるものは自存のできない経済上の理由から来ているものが多いが、現在ではこれは意気地なしの骨頂とする、軽蔑せられるが当然のことである。残飯で飼われている猫は化けない限り主人に抵抗し得ない、女の幽霊はみなそれである。

結婚を無理に人倫や道徳から取り扱っても、人倫も道徳も実生活の前へ持ち出したら三文の権威もない、妻というものは貞操を資本として三度の飯を食うているものが多い。夫と切離れて経済的に独立しないでは尊い人格は認められない、不賢母、不良妻——愚母悪妻——である。この連中は一生懸命に夫の愛を手ぐり舅姑プラス小姑の鼻息をうかがっている、主観を殺す卑屈なものが出来上る、これでは結婚式だなんて荘重な式を挙げても今まで父母に養ってもらった重荷を、これからは夫に食わせてもらう責任の振替伝票に過ぎない世の中に何が無鉄砲だと云っても自活の力のない女が結婚するほど向う見ずなことはない、その女の足はシカと地上についていない、夫次第で出世もすれば零落もする、ヘチ婿をつかんだ裏屋の女房は負けバクチ、交際場裏の何々夫人は勝ちバクチ、この種の女には賢母もなければ良妻もない、朦朧仲人が投げたサイがチョウと出たかハンと出たかの差に過ぎぬ。身投げした女が美人であるごとく、女学校出の花嫁がみな才媛であるごとく、たまたま甘く当たったものが賢夫人と治まりかえる。そして厚かましくも廃娼や禁酒を叫ぶ、その叫びがだんだん大きく鬨の声となって来たが、幸いなる哉、鬨の声となったら馬鹿ものの叫びも賢い者の叫びも聞きわけられるものではない。島原には太夫の道中がある優美な売春婦の行列である、目覚めた女に女権の叫びがある、弱い声で煮えきらぬ装飾運動である男性からヘッドライトのような眼でにらまれたらスグ屏息する[※3]、結婚したから運動はヤメ、叱られたからヤメ、子が生まれたからヤメ、アノ人の着物が私より綺麗だからヤメ、下駄が古いからみっともないのでヤメ、最も有力なのは暇がないからヤメというのであるが芝居へもダンスへも活動へも行く、三越やら美容館へ行けば暇そうな女がうぢっている。

脳髄の美を忘れて顔面の美を保持することに全力を注ぎ愛を把握するため目立って男性をチャミングする装身具を必要とする、女性の弊風として他力本位で稲妻のごときはかない流行を追う、それは必然的に経済の欠陥を伴う、その欠陥を補うが為めの努力は恐ろしい結果を招き、最後の手段として恋愛を経済化して無風地帯に入ることを考えつく、家庭婦人より優越した社会眼を具(そな)えている職業婦人でさえ結婚を急ぐほうが利益であると焦るに到る、それは婦人の職業範囲が男子より狭く、かつ高等ならざるに起因する。

行政調査会で、法律は無味乾燥であるから女に適しない、裁判所の職務は殺風景であるから婦人の職業として不適当であると、こんなことが有力な意見だそうだが、法律必ずしも無味でも乾燥でもない。乾燥なるは法の取扱いかたが悪いからで法廷を閻魔(えんま)の庁と間違えての世迷い言であるが、女を法律から隔離しようとするその心掛けが根本から誤っている。一歩を譲って時代おくれの議論をそのまま肯定するとしても職業に性の制限を設けることが大いに悪い、好き嫌いによって選択は勝手たるべきもの也、貞操蹂躙や婚姻の訴訟には女の陪席判事が陪審官を必要とするように構成しなければならぬ。

女に意気地がなかったため今日の差別待遇を受けているものの、これに乗じて一方の人格をふみつけ男子の優越権を高めようとする車井戸のようなヤリ方は人間の冒流であり個人価を認めぬ不法行為である。女の家出、それが三十から四十歳のものに多いという、不思議でも何でもない、結婚の甘い夢が覚めた頃なのである。眼が覚めても何時までも寝床に居れというのが旧道徳である、一方の意思表示で離婚が簡単に出来るロシヤの法律は自然で無理がない、離婚数では世界的に引けを取らぬわが国でこの上に離婚は好ましくはないが、愛が去っての後(のち)の同棲はさらに好ましくないのである、婚礼に関して新しく時勢に適した新しい道徳や法律が出来そうなものと待っている鼻先きに民法の改正※4で一世紀も時代を逆転して、世襲的に朽(くさ)れかかった家族制度に、つっぱり棒を建ててオルガンの旋律に調子を合わせてカッポレを踊らす。臨時法制審議会の審議の結果は禿げた茶瓶頭に畢生(ひっせい)の智恵を沸かせて、自由結婚は許さぬ、親の承認を要すると、近く来たるべき時勢の推移を予定にも入れず、若いものが打つバクチを親が代わって骰子(サイ)を投げてやる事になる、自分で投げたサイが甘(うま)く行かなかったら自分の不運とあきらめるが、人に投げられたものが自身を不幸に導いたなら、きっとその人を怨(うら)むに違いないから、老人どもが常に心配する家族制度に波乱を生ぜしめる。処女に取っては一生一代の大投機を親や仲人が違った道徳の標準で軽々しく取り扱ってしまう。花嫁に取っては耳糞結婚である、耳くそが耳の中に転がって自分では雷鳴を感じても周囲のものは何とも聞えないのである。

法制審議会で離婚の理由となるべきものは女に不貞の

行為あるか男に著しき不品行がある時と定めるのであるが、男の方にのみいちじるしきという形容詞を加えることから考えて見れば、少々は差支えないということになる、その少々の程度が茫漠たるもので、時々売春婦に戯れるとか、気まぐれに情婦をこしらえたぐらいは離婚の理由にならないものか、法の解釈は人を迷わすことが甚だしい。最近の立法の中で選挙法における公私の扶助という一項と、親族法の著しき不品行という一条は裁判官の裁量に任せることになるであろうが、判官だとても神ならぬ人間であるから、こんな法律によって判らねばならぬことは迷惑千万なのみでなく、夜店の買い物に十銭の白銅と思って二十銭銀貨を払って造幣局を怨むような間違いが起こりそうでならぬ、離婚の条件を法律によって定めることが没理の出発点で、スキとキライは理屈で押えきれるものでない、キライな男を法律によってスキになる、そんな器用な精神転換が出来るものではない。貞操の妻であろうが品行方正の夫であろうが、どちらかがイヤと思ったら、それが離婚の最も大きな条件となるので、法の条件に適合しないから嫌いでも夫婦関係を継続して暮らさなければならぬとは法ではない無法である。はじめから仲裁制度を設けてかからねば法の施行に懐疑のあるようなことは、条文に無理のある証拠で咳をしながら身体の壮健を自慢しているように見える。かれ等立法にたずさわる老人たちは自分らが旧道徳のもとに高砂やを謡ってもらった甘い歓楽の夢を思い出して、習慣に法律という新しい着物を着換えさせて、中身は替わっていないくらいに軽く取扱っているのであろう。それというのも自分らは何十年かも前に結婚を済まして利害関係のないところからこんな法律を作って涼しい顔をしているのである。そういう考えの人に、これまでは文の前提として、ここからボツボツ論の中核をなすべき貞操論を読んでもらいたいのである。

処女のもつ貞操は自己のものであるが、その実は自己のものではない、親権者に開閉の鍵は握られて勝手に貞操を開放せられる、当然の帰結として離婚に際してもその鍵で金庫の扉よりも固く閉鎖せられる、そうすれば貞操というものは集金人のポケットにある貨幣と同じくポケットは自分の所有であっても貨幣は自分のままにならぬ。女は身体(しんたい)の中に、ただ貞操を保管しているに過ぎない、集金人には富裕な人が少ない、だから金にかつえていても懐中にある貨幣に触れては忽ち(たちま)横領とか委託金費消罪に問われる如く、女が好きな対照物を見出しても、自己の意思のままに貞操を行使したら戸籍法などで行き詰まる、とすれば貞操の所有権は何人(なにびと)にあるか貞操所有権確認の申請は如何なる様式に決裁せられるであろうが、いまや文明国がすべて自由結婚となっているに、わが国だけは不自由結婚法の制度を見るのである。女のもつ貞操を女自身の完全な所有権と認めないで借地人が得た地上権より低く見ているようでは、基礎が弱くて鉄骨の殿堂を建てて愛の生活に入ることは不安である。案じ出したらキリがない、処女を信用せぬ結果、監督者を置く、その監督者とて信用が出来るものでないから監督者のまた監督者を要する、同情の仮面をつけて鬱抑と呪詛との中にお寺の告別式に臨んだような気分で暮らせという冷酷な行為は、君がたが最も忌んでいる内縁関係の奨励でなくて何であろう。道理で私生児の名が新民法から省かれているのだな。

禍（か）なるかな、法律は婦人の法律でなくして男子の法律であり、若い人の法律でなくして老人の法律である。時は進む法は退く、いろいろの悪習慣悪法制は一括して転覆せねばならぬ時が来た。それにしても婦人参政権のわれわれの手に入ることの晩（おそ）いこと、思想上の地震が旧制度を微塵にくだいて黎明期に近づくときが待たれる。

解説

1926年『ひげ』（改善社）所収。法律の知見を縦横に活かしながら、結婚制度、明治民法の家制度を兼子ならではの辛辣なユーモアで批判している。

※1　能の「翁」をひとつのルーツとする舞踊であり、めでたい場で演じられる儀式的な演目。動きに滑稽味がある。もちろん兼子は皮肉としてこの表現を使っている。

※2　活動写真。映画のこと。

※3　恐れて身を縮めること。

※4　1898年に公布された、いわゆる明治民法のこと。1890年の民法を改正したもので、戸主権、長男単独家督相続制による家制度が規定されている。この時代、日清・日露戦争を経て資本主義経済がさらに発展し、工場で働く人口が増え、会社勤めや教師など月給による生活者が都市部で形成されていった。一方で、江戸時代以来の農業・商業・漁業などの家業を基盤とする封建的家父長制度が人口の8割を占めていた。家業のもとで嫁は「家」に対する義務があり抑圧されていたが、工場労働者や都市生活者の男女には「家」の拘束力は弱まる現象が起きていた。そこでは「個」を単位とする自由な空気もうまれ、新しい生き方、結婚観が模索されるようにもなっていた。大正後期にはこうした近代家族が増加、民法の戸主権を制限しようとの動きも起こり、兼子もそのなかにいたのである。このように、家族のあり方は時代の流れを受けて変わり続けている。それは現代でも同じはずである。

夫婦の貞操義務

明治三十一年発行の福澤全集第五巻に『日本婦人論』及び『日本婦人論後篇』の二論文が収めてある。明治十何年に執筆されたものと思う。

その頃の親族法的思想は妻妾二等親という封建風のものであった。そして当時の刑法も夫の告訴さえあれば、妻の姦通は何時でも罰せられるという仕組になって居る。『日本婦人論』二篇は貞操に関する男女の不平等を打破することを主たる目的としたのである。

――男子も女子も性的生活については同じ立場で、同じ義務を負担すべきである。然るに日本では月に遊び、花に戯れ、自由自在に行動する男子と、深窓に幽閉せられて遙かに男子の放埒を眺めて居なければならぬ女子とがある。貞女は二夫に見えずという言葉を再婚禁止の意味に解釈して、女子の性的生活を極端に圧迫することさえ敢て(あえ)した。封建制度の伝統が女子の情感を殺したのである。世界広しといえども女子の情感がこのように酷く取扱われて居るところは文明国では日本だけである。日本の家庭道徳を改め、世道人心を革新するには、この多妻制度の打破が最も近道である――と、明治文化の指導者福澤先生が不治の病床で絶えず口にせられたのも婦人問題であったという。

明治三十一年に現行民法の親族篇が公布せられた。『妾』という名は法律から姿を隠した。しかしまだ影は映っている。嫡母とか(第八四三条)、庶子(第八二七条)とかいうものが残って居るのである。それだけではない、民法にはまだ不平等がある。即ち裁判上の離婚原因を定めて居る民法第八一三条は男子と女子との間にかなり差別をおいたのである。妻の姦通はそれだけで離婚原因になるが、夫の姦通はそうではない。夫の姦通が妻に対して『同居ニ堪ヘザル虐待』となり『重大ナル侮辱』に当ること、または『夫ガ姦淫ニ因リテ刑ニ処セラレタル』ことを必要とするのである。

更に明治四十年に公布せられた現行刑法の姦通に対する態度はどうかというに、これはまた驚くべき保守主義である(第一八三条)。旧刑法第三五三条と文句こそ多少相違して居るが、趣旨は全く同じである。妻だけが罰せられ、夫は相変わらず多妻制度の恩恵(?)に浴して居るのである。現行刑事訴訟法(大正十三年一月一日より施行)は姦通の告訴前に離婚するか、少なくとも離婚訴訟を提起しなければならぬことにしたが(第二八六条)、これとて少しも不平等を緩和したことにはならぬ。ただ別れるのはいやだが妻を監獄にぶち込んでやろうという思い切りの悪い夫を排斥しただけのこと。

臨時法制審議会は数年来刑法の改正を企て、改正要綱を公にしたこと既に数回、最近には改正草案の全文(?)を発表した。この草案は姦通罪につき大改革を加えて居る。第二十三章『風俗を害する罪』の一つとして、姦通罪が規定してある。

——『配偶者ある者姦通したる時は二年以下の懲役に処す。その相姦したる者また同じ(現行法は夫の姦通は罰せられないがこの改正にて男女平等となる)(以下略)』——。

これは本年六月中旬の大阪朝日に掲載されたものである。註として加えてある如く、草案は夫妻を平等に罰する趣旨らしい。改めていうまでもなくこの平等処罰は婦人矯風会が年来議会に請願して居るところであるし、全関西婦人連合会はこの秋頃からこの問題の研究に着手し、一大運動に移るという話である。

一体姦通は何故罰せられるのか。配偶者に対して誠実義務を破るからであるか、はたまた、婚姻なる法律関係を侵害するからであるか。姦通を親告罪として居る点からいえば配偶者その人の利益を害する犯罪と見てよいらしい。が、現行法に於ける既定の位置、または改正草案が『風俗を害する罪』としている点からいえば、法律は姦通罪の性質を『社会的なもの』とし、『社会的理由により』罰するの立場にあるということも出来る。とにかく姦通罪の法益が何であるかの問題は一方的傾向だけで説明出来ないと思う。

姦通罪は婚姻関係を侵害する犯罪であることは疑いない。婦人の地位の向上、婦人運動の発達がやがて婚姻関係に於て夫妻平等の地位を要求するのは当然の帰結である。恐らくは何人も夫妻平等の正当なことに異存はあるまい。ドイツ憲法第一一九条が『婚姻は男子と女子とが同等の権利を有つことを基本とする』という正々堂々の旗印を掲げたことは、当然とはいえ、日本の現状にとっては全く羨ましい次第である。

繰返していうが、婚姻関係にある男女は平等でなければならぬ。平等に誠実義務を負担せねばならぬ。刑法に於ても民法に於ても平等であることが絶対に必要なのである。

しかし問題は男女が共に処罰されねばならぬという方向への平等が何故に必要なのかという点にある。即ち姦通は不法行為であるが、果たして刑罰が適当な制裁であるか否か、一応考える必要がありはしないか。姦通を犯罪とすることは婚姻制度の国家に於ける原則的地位を明らかにすることになるかも知れぬ。しかし、元来婚姻は精神的結合を本質とする。婚姻継続中に、一方が他方を告訴することは不都合だという理由で、すでに刑事訴訟法は離婚を告訴の前提とした。この精神を拡充する時には婚姻解消後に告訴を提起し刑罰を要求することもやはり不都合だといわざるを得ぬ。これは醜い復讐に外ならないからである。精神的結合を刑罰の威嚇によって維持しようということ自身が既に制度の精神に反しはすまいか。

姦通罪に関する刑法の規定が適用されることは事実上極めて稀である。この稀な理由は夫として、妻として——むしろ人間として——配偶者の姦通を告訴するほど賤しくはないという証拠である。更に一面姦通を罰することは従来とも恐喝の恰好な手段を提供して居るし、他面姦通犯人の子供の社会的不幸を考慮に入れる必要がある。かくの如く姦通は事実上問題としては極めて稀にしか起らないし、その上処罰の当否につき疑問を起すものであるから、一層のこと、これを刑法から除外するのがよくはなかろうか。つまり罰しない方向への平等に進むべきではないかと思うのである。

この間、私はヴァチカンの法王宮なるシスチナ礼拝堂の天井を飾ってあるというミケランジェロの『アダムとイヴの追放』の写真刷を貰受けました。——蛇に唆(そそのか)されて禁断の木の実を摘んだため、天使の剣に追われて悔恨の念に悩まされつつ天国を出て行く二人の姿は、人間を両手で防ぎながら女をかばって居るイヴの態度には満足の表情が漂っていることを看過してはならぬ。この画が男女の和合を象徴して居ることを私は愉快に思う。男女が互いに相争うのは見苦しい。姦通、これは誠実義務の違反である。しかしこれに対し機械的の反動として刑罰を科するだけでは、争いのために争うに過ぎぬ。争いは避けたい。忍んで忍び得ぬ時にはむしろ別れるがよい。これで十分である。姦通の結果は高々離婚で止めておきたいものである。——一九二七、八、二七——

解説

『法律春秋』（南郊社）1927年10月号に掲載。記事の前に、所属記者による兼子の紹介文が付されている。――「北村兼子氏は嘗て大阪外国語学校に学び、後関西大学の聴講生として三年間法律学を修め、その後大阪朝日新聞記者として活躍すること二年間、再び法律の研究に没頭すべく退社して目下京大に刑法を専攻している篤学の婦人です。今回『法律春秋』の為めにと特に寄稿されましたから、大家に列して茲に御紹介致します」。なお、兼子が大阪朝日に入社したのは関西大学在学中のことであり、退社したのは記者の仕事においてセクシャルハラスメントや性差別にもとづく誹謗中傷に見舞われ、社からもはしごを外される格好となって辞職に追い込まれたためである。

大阪朝日を退社後、兼子は京都大学法学部教授の滝川幸辰に師事し、より専門的に刑事法を学んだ。婦人団体は夫の姦通も罰するべきだと主張していたが、滝川は刑法から姦通罪をなくすべきだと主張。兼子は滝川に学び、姦通罪の男子規定を請願する動きに対して「アナクロニズム」「刑罰の威嚇主義」（『婦人記者廃業記』）としている。なお滝川は、兼子の死後、1933年に京大で起きた思想弾圧「滝川事件」渦中の人としても知られる。その自由主義的な刑法学説を追及され文部省から休職処分が下り、退官。その折に、姦通罪に関する見解も問題視された。また、滝川は兼子がセクハラ被害に遭った折に励ました人でもあり、戦後、女性初の京大助教授となった木村（桂）静子の演習指導を担当。木村は1947年に法学部に入学し、家裁調査官などを経て京大法学部講師に就任、翌年昇格した。のちに木村は著書で、滝川が男女の能力差はないと自身の経験から明言していたことを述べている。

2章

性加害と闘う

特撮映画　卑怯なる者よ汝の名は男なり

婦人記者千葉秋子――大写し

「これがこの映画の主役である千葉婦人記者、何か思案さうにしていますおや笑いました、前途に展開する心配やら悦びやらを暗示しています、弱い女性が社会に立って行く、その前には男性によって置かれたいろいろの障害物がございます」

大学講座

「三千の男学生の中に交った一人の女性があります。この女は女学校から外国語学校を経て、ここに入学しています、いま独逸法科の講義が始まっている、熱心にノートに書きとっているのが千葉秋子です」

卒業式の光景

「四年の勉強が酬(むく)いられ、学長から卒業証書を与えられた、新学士の面上には光栄の悦びが溢れています、しかるに彼女だけは優等の成績を得たに拘(かかわ)らず、女なるが故に、ただ一人だけこの光栄に浴することが出来ませんでした」

高文試験[※1]の出願

「願書を出したが、法規に女は中学校を卒業していないからとあって、たびたびの交渉にも結局は却下となつた――女史失望の色――」

編集局

「東洋一の大新聞社の広い編集局、電話やら電報やらが引っ切りなしに社会の動きを報じています。キャリアーは忙しそうに頭の上で原稿を運んでいます。その中央どころに筆をもっているのが千葉秋子、彼女は司法記者として法律を分任させられていました。これは試補時代の彼女であつた。これを振り出しとして種々の方面に活躍することになりました」

但馬(たじま)の大震災

「突として起こつた北但の震災、彼女は筆を投げて駆けつけました。トラックに満載せられた救恤品の中に埋もれて甲斐ぐ〲しく立働いています。そして自動車の隅で電文を認めています」

関所争奪リレー

「A新聞の催した少壮記者の競争、彼女はただ一人の女性選手として大阪から暗の高野山を経て壺阪へぬけました。五時間というレコードをつくりました。強力※2七人と犬一匹とに曳かれて高野山を突破する悲壮な光景です。向こうに見えるのは女人堂※3です」

飛行機

「A新聞が年中行事の一つとして企てる甲子園の野球大会の光景です。飛行機の上から信号をしているのは彼女であります」

二見浦

「高貴のお方が関西巡遊あらせられた時に特派員としてお伴をしています、弱い脚でここから笠置の山頂に登ります」

カフエー、エジプト

「彼女は女給に変装して、福岡のあるカフエーに入込んでいます。多くの浮れ男に包囲せられている。嬌態の彼の女の姿であります」

支那料理屋子福楼

「入るイギリス、出るドイツ、世界のあらゆる人種を相手に媚の交換をしている、神戸は子福楼の一室――この情景と福岡のカフエー生活など、合せて『恋の潜航』――本の背皮大写し――が出来たのです」

心斎橋の盛り場

「天津橋上繁華の子、大阪の歓楽境である大路、そこを流れる帽容燦影が交錯するところ、虚栄の芽がやがて恋愛を孕む、二人が仲睦まじそうに、道行く人をふりかえらす。それは新聞記者のYさんと、他の一人は彼女であった」

奈良公園の秋色

「秋は古き都に音づれて神鹿は平和に煎餅をもらっている、そこを通っているのは大阪で名のある活動の解説者のTさんとその相手はいうまでもなく彼女であった」

「彼女は近ごろになって男性を研究するに興味を持った、何となしに男性に接近することが社会の活きたあるものを掴み得られると思った、そうして彼女は自動車に異性と同乗したり、カフエーに伴われたりして日を暮すことが多かった」

「彼女は自分ながら不可解の力に率かれて、人目の多いところを、わざと男性と連って歩くことを楽んだ、それが性というようなことを超越して、あらゆる階級の異性と交渉することがますます趣味を深らしめたのである。これも一種の潜航であった」

「社会は彼女の行動を是認しなかった。突として醜声が高まった」

　S新聞の記事――字幕

「彼女は淫婦である。そして一ダスの情人を持っている。かような不良な婦人を記者として置くことは、新聞の恥である、なぜに馘首しないのであろう……と、これにつづいてK新聞、K・D・U雑誌などの二十種ばかりの新聞が盛んに書き立てたのであります」

　女史の応接室――お友だち男女数人

「いま詰めかけたのは女史のお友だちである。

『どうするつもりなんです、あなたの社会的位置は葬られてしまった上に、お友だちとして私たちは友誼をつづけることも恥かしいのです』

『僕なんかは平生貴女と友人であることを誇りとしていただけ、恥辱を受ける反動は激しいのです。あなたは沈黙を守っているのは、この記事を肯定するつもりなんですか』

『あなたが適当な手段をお取りにならないでこのまま黙止してしまうのは、事実に於て、暗黙の同意となります。もう私ども絶交しなければなりません』

　女史は何にもいわなかった、そしてお友だちとは名ばかりで、心を知り合った人のない世界に立って、この上もない寂しさを感じたのである。

『貴女のことを書くと雑誌が売れるそうだ、だから或る雑誌は商売手段で次号から醜行を連載するそうだ。残念ながら、貴女の生活は落城だ。僕はこの末路を醜しとする』

　女史は弁解もしなかった、かように大袈裟にいいふらされた上は戸別訪問して言いわけをしても無駄なことを知った。書かすだけ書かせて置けば、そのうちに草臥れてしまうであろうとあきらめたのであります」

　女史の家庭

「『もうやめろ、断じて職業生活から離れてしまえ、俺はもうこの醜聞には堪えられない』

　とお父さんが罵った。

『お前の潔白なことはよくわかっている。それは、お前を産んだ母だもの、そんなことを疑ってよいものかね、だけれど、他人さんの口にかかるような行いのあったたことはお前にも欠点がある。早く家庭の人におなりなさいと、あれほど言ったじゃないか、とうとうこんなことになって取かえしもつかない』とお母さんは泣きだす。

　小学校から帰ってきた弟さんは

『姉さんの悪口が新聞に出ているって、そうお友だちがいっていたよ。悪いヤツだね、ひどい目に逢わせてやりたいよ』

　と姉思いの幼い弟が憤慨します。」

彼女は何もいわないで自分の部屋へ去りました。悄然として。

女史の書斎

「彼女は疲れた体をソファに横たえました。何ものか自分を助けてくれるものはないかと周囲を見廻しました。しかし彼女を助ける何ものもありません」

「職業婦人というものは、こうも容易く暗殺せられてしまうものかと慨わしくなった。苦辛十年の学問と捏造された噂とが、一朝に振り替えられることは、割の合わない貿易取引であると思いました」

「彼女が煩悶のうちに夜は静に更け渡ります。彼女は静かに力なき体を冷たい寝床に横たえて、いつの間にやら眠につきました」

眠っている彼女の頭に射られた二十本の毒矢

「頭に射られた矢は驚きの夢を覚ましました。彼女はまたまた眠りにつきましたが、夢幻のうちに細い微かな声に起されました」

「あなたを救うものは、あなた自身でなくてはなりません。そしたあなたを救う支持者の私があることをお忘れになりましたか」

「彼女は枕を横に推して、何人が注意してくれたのかと見廻しはしましたが、そこには友だちの影も見えませんでした」

「彼女は心を落つけて声を帰納して見ましたら、声の主というのはテーブルの上に置かれた一本の万年のペンでした」

万年ペン——大写し

「おお、お前を忘れていた、私を殺そうとするものが筆であるなら、私を活かすものも筆である。この万年ペンは活人剣である。よろしい、お前は援兵である。私は起つ、私は怒る。お前は続いてくれ」

「周囲が私を虐げる中に、この頭の悪い私に隷属して二年の記者生活は辛かったであろう。相手に取って不足だが、お前とともに卑劣な男性に対抗して見よう」

「そして、わが親のため妹弟のため、延いては一般の職業婦人のために戦場に立ってみましょう」

「彼女はテーブルに向いました。管も折れよとばかりに万年ペンを握った。ペン先から滴る血のような文字は彼女の精神が傾けられたものであった」

「その文は『職業婦人の墳墓』と題する応戦的のもので、それがF雑誌に載せられました」

字幕——貞操ということは極端な例を除いては女性が持つ弱点である。その抵抗力の稀薄な戦線を狙って夜襲することは卑怯な男の手段である。男に特有な『義侠』の精神は何処に置き忘れたか、この遺失した『義侠』を拾ってあげようとするのが私たちの親切である……女史の書いた論文の一節。

解説

1927年『怪貞操』（改善社）所収。兼子による神戸・博多の歓楽街潜入ルポ記事はおおいに話題を呼び、記事はほかの評論・随筆とともに書籍『恋の潜航』として出版され、飛ぶように売れた。だが同時に、兼子の「貞操」が問題だとするデマを書き立てる大衆紙が出始め、デマがデマを呼び、兼子を非難する投書が届くに及んでついに退社に追い込まれてしまった。入社前後から辞職までの様子を映画の場面のように記して振り返ったのがこの文章である。冒頭の「婦人記者千葉秋子」とは兼子が潜入取材のときに使っていた偽名。この文章が収録された5冊目の著書『怪貞操』は、被害を受けた側が職を失うということへの理不尽さと怒り、そして闘志を表明した書であった。なお、『怪貞操』出版2か月後には、日東蓄音機商会から同盟のレコードを発表した。当時もいまと変わらず、一度ばらまかれたデマを修正するのは難しく、兼子は同性の味方をも失っていき、その後は一匹狼のようにして闘った。同書ではまた、もの言う女性を抑圧する男子専制社会は福祉を軽視し、軍備を拡張するとも同書で主張（99頁～「怪貞操（後篇）」）、反軍拡の思想も色濃く出ている。

※1　高等文官試験。

※2　登山の際に荷物を持ち、道案内をする人。

※3　高野山はかつて女人禁制だった。このことに関連して、リレーを振り返る記事で兼子はこう述べている。――「明治何年やらまでは女人の登山を許さなかったこと、それは貴女方に取って憤慨の種でしょうと女人堂の前で車夫が新手と取り替わる時にここで出迎えてくれた若い僧侶が私に云った言葉でありました。登山の禁は解かれたかは知らないが、今でも女人堂は到るところにあります。政治にも教育にも法律にも社会にも、参政権問題とか教育不均等とか民法の親族篇とか女子の差別待遇とかいう種々の女人堂を設けてわれわれの思想問題はそこで停滞しています、何もお大師さまを怨みとは思いませんと私は答えたので、この若いお坊さんは大いに共鳴して下さった」。なお、修了後も親しくしていた法学部時代の同級生は、のちに高野山金剛峯寺第406世座主となった森寛紹である。

堕落婦人記者

ある社交倶楽部の一室――

「今日来会している支那服を着た丈の低い女、あれは何ものです」

「あれですか、あれはこのごろ問題になっているA新聞の婦人記者なんです」

「問題とは？」

「ひどい女なんです。手当たり次第に男を誘惑するという噂です、何でも美術家のFも、学者のNも俳優のTも活弁のKも銀行家のMも、その外七八人も彼女と醜関係があるというのです。U新聞の記事によると少くとも二ダースばかりの連中が魔の手につかまっているというから驚かされます」

「それは大変な女だ、そんな多角関係なら、男と男との衝突は免れないでしょう」

「それはさらに耳にしませんが、兎（と）に角（かく）、多数の情夫に囲繞（いにょう）※1せられているのは事実らしいです」

「それは虚栄を充たすための売操行為だろうて」

「でもね、あの方のお宅の生活状態から見て金銭問題じゃないことは断言出来ますわ」

「では一種の性病とでもいうのだろう」

「それにしてもそんな不品行な女を放り出さないとは大新聞社に似合わないじゃないか」

「ところが噂だけで証拠はないらしいの」

「証拠なんかなくても噂だけで放逐する価値があろう」

「それはいけませんよ、婦人記者などで少し世間へ顔を出しますと、いろいろの中傷も起りますから、その噂だけで処置することは大新聞の威信がないというものです。男というものは存外悋気（りんき）ぶかいものなんですよ」

「新聞記者というような高等な職務を帯びていても、やはり女は女だ、理智の程度も知れたものだ」

「あら、そんな一つの事実をとらえて女性全部を撫でてしまうのは酷いじゃありませんか」

「まア概論だから勘弁してください。ところでこの頃情的関係のあるというHは今夜も来会しているようだね」

「静かに、噂をすればHさんが来たよ」

「やア今晩は、これはお揃いで、僕の陰口とは恐れ入るね」

「聞かれちゃア百年目だ。何も君の悪口をいっていたわけじゃない、たゞ君の艶福をそねんでいる、醜男のグループを憐れみたまえ」

「何が艶福なものか、僕はその話を聞いただけで、ブルブルと身ぶるいするのだ」

「そのブルブルといふのは、嬉しくてか、恐ろしくてか」

「もちろん恐ろしくてなのだ、僕は誤解を避けるためと一つは懺悔の心持ちとで彼女との関係一切を告白するがね、どうだ聞いてくれるだろうか」

「そう膝を乗出したもうな、彼女との情的関係あるもの二十幾人を数えるが、それは噂だけで実際は普通の交際線を超えたものが一人もないのだ。僕が彼女を知ったのは、ある音楽会で紹介されたのが始めで、その晩から懇意になって、どうです、心ブラをやりませんかと誘いをかけたら、お伴しますと来たじゃないか、晩くまで遊んで別れる際に、明日×公園へ行きませんかといったら、つれて行ってくださいというのだ、ぜひと言いだしたくらいだから、僕は考えた、僕は彼女の書いたものを読んだこともあるが筆と心とはこうも離ればなれに行けるものかと思つた」

「うむ、面白い話だ、それから」

「ところが一歩進んで深い関係に入ろうとすると、何だか刺激のある光線のようなものが彼女の身体から発射するように思えてならないので、妙に固くなってしまって、そのままただ往復を繰返しているに過ぎないのだ。もちろん自動車に同乗してカフェーなんかへ度々出掛けたのだが」

「それはいいとして、そのブルブルというヤツの説明を聞かせてくれたまえ」

「それだ、九州で女給に変装してさんざん異性を翻弄したのは彼女ではなかったか、彼女は男性研究というようなことをやっているので僕は施療患者になったものらしい」

「それは妙なことになったね」

「もし常識のあるものなら、恋愛を囁くのは暗いところを選むはずだ、しかるに彼女は好んで明るいところで男性と接近する傾向がある。道頓堀とか千日前とか北浜とか、そういうところで大びらに男性と遊ぶのだ、ちょっと恋愛の行き方がちがっている。これが彼女一流の潜行というものかと思ったら僕はブルブルと来たのだ」

「なぜ、それが恐ろしいのだ」

「彼女が神戸でゲーム取りに変装した時、岡田さんという男が彼女につきまとって、とうとうひどい目にあった、それがA新聞で赤むきに書かれた上に、著書の『恋の潜航』にも素破抜（すっぱぬ）かれているのだ、それは神戸の岡田さんだが、大阪の岡田さんは或は僕かも知れない」

「なるほど、それではブルブルと来るのに不思議はない」

「不思議はないなんかと済ましているのは友だち甲斐がないというものだ、僕はいい年をして第二世岡田となるのは笑われものだ。この頃はパタリと彼女の姿を見ないようになった。ことによったら今ごろは僕のことをさんざん素破抜いているのかも知れないと思うと、これがブルブルたらざるを得ぬではないか、いい気分になって彼女と放浪遊びをした連中は束になって人身御供（ひとみごくう）にあげられるのかも知れない」

「ブルブルの理由はよくわかった、では、いろいろの新聞や雑誌にも書かれているが、あれはみな弄（なぶ）られている口というものか」

「それはわからないが、僕は思い出してもぞっとするよ」

解説
1927年『怪貞操』（改善社）所収。

※1　ぐるりと囲まれていること。

「怪貞操」を作りあげて

自分が言いたくして言えなかったことを偶然に他の人が口を切ってくれた時は、何ともいえない気持ちのいいものである。多くの女性、或は満天下の女性が胸に抱いていた不平が『怪貞操』（大阪改善社）によって掘りかえされたとすれば『怪貞操』は芋畑に打ち込まれた鍬であったかもしれない。

これまでの家庭争議を男女争議を見ては、喧嘩が開始せられない前から、勝味が男性の方にある。正当な理由があっても、負けて喧嘩をポッポへ納めるのが女の道だと信ぜられていた。私が今度周囲から受けた恋愛受難の如きものでも、京阪地方に住んでいたから問題となったがもし東京に暮らしていたものとすれば、頭で問題にならないことで、さらに欧米にでも居住していたとすれば、話題にもならないほどの、何でもないことである。

御承知ですか、上方ではしょうもないという言葉がある。これは「何でもない」「つまらない」「品の悪い」というような意義を含む警句で、それを今度のような場合に使ったら、こうである。「女が散歩したくらいがなんだ、しょうもない！」

しょうもないことを悪徳記者が音頭取って沢山なエキストラを集めて騒いでいるばかり。少し気の利いたエキストラなら、初めから水に投げ込まれる位は承知しているはずである。正当な理由さえあれば、何も男性に対して遠慮する必要もなければ、異性と遊んだというくらいが初号や特号見出しで特ダネとなるはずはない。ちょっとした、それはほんのちっとしたことから、ただ異性と公園やカフェーで遊んだぐらいが堕落なら、私たちは毎日堕落しているのだから種はこちらから差上げてもいい。間違いだらけの種を製造する手間が省けるだけでも、便利重宝というものではないか。

貞操は民法（戸籍法その他）によって、所有権を不具にせられ、結婚、入籍、財産権などのように勝手に権利を行使出来ないにもせよ、原則として貞操の所有権は女性にある。ただ管理権だけではない。だから女性が正当な貞操の所有権を行使することに何の気兼ねがある。

現在、政治的にも経済的にも国際的にも孤立している貧々乏々たる日本が、内部で男女争議でゴテつくことは避くべきことではあるが、その避けることは男性にお願いしたい。女性がこの上避けては後の川へはまる。どうか男性さまにご遠慮をお願いする。

そうでなくても入超と産児過剰で困っている際に、変な貞操なんかを輸入するなとの心配は御無用。恋に上下の隔てなく貞操に東西両洋の税関はない。

これは面白い、真理だというのか『怪貞操』は不思議に売れた。二週間で三版を重ねた上に日東蓄音機も初めての試みとして『怪貞操』という掲題からして物騒なレコードに吹き込ませた。これは演説でもない。また談話ものとして、これから何とか奇抜そうな名前をつけようというている。そしてとうとう主張ということになって、男爵田中義一氏、陸軍中将権藤伝次氏、子爵後藤新平氏、子爵間部詮信氏、宮中顧問子爵三室戸敬光氏、ポールクローデル氏などの不揃いな人たちとともに講話の一角に納まることとなった。考えてみれば私も変な商売を開業したものだ。随筆でなくして随舌とでもいうべきものだから。

解説

1928年『婦人記者廃業記』（改善社）所収。

怪貞操をレコードに吹込んだ後の感想

私の吹きこんだ『怪貞操』は文字に現わして怪文書、怪写真などと対照すれば別に奇怪に耳に響きませんが、これを切離して三字だけ発音しても殆ど意義をなさぬ、熊本付近ではかいとくわいと明らかに発音に区別するが、その他はどちらも一とつまみにかいと発音するからここに文字と口語との間に隔たりが生じます。

この怪貞操は卑劣なる男子が女性の僅(わずか)な欠点を見つけて社会から葬ってしまおうとする、特に女性の操行上に疵(きず)をつけて得意とするこの頃の動作に対して社会裁判に訴えた告訴状で、この怪貞操に反抗するものは「社会の敵である」と断言したいところを譲歩して、「婦人全体の敵である」と言いかえたが、それでも尚(な)お僭越に過ぎるかと遠慮して「婦人全体の敵である」というところを「私の敵である」と、だんだん語勢を弱めたから、抗議らしくない柔軟(やわらか)なものとなったが、私の本来の意旨(いし)は著書の『怪貞操』に述べた通り、卑劣な男子の挑戦に対する一歩も譲らない応戦であります。声量が不十分なため女の愚痴のように聞こえるでしょうが、力一ぱいに投げた敵弾であります。

これは先日のラヂオ放送の時にも経験があったが、矢張り舌が十分に慣れなかったのではあるが、将来は音からくる不便と漢字制限からくる圧迫とにせつかれて、国語は今や急速な変革を要すべき必要に当面している……と、拡声器の前で、つくづくそんな感想を深くしました。

書くわ、書くわ、一新聞が書いたら一雑誌これに次ぎ、私の品行上にけちをつけようと土の中からのこのこと頭を出す松たけにしてはシュンが過ぎている、筍(たけのこ)にしては早すぎる、ひっこめひっこめ……というところを旨く言い廻せなくって、その道の木村氏や高尾氏から御注意を頂いたなど、文字と舌とは別々の方面に得意の境地を占領しているようであり、両方ともそれぞれの利便はあるが、その特色たる利便を保全しながら両方から鞘寄(さやよ)せをして進んで行くことは蓄音機から草開きを始めてもよかろうと思ったことでした。

解説

1928年『婦人記者廃業記』（改善社）所収。大阪朝日新聞記者時代に大衆紙を中心とするデマ記事やセクハラ被害によって退社に追い込まれたのち、その被害を告発した『怪貞操』を出版。その2か月後には、日東蓄音機商会から同盟のレコードを発表した。同社発行の『ニットータイムズ』は前代未聞のレコードに「主張」とのジャンルをつけ、次のように紹介した。

「ニットーレコードの四月新譜中大阪朝日新聞婦人記者として健筆の聞こえ高い北村兼子さんが吹込んだ怪貞操と題するレコードがある。論説でもなければ感想でもない、頗る種類分けをするに難しいレコードだが日東蓄では主張と言う――是もかなり困った挙句の苦しい種類決定を下しているから茲では北村兼子さんの主張レコードとしておく。

其の内容は実にモダンガールの叫びであり、且つ主張とする処らしい近代的意識が横溢している、近代文化の社会的傾向として次第にその数を増してゆく職業婦人が、男性と共に生存の渦を巻くその裏面に、絶えず職業的乃至性的闘争が行われ、それ等の事象が経となり或いは緯となって醜い結果を暴露している、殊に職業婦人に対する男性の如何に卑劣であり、横着であるかという事故の体験上から告白しているもので、その真剣なそして堂々たるスピーチは実に痛快である。

本レコードは最近北村兼子さんが群小新聞雑誌から盛んに捏造的堕落宣伝をされた腹癒に言葉を以て痛棒を与えたもので、新聞雑誌が朝日楼のお職兼子が心斎橋筋を男と歩き乍ら喃々蝶々していたとか、暗の夜の自動車の中へ男と消えたとか書き立てた、処がそれらの男は所謂怪貞操のエキストラであったのだ。

それらの或る男は握り太のステッキの積りでいられたり或いは乗合自動車の乗合客程度の積りにしか思われていなかったのだそうで、兎に角、男をかなり大胆に評価している点に於て、男は勿論職業婦人たるものも是非一度聞いて見る必要のあるレコードである」

なお、このレコードは2022年、兼子の母校である関西大学が音声データ化して公開している。

失業随筆（抄録）

やめたといえば、では結婚なさるのですかと打ち込む。何ともまだ考えていませんといえば、でもどちらなんです結婚なさるんでしょうと、じろりと顔を覗き込んで、顔の何処かに自白の一点を見出そうと、考えてもいないというのに結婚と決めてかかる。女が一服すればお嫁入りのことを考えていると思い込むが、結婚の機会というものは、辻でタクシーを待っているように来るものではない。狐の嫁入りだって小雨の降るときを選ぶ。

失業したら家庭地獄へ飛び込め、食べられなかったら男にすがれと、結婚を避難所と決めて、おかっぱ時代から結婚を目標に調練せられ、賢母良妻をげっぷの出るほど詰め込まれているが、三日したらやめられないという新聞記者のあぶれものは、職業を選むことに贅沢になって、あれでもなし、これは嫌と、結局はやはり人妻業でも稼ぐが落ちか。

人は逆境にあって始めて試練ができる。生活状態が変化しても淡々として世に処して、落ちついて進路を転換するのが偉人である。免職という一片の辞令のために脳細胞がパニックを起こしてうろたえるなんかは人間として恥ずかしいことである。私どもは二重底であらねばならぬ。一発の砲声で沈んではならぬ。いつでも新しい興味を生活の上に見出して本当に生活を楽しむ力を持たねばならぬ。意識がそれては小さな事がらに大きな恐れを感じる。かような神経衰弱的なあわてかたは欧州の翻訳もので、こざかしいものは欠員の空き巣を狙い、気の弱いものは宗教心を起こし、あきらめのいいものは農村へ帰り、山気のあるものは満州へ飛び、見切りのいいものは首を吊る。

職業眼の持ち合わせもなく、静かに考えてみれば、必ず職業の選択に無理があるのが原因で、自然は人を餓えしめない。黙座して頭を冷やせば、自然に与えられた職業は自分を呼びかけてくる。力よく漬物石をあげるものは下女になれ、耳の近いものは交換手になれ、速算のうまいものは貯金局へ行け。便器の取扱いを好む者は准看護婦会へ行け、らくして浮かれたくば女給になれ。学問あって醜きものは婦人運動に携われ。賢母良妻の近道はダンサーになれ。苦労して失業したくば婦人記者になれ。どれもどれも一斉安（いっせいやす）で紹介所は求職者の年の市だ。

職業婦人の市場、女は職齢が短いから、早く売れないではお尻から腐りが回る。これまでは婦人に就職難はなかったものだが、当節はなかなかどうして、下女と女工とを除いては男なみに職業が払底だ。そこを狙ってある人から職業の手引（てびき）を書いてくれとの注文で、この方面には不得手な私が、もう新聞記者ずれのした迎合記事を書いたら意外の大当たり、職業婦人百態と題して社のある雑誌に連載された。あちらこちらから反響があって婦人に職業熱の高いこと驚くばかり、あるものはこれを読んだため職業にありつけたという礼状、島根から母娘で上阪するからよろしく頼むといったような手紙もくる。その原稿が第九回目で、まだ九十一態を残している。（中略）

職業婦人が目ざわりな風をして街頭を行く。それがモ・ガだと嘲笑の目をもって見送られるが、婦人が伝統を厭忌する倦怠気分から逃れようとする哀しきもがきが、せめて服装によって表現したばかり、見かけ倒しの人絹時代、天絹が虫の巣を着るなら人絹は材木を着るのだ。それでも同じように光ればいい。七三や断髪の下には理想の脳髄が何もないこと、材木を着てピカついているに等しく、またこの頃の新聞が特号見出しで何でもないことを大げさに書きたてるにも似たものだ。わっと担ぎ上げて、ウンとこきおろす。花を咲かすのも春風なら、花を散らすのも春風だ。よいことづくめで入社して、よいようで悪いようなところで勤めて、悪いことだらけで退社する。出産には花々しく祝われて、生きてそれほどの面白い生活でなく、人にあきられて死んでしまう。これが人間さまの状態とあれば、生ぬるい浮世風呂は、そのままでは寒く、出たら風邪を引く。

初めて入社して男いきれのする編集局の真中に椅子をあてがわれて、上気しながら原稿を書いたうぶな時代が思い出される。むいていえば私ほど重用せられたものは殆どないそうだ。大学の法科に聴講生として通っていた時代から、そのままで記者として月給をいただき、就職難に胸をついている学友を驚かせた。ただの奉公でなくして心から忠勤を励むつもりのところ、私の身には醜聲の雰囲気があって、小さな新聞がよってたかってわめき立てる。大朝の幹部は、なぜあの婦人記者を放逐しないかと突込む。私が動くたびに男という者が私の影に貞操上の泥を塗りたがる。故意か偶然かは知らないが、その結果は私の前途を暗くした。ある大学教授のお話に、小新聞が大新聞に対する嫉妬、それが北村兼子に向けられて攻撃の衝に当っている。そしてその攻撃の矢面に立って屈せず進んでいく彼女の意気や壮とすると激励して下さった。だが、その攻撃は割合にきいた。それが割合に力強く響いて、根よく責めたてること。毎月のことだから、それが出るたびに叱られる。編集局は私にとってはまるで倫理の教室だ。

この社には馘首のないのが名物で、親子二代の社員やら、印刷部には三代つづきの社員もある。ここで続かないようなものは、よくよくいけないものと刻印うたれたものだ。大朝の大をもってして一の婦人記者が抱擁されないとは、この婦人記者はよっぽど出来が悪い。私に、小新聞に向かって降参するか、反抗するかの二た途があった。捏造の攻撃で葬られていくものは私ばかりではない。一般の職業婦人がみなこの手でやられるのだ。私は職業婦人を代表して敢然として反抗した。それが『怪貞操』その他の論文となった。私の大朝社を去らねばならぬ運命はこの時に植えつけられた。それからというものは私の首はつながれたり、飛びかけたり、首の安定を得ないこと五十ポンドのレールの上に軽便列車の疾走する状態だ。私にだって何処かに長所もあるように思う。そんな自惚れがあればこそ生きても行けるが、長所より欠点のほうが多いらしい。その長所を伸ばして欠点をふさぐということは不自然ではあるが、それが私を玉成せしめると思っている間に社を退くこととなった。せめて在社中に偉勲をたててそれを思い出にして退こうとは平素からの願いであったが、いまではそれもならなかった浪人である。浪の人だからこれからどこへ漂流するかもしれないのだ。まさか無人島へもつくまいから、まアしばらくは悠々として揺られていよう。

私はいま尚攻撃者に向って屈しなかったことをよかったと思う。彼等に包囲されてそれでも健気に戦って、失業の終点に着くことはもとより覚悟したことで、それは火をつかんで火傷するほどの当然であった。月々の給料とともに個性をすり減らしていくことは私には堪えられない。だが私は若さと人間味とを失わなかったことを嬉しく思う。これは失業と取り換えっこをするほど安価なものではない。私にとっては貴重なものである。恩給のつく年までねばるというようなことは職齢の短い婦人記者には望めないことだから。

かねて入社を勧められていたある新聞へも入る気にはなれない。学生時代から可愛がられていた大朝でさえこの通りだから、どこへ行っても奉公も続くまい。しばらくは人なみに失職の苦をなめて、二年間は建て売りやの借家のように、修繕しても小言の簷のもる記者屋に宿命づけられたわけではなし、渡りものと見られるもつらいし、筆ばかりが私の全部でもあるまい。さア何をしようかと、小池の鮒が大洋へ放たれて浮世の塩からさに驚いている体、それならこんな本をつくって憎まれなければいいようなものだが、そこはだまって素直に行けないこと、発動機船のガタガタとした私だもの。

男だてら、職業婦人征伐を得意とする悪徳記者は大阪にわいた毛虫たち。そんなものでも刺せば痒い。沢山刺せば痛い。先輩たちは謹慎せよというが、私は謹慎することを断った。そう窮屈に暮らすことは自由人の堪えられないところ、世の中は修道院ではないと思う。事実の有無にかかわらず叩き屋に叩かれたら葬られて行くことは不条理だと、突っ張っているまにこの結末。私の退社が小新聞の攻撃のためだと、そういう癖の悪いことを成功させることは社会のためでない。火事だというから火の見台にかけ上った、その間に梯子を外されてしまった。一方は阿呆だったが、一方も狡猾だ。

K社から『忘れ得ぬ男』というので何か書いてくれとのお頼みで、眼の男を××倶楽部に書いた。

早いものです、それから一年あまりたつ。あの但馬の大地震[※2]の電報が飛び込んで、編集局をひっくりかえした。社から特派の命がさがる。筆を載せて出かける唯一の女性として体が引き緊まる。準備といっても鉛筆と原稿紙と電報用紙をバッグに詰め込む、ただそれだけ。つづいて線路が壊れたから二時間待てという情報。社の飛行機は写真班を乗せて西の空へ没してしまった。気がせく。

朝から三度までも私に面会を求めに来た新聞記者がある。急を要するとのことで少しの時間を割いて会った。

特徴としては猛獣のような眼をもつ男。鞄から原稿を取り出して、この事件できたのですがというから覗きこんでみたら、見出しに北村兼子と×××との醜関係とある。引きつけられたように二、三行読んでいくと、彼はいきなり原稿を引ったくって「どうです」とにやりとする。「どうですってどうもこうもありません」「実際にどうもありませんか」「実際にどうもありません」「ではよろしい。僕は失敬します」といいながら立とうともしない。鋭いそして無礼な眼は探照灯のように私を見つめて、顔面神経の微動をも見のがすまいとばかり。

「僕は好意をもってきているのです。今夜僕の宿へ遊びに来てください。この原稿を貴女にあげますから」という言葉の次に「僕は独身です」と、つけ加えた。

「私は忙しいです」「では明晩」「いけません」「明後晩は?」「いつでも参りません」「ではこの原稿が公にされ

ても貴女はかまいませんか」「無根のことは要するに無根ですから」「無根であろうが事実であろうが、何度も繰り返しているうちに無根のことが事実化してしまうからね」「そんな無茶なことを」「無茶でも構わん。どうせ貴女は訴えるでしょう。だが僕は恐れない。あなたのために喜んで刑務所へ行こう」「狂暴ですね」「それも愛すればこそだ、僕は貴女を我がものとしたい、僕は貴女を他の男に与えることを欲しないから、せめてあなたを疵ものにすることによって、いくらか僕の心も慰められるのだ」「悪魔ですね」「そうだ、デビルが僕の心だ」彼がその眼から放ったものは確かに殺人光線だ、私はぞっとした。

「どうです、僕の愛に抱かれませんか」「お断わりします」「正当な口説き方ではいけないことを知っているから高圧手段で征服するから、そう思いたまえ」「敵前上陸ですわね」「拳骨誘惑だ」「乱暴ですね。これまでもこんなことをなすった経験がおありなさいますか」「今度がはじめてだ」「試運転ですか」「そうです。くどいようだが貴女は僕の誘いに応じた方が利益だ。今晩遊びにきたまえ」「私はそんな機会主義は嫌いです」「じゃアいい、今に泣くよ」その時自動車が迎えにきた爆音をきいた私はそのまま立って飛び乗った。

一週間ばかり焼あとにくすぼって帰ってきたら、彼の男の書いている新聞に特号活字で例の原稿が載せられてあった。それから二十ほどの雑誌に醜聞が載った。このごろでも時々出る。その時ごとに思い出すのは彼の男である。いな彼の男の人相なんかは忘れてしまったが、忘れ得ぬものは彼の凄い……眼……だけ。

ある新聞記者から電話があって「おい君は僕の悪口を書いたね。眼の男だなんて、馬鹿にするな」「あれは貴方のことですか」「そうだ覚えていろ、きっと復讐をしてやるから。その時になって泣くな」ちりんと電話が切れた。しばらくすると、またちがった人から、葉書で「あなたは僕の秘事を婦人倶楽部で訐いたね。僕も男だ、百倍の憎さが、あなたの前途にどう作用するか」その翌日もまた違った人から電話で「よくも吾輩のことを書いたな。貴様を免職にしてやるから」「おや免職だって。あなたは私設社長なんですか」「何でもいいが、お前は大阪にいられないぞ」「じゃア東京なの」「東京には尚更いられない」「では天国でも」「何でもいい。大いに恥をかかせて身を置く余地もないようにしてやるから。近日思いあたることがあろう」「楽しみにまっていますよ。これで三人も眼の男が現れたんです。私は或る一人を指して書いたのですが、疵もつための錯覚から三ツ眼のお化けが現われたのですよ」「なにお化けだ、馬鹿にするな」ちりん。

それから私の年が三十一で子持ち女だと毒づいたものがあった。私がいつの間にそんな年をとったのか不思議だが、いずれは三十一の年も迎えることであるから、それもカレンダーのめくり過ぎと思えば一向に差し支えはないが、ちかごろある女優は戸籍の変造をやって筆の先で若返らせたため、本人はもちろん村長まで罪になった事件が兵庫県に起こった。

それほど年を若くいいたいのが女の心理だ。それを六七年も余計にいったら私が辛(つら)がるとでも思ったのか、やさしいのは男心だ。そして子を産んだそうだ。それも妙にして妙にあらず、男なら不思議だが女ならいつかは子持ちになることもあろう。鮒だって子持ち昆布のほうがおいしいというから。

それからまだある。私が松竹へ女優となり、被服廠(ひふくしょう)の女工となっていたというのだ。女優のほうは生来の不器量でてんで考えたこともなく、女工のほうは心当たりがある。大阪陸軍被服廠で裁縫研究会が開かれた時に私が講師として教鞭を取ったことはある。先生と女工、どちらでもいい。ちかごろ先生の価値がさがって、女工の品位が高まったから、どちらでも私の履歴に箔もつかない代わり過去を汚してもいない。

その次に思いがけない事件が始まった。大阪放送局で放送した最近事件の一考察も問題になりかけ、それよりも日東蓄音機商会で吹きこんだ怪貞操のツバメ印レコード、これは男性の卑劣手段に反抗する職業婦人の立場を論じたものであるが、それが各新聞へ広告されたのはよかったが、私の吹き込んでいる写真が、女優水谷八重子の吹き込んでいる姿と並んで出たものだからさア待ってましたとばかりに攻撃が始まる。その広告は私の知ったことでもなく、たとい知ったことにしても女優と並んで何が悪い。婦人記者と女優とはどんなに社会が評価しているものか。

就職ということは青春の精力を資本家に信託したものである。馘首は正当な意味においての解除であり、不当な場合には背任である。都合によっての解雇もあれば都合によっての辞職もある。むこうの都合はこちらの不都合で、両方からの都合が鉢合わせすることは滅多にない。都合と都合とが出合ったら好都合だが、不都合が出合ってダブル不都合の場合もある。これでは一方に不平の起こるのも不思議はない。だが解雇せられた方が多くは弱者で、兵糧の耐久力がないから不平の度が高い。それに浪人の過剰対策がないから、求職市場は浪人もたれで、これが変態現象でないとすれば、知識階級の三割ばかりは恒久的に空き腹をかかえて暮らさねばならぬように因縁づけられている。これを救う商工立国も聲ばかりで姿が見えない。空腹の暗夜に夜泣きうどんはもう辻をまがったのか。

　これは危険なことで懐手は革命の温(ぬく)もるころ、徳川幕府の倒壊は浪人によってなされた。当ロシアの転覆だって失業者のためで、知識階級の放浪は道路に爆弾がころがっている危険さだ。これも仕方がない、金持ちの光明は貧乏人の光明ではない。使用人も如才なくなまけることによって変則搾取をやる。どうも最善を尽くして働く使用人がない。最善でなくは並善でもいいのだが、こんなに精出して働くことは当式で馘首順位では第一番だ。泳ぎの上手はそんなことはしない。搾取が資本主の悪徳であっても使用者の倣(なら)うべきことではない。使用人の能率計算は複数で、使用人が自分の働きを評価し能(あた)わぬ。月給に営業費を加算した額だけ働いて原価にしか当たらぬ。この責任額以上の利益の搾取の残りが賞与の酒となって一時の快楽を飲ませてもらうのだが、資本主は本当の計算を発表することを好まぬ。発表するとしないとは資本主の適宜で、使用人はこれを迫ることはできない。経済界は固定性でなく週期がありとすれば、これまでは使用人が困り番であったが、これからは必ずいつか資本主が困り番に当る時が来る。いな、もうそろそろ始まっている。

　産まれて悦び死んで悲しむ、それが人情なら、その人情は間違っている。雇われた時にはすでに追い出される原因をふくんでいる。失業は黙想の機会を与えるから未来の偉人は必ず失業者から出るであろうと私は思う。

　月給の高いことは人格の高いことを意味しない。月給の高いことは義務の多いことを意味する。世には権利の多いことを誇らずして義務の多いことを自慢するものがある。保険会社の契約高と銀行の預金高。

　その月給だって知れたもの。尊敬する人の月給を知ることなかれ、月給高を知るとその人格を割引したくなるから。

解説

1924年『女浪人行進曲』（婦人毎日新聞社）所収。

性的被害、誹謗中傷によって記者の仕事を辞めざるを得なくなった兼子は、辞職後も言葉で闘い続け、のちに国際的に活躍するまでジャーナリストとして縦横無尽に筆を振るった。

性被害を受けた側が職場を追われ、言葉を尽くさざるを得ないということは、残念ながら現在でも続いている。兼子はその怒りを100年前に公にしてひとり闘ったのである。ここに生々しく記されているように、デマ記事原稿を突きつけて脅し、性的関係を要求する者もいた。いまでいうストーカーに近く、おそらく兼子は恐怖も覚えつつ拒否し続けたのではないか。その後も果敢に被害を公表し、怒りを隠さず、そうした状況に追い込まれる社会構造を指摘し続けた。

※1　大阪毎日新聞。
※2　兼子が記者に採用された翌月の1925年5月23日、兵庫県但馬地方で大震災が起きた。兼子がこの折、大阪朝日新聞に属する全関西婦人連合会を代表して支援物資を届けたことが、翌日の朝刊で報じられている。それから2年後の1927年3月7日、今度は北丹後地方が大地震に見舞われ、再び兼子は救援のため被災地へ派遣されている。

怪貞操

前篇

沢山な新聞雑誌がしきりに私の品行問題を書きたててわめく、大の男がよってたかって小さな女を包囲してかなぐり立てる。よくお芝居でみる雲助が若い旅の女をゆすっている場面である。かあいそうだ。ふびんだ。どちらが可愛いそうで、どちらが不憫なのか、いじめられている女の方より、いじめている男の心事の陋劣さが不憫でならない。旧劇ならここらで百々か阪妻[※1]あたりの猛優が飛び出して朦朧雲助の頭にポカポカッとくるところだが、大向うから興奮の掛け声がかかっても一向に花道に影もないから女は虫のような声で、まアまア待ってくださんせいのうと京都訛りでたよりない釈明の筆をとらねばならないが、侠客ものは流行らないとみえて、苦しめられている女は見殺しにされそうだ。一人の婦人記者を社会から葬るに、こう大ぜいの大根どもが入用なのかと社会の見物衆はあきれていらっしゃる。

　個性のあるものは異端者とみなされて、これを排撃するに貞操問題をかつぎ出し、型に嵌まらぬものは突き落としてしまう。日本は女にとっての監獄部屋だ。ご覧なさい。婦人記者の勤続年限の短いことを、そして末路の蕭条たることを。

　恐ろしい世の中である。とりわけ婦人にとっては物騒な世界である。普選の疑点と女のアラはほじくれば幾らでも出ると思って貞操問題などとお上品におわしませどもその実は女のあら探し、女の後についてさえ行けば怪貞操がこぼれているように思う。どんな女でもいい、若くてお白粉さえつけていたら男はきっと誘惑の涙をこぼさない、そしてその誘惑に応じなければ拳骨堕落で無理心中と出かける。

　そうでなくても法律から道徳から社会からすべてに片務的である婦人だもの、これを暗殺することはわけもない。喧嘩にこそ間に合っても平和になれば生活難の尾を巻く男の智恵も底が見えた。生活難に喘ぎながら女の前だけ札ビラを切る遊冶郎だらけだ。ハムエックスのご馳走をよばれても豚の生活を思い出すから旨くはない。

そんな男はこちらからお相手にしない。向こうさんだってこんな悪たいをつく女に近寄るまい、どちらからも望みがないとすればこの商取引は手うちが出来ないから貞操の滞貨は持ち腐れだ、つまらぬ貞操でもまア保存しておいたらいい、石炭は液化しても貞操は科学の力で飴にならぬ。柔らかい甘いもののように見えてもそう安々と舐められてはたまらない表面柔内心剛と内心柔表面剛とは人によって違う。精神生活の発露は鋭いところもあり得る。あまりふざけなさるなと注告する。

同一の社会を形づくる細胞に差別をつけて、社会組織の基礎を弱くすることは愚かで且つ不合理である。革命によらねばその弊を除けない制度は極めて危険なものである。男の自慢には兵役を引き出すか、その唯一の自慢たる兵役でも朝から晩まで鉄砲かついで興奮をつづけていても、こんにちの国家は女子の理解なくして弾丸の一つでも撃てるものではない。愛国は男子の専売でないごとく、堕落は女性の附きものではない。徴兵は男の戦争の型であるが、恋愛は女の実戦である。受け損ねたら軽くて大怪我、重くて命投げ出しの真剣であるから、冷やかされて腹が立つ、お互いに泥仕合は大正限りでやめたらどうだと注告しても、糠に……いや、泥に釘だ。

働かざるものは喰うべからず、働くものは喰べる権利も生きる権利もあるはず。職業婦人が洋服のモダン細民と並存しないからといって無茶苦茶に叩きつけるが、もともと婦人が職業に携わる動機としては、人口増加にともなう生活の圧力と、生活様式の向上の二つ、もっともっと大切な意義は婦人が抱いている理想の実行である。

男子だけに任せて置けば政治の醜いこと。法律の無茶なこと。実業のしみったれたこと。社会の暗いこと。道徳の低いこと。政治をさせば泥仕合。法律を作らせたら悪法のわがまま、商売をさせたら輸入超過、社会は資本偏重、道徳は酔いどれの管、眼をあけて見ていられない立派な機械が出来た、飛行機は飛ぶ。潜航艇は海をもぐる。いろいろの発明はみな男性の手に成ったが、女性は智能を働かせた何ものがあったかという。そんな物質文明なら理づめで行けばで出来るものは出来るに不思議はないが頭の働きとしては低級なものだ。もっと高級な精神文明がある。物質文明を振興させたのが男子の手柄であるならば、精神文明を破壊して飲んだくれの世の中にしてしまったのは男性ではないか。だから女は女だけの智識を使って見たいという信念から乗り出すものを、男子の縄張りに入ったからといって退去を命じるのは彼岸の乞食だ。貞操問題で掠奪しようとするのは馬賊か土匪である。大勢順応は私の好むところだが、こんなことだけは順応もしていられない。断固として拒否せねばならぬ。だから私は職業婦人全体の利害から社会裁判に告訴状を提出するのである。

虫のような一の婦人記者を囲んで吠えたてる新聞雑誌がその数実に二十に余る、二号で小さい一号でも足らない、初号特号、なるべく大きな活字に見出しを組んで刺激強く攻めかける。道楽にしてはたちがよくない。商売にしては余りあくどい。泥だらけの手を振り回されてはたまらない。

先輩たちは彼らのなすがまま棄て置けという。どこまで、いつまで黙っていなければならないのか、もう怒ってもいい、激怒してもいい。いやしくも貞操問題を持ち出して女の一生に傷をつけたがる卑劣漢を放任しておけば癖になる。沢山な男の口から男の筆からけなしつけられている私が、こんなことに筆を執るのは尊い紙を自己弁護に埋めるばかりでない、大きくいえば職業婦人擁護であり、女性擁護であり汎人間主張である。なぜならば女性の行動に対する男性の態度は共存でない突き落としだ、批評でない罵倒だ嘲弄だ。こんなワンダフルの世界に生まれた女性は委縮するか、または敢然として対抗するかの二途のどれかを選ぶよりほかにないように運命づけられているのである。

始めのうちは棄てて置いたが、それは自分の身には突いても押しても小揺るぎもしない人格のあることを信じていたのであったが、こう囃し立てられては両親に対し同胞に対し、友だちに対し先輩に対してもう勘弁もできないのである。省れば自分の人格というものは耐震耐火のつもりであったが、ちょっとの中傷にゆらゆらどずんであったことはお恥ずかしいわけであるが、信用の復興には国辱公債も募れない。だが筆がある。この筆、味方はこれだけ、勢いよく動いてくれ。

金の力の恐ろしさが今になって痛感される。音楽でも絵画でも科学も宗教も演芸もあらゆるものが黄金の力にひきよせられ、アメリカへ流れ込んでそこから流行を発射する、欧州でも経済同盟の悲鳴をあげて対抗しようとしても烏合の衆はアメリカの金力を牽制するだけの権威もあるから、ヤンキーの野卑なこと成金ぶりのいやらしいことを爪弾きしながら大仕掛けにつくられた大勢に反抗し得られない。金は物質上に使命を制するとともに、思想まで引きずって行く、いまいましいが今日の制度では仕方がない。労農ロシヤのほかは対抗をあきらめるより外はない。それが女の服装の流行をパリーから奪って、ついでに思想まで掠めて、それを日本に送ってくる。その事のいい悪いは別の議論に譲って、これは貧乏日本の防ぎ得ない大勢で、モダンガールの貞操観念にまで、これまでと違った解釈を与えるようになった。少なくとも女性が男の前に委縮しないことは著しいものとなった。それは一般道徳の中について恋愛行為の正不正をきめる確かな限界がない。エネルギーの開展は道徳の線を越えて流露する。倫理を中心とする円周の中へ無理につめ込もうとしても、それは旧式の死貞操、破損貞操で、弁のきかないポンプのようで、努力したって情熱に燃えたった火事は消えるものではない。

当面の大問題としてはアメリカに対して欧州が関税の障壁を取りのけた経済聯盟の成立、それに余儀なくせられて亜細亜同盟が必然として起こらねばならぬ、ならぬにも拘らず亜細亜では何もない。腹案さえも立ってはいない。これこそ真剣の国難である。これまで国難という字を何でもないところに使って来たから、今どきに国難を叫んでも、また大げさな宣伝を始めるかと刺激が少ないようだが、喉元にピストルを擬せられるような生存問題につきあたりながら、これに頭を使わないようなスポンジ頭なら一人前の男ではないピンヘッドである。

一方では米国を安心させロシヤと不即不離の態度を継続し、その間にアジア連盟――なかんずく支那と合併することが唯一の逃げ道で、それができなくては大自然に継児あつかいにせられたプーア日本はどうなる。これまで男子にばかり任せて置いたから貧乏になった。金も貧乏なら思想も科学も政治も宗教も何もかも貧々乏々たるもので、この貧乏は男子のみが負う責任であって、女子が苦しんでいるのは男子のお付き合いか連座にすぎない。人は多く食料も乏しくお腹が空く、ひもじい腹をかかえて恋愛沙汰でもあるまいよ。

洋服腰弁と心ブラをやった。それは握り太のステッキをついて歩いたくらいの心持ちであったのに、また神経衰弱そうな男と偶然に自動車に同乗した。それも知人と乗合で顔を合わせたくらいに思っていたのに、それが重大な結果にでっちあげられる材料になろうとは全く夢だ、天災だ、職業婦人が活動の自由を要求する程度が高まっている今日にいつまでも貞操を島国的の小幅ものにして道徳の標準を世界的の広幅に織れないものか。そんな道理を知らないでもない、知って知らないふりで、やかましく吠える、男と逢ったら一定の間隔を取れというのか、電車のように。

この貞操のスタンダードは日本にしか通用しない国産貞操であるから、このまま葬られてしまったら国産奨励になるわけだが、つねにはイギリスはどうの、アメリカはこうのと、西洋人の総代のような顔をして、外国の現状を論議の基調としている連中まで、都合のいいときだけカンカンの国粋党となって品行方正づらは勝手すぎる。すべてのものが国際関係を持たないものがない今日(こんにち)に国境を超越した人類の思想が共通線をもつ今日に、自分の品行が疑惑に包まれたからといって、陰謀策動の前に倒れては悪例を残すものである。男は笑うであろう、彼女はとうとう倒れた、君も書いたか、僕もやったよ。

旧道徳廃れて新道徳がまだ起こらない、貞操の標準が決まっていないから思想体系からいえば職業婦人は遊牧の民である。遊牧の民には法律も国境もない、ただ自己の信念の動くままに動くより外にはない、まアいわば筆法に拘束されない米元章※2の潑墨(はつぼく)だ。女学校で教わった修身をそのままにやって行けといっても、今日(こんにち)の教育は学校限りのものであって、実社会に出てみれば額面の期日通りに支払ってくれない震災手形である。

自然主義、唯物主義、利己主義などの調合で現代思想が組み立てられているから、社会に及ぼす臭みなんかは少しも顧みることなしに一直線に進んで行く。舗装した道路に肥車(こえぐるま)を曳(ひ)いていく。恋をするにしても其やり方で押し切るのは悪いというのではないが、随分あつかましい方式である。私にはできない。

日本伝統の安静な犠牲恋愛をうち毀(こわ)してきたものは、日本伝統の恋愛と体系を異にする自由恋愛科学恋愛で現在の状態では三つ巴の混乱状態を呈して（一）批判の余裕なき直写模倣派、（二）時代を無視して伝来の様式に訂正を加えぬ攘夷派、（三）その一部または幾部を取捨する中間党に分れているが、彼等の説くところはみな筆の上の詭弁であって、この混乱は安定の予想さえつかない折にぶつかった。私は、この三派から思い思いの悪罵を満喫した。

奈良公園で男と散歩した、道頓堀のカフェーで彼女の姿をみた、ダンスホールで浮かれていた、活動写真に這入ったところをみつけた。歩いているところをみたら左と右との脚を交互に動かしていた。欠伸(あくび)をしているところを見た定めて男を待ちくたびれていたのであろう。帽子に花をさしていたあれは誰から贈られたのであろう。くさみをした、男からそしられていたのだろう、等、等、等々、等々々、よくも調べた、よくも作った、よくも間違えた、また書く、また言いう、根気がよ過ぎる、うるさい。やかましい、耳許(みみもと)でラッパを吹くな。

考えてみるがいい、罪悪は常に暗いところで行われる。いま行われたという醜行は、明るい場所で大ぴらに開かれている。暗い行動を望むのが何を苦しんで秋晴れの公園や電飾まぶしい道頓堀や目ぬき大路である堺筋を選むことがある、いいわけも恥ずかしいくらい、書き立てている男たちも少しは恥ずかしかろう。それだけのこと、ただそれだけのこと、それに某記者を振った某画家からふられたと天気予報のような事をつけ足してふったり曇ったり、晴れたりしても事実は、その線から一歩も進んではいないのである。たとい進んでも男性から兎や角いわれる筋合のものではないのである。その、何でもないことを何でもあるように昇格させて、悪意か錯覚か、訂正もしない誤解を誤解のままに持ち廻る、お生憎さまだが、それ以上に何もない。よい新聞種が切れていた折から各社が特だね取りの非常線にかかって、ひどい目に逢ったものだ。若い身でスウェット、レバーに疲れているものを固陋の籠の中へ入れて焼火箸でつつき廻す悪魔の執念さは、それでも男の中の男一匹という、一匹というからには、なるほど畜生のあさましさ。

まだまだ書くぞと予告している雑誌もある。忍耐力の強いのに感心していると次から次へと土の中からのこのこと頭を出す。松茸にしてはシュンが過ぎている。筍にしては早すぎる、ひっこめひっこめ。

松茸でも筍でも顔を出すだけはやさしいが、それも生えない草も生えないような土地は土地としての値うちがない。それのように恋のない身体は、身体としての抜け殻である。私は恋を礼賛する。しかしその恋たるや、いわゆる恋とは恋ぶりが違う。私どもの主張するものは恋の構成派であるから頭の悪い写生派には構想の了解ができないところもあろう。恋愛は尊い、堕落は卑しい、恋愛即堕落ではない。

堕落したからといって私を攻める、それもよかろう。それから進んで私の属している新聞社にまで悪たいをつく、それは卑怯である。ある村では祝儀を出さない家に向かって近火の時に必要もないホースを向けた消防があった、そのやり方である。酒代を出さない家に棒鼻を突っ込む村祭りの神輿かつぎのやりかたである。火事と祝儀、酒代と神輿、それよりも職業婦人の品行と新聞が関係が少ない。関係もないものを関係のあるように難癖つけて強いて婦人記者を放逐せよとわめく、このやり方は戦として卑怯なもので、私は憎む。

研究会から政党内閣へ割り込んでさえ個人の資格だという。私が堕落したからといって私の属する新聞社――とりわけ品性を尊重する新聞社を引き合いに出すのは嫌がらせである、私は堕落しても憚(はばか)りながら個人の資格である。

だがお気の毒さま、私は堕落してはいない。わたしのあとをつけ廻して堕落の種を拾おうとしても、それは猫を解剖して熊の肝を探しているほどの無智である。あるものは堂々と新聞社へ乗り込んで来て、原稿をつきつけ、あなたの品行問題を書くぞと脅しつけるのは弱いと見くびっての敵前上陸である。拷問堕落である。無茶予審の誘導調書である。

女給に飽き女優に飽き芸者に飽いた不良紳士は女事務員や女店員や交換姫や巫女にまで魔の手をひろげる。職業婦人の貞操を弄ぶことに興味を持ち、何とかして職業婦人を陥れようと本職のように企む、企まれたからといって御希望通りになってはこちらがたまらぬ、だから御辞退をする、これを名づけて肘鉄という。我田引鉄の男はそれを怒る、怒られても仕方がない、釣れなかっても魚に罪がない。釣られては命とられだもの。

久米の仙人※3のプロペラーが損じて墜落したからといって、それは女性が悪いとは論理が間違っている。女が堕落するのじゃない。堕落させるのだ。いな、堕落したにしてしまうのだ、よってたかって「堕落した」という棺桶の中へ片づけてしまうのだ。噂ばかりで事実のないのは幽霊宣伝である、幽霊の出るのは、どうせ暗夜に違いない。暗中模索だからなんの確証があるものか。こういう風に男と道を歩いていたとか、ああいう体で男と話をしていたとかいって証拠を並べるが、その証拠というものを調べてみたら、幽霊の片脚があるぐらいのもの、その片脚を見つけたといって暗中で騒ぐ。それがいうところの「堕落」の正体だから魂消る。

男というものは、もっと気の朗らかなものと思って付き合って見れば恐ろしく性悪ものであった。ほんに男は嘘つき。ビッグライアー、恋するどころか消えてなくなれだ。お友だち、心を許した朋友のような顔をして、蔭へまわって噂を立てる。まさかの時に間に合わないどころか、油断をしていたら後からつき倒す。友だちではないスパイである。北村さん、またあなたの悪口を悪徳新聞で書いていますよと親切そうに見せてくれる。ほんとうに失敬なやつですねと口をぬぐっているが、何ぞ知らん、その男こそその新聞に材料を提出した曲ものだとは、向うの家の壊れるを見て驚く、震源地は脚もとにあるのだから更に驚く。

そんな卑劣な男の口から女性は陰険であり陰鬱であると説かれるからあきれる。一方に女らしからぬ女が出来るとともに、他方には男らしからぬ男がわく。同じ浮世を渡るならもっとのんびりと暮らそうではないか。御殿女中式でも岩藤だけ徹底した度胸がないから失業したら生活にちゃぶつこうぞ、女性が陰険であるとせば、それは人並みの生活ができないためである。女権を極度に認めたからといって、どれだけの恩恵がある。ようよう人並みになっただけのことではないか。陰険とか陰鬱とかいうのは気分である。気分は固定性のものでないから明るい光線がさし込めば、その方に向かって伸びる。それにへんな笠をかぶせるから青くなり白くなり、ひねくれてくるのである。女は骨董品でないから新しい刺激に感じ易い。支那の革命運動だって女学生だけは真底から熱火が燃えあがっている、それは極度に女性を圧迫すれば不平の同情から左傾派に追い込む恐ろしい結果を産んでくる現在の女性と共通した不平をもっているものは××社、××、××主義などで、とりわけ女性は熱しやすいから危険が伴うことを忘れてはならぬ。

かように抑圧と呪詛のなかに暮らしている女性、とりわけ先鋒に立っている職業婦人を品行問題で押しつぶしてしまおうとするのはあまり残酷で、しかも無謀の行為ではないか。私が男性と遊んだという事、その一事だけで私の全生涯を葬り得られるほど女が弱いものとせば、女たるもの家の敷居(しきい)から一歩でも踏み出すが生命(いのち)とられである。街頭に立つことは一身を公然の危険にさらすものである。

——埋め立てて千鳥を遠く押しやりぬ

女が男と遊んだ、それが悪い。だが相対性のもので、男と遊んだ女があると同時に、必ず女と遊んだ男があるはずである。もし両性が遊んだことが罪を構成するものとせば共犯関係にあって、女だけが罪を犯したとは刑法の姦通罪を論じるやり方が頭にこびりついているからである。

外(ほか)に芸はなくとも女学校仕込みで、堕落が悪事であることだけは頭の髄まで深く注ぎこまれている。悪を選み悪を楽しむものはあるまい。それが操行線から一歩でも乗り出すことはよくよくの事情である。その堕落は従犯である。それを大げさに吹きたてるのは男性が自己の縄張りのうちに侵入してくる女性を堰(せ)くための卑劣宣伝で、政府党たる男性が在野党たる女性をひしぐために撒いた怪文書である。

女だけで堕落が出来ない。相手があっての事とせば、たとい不都合でも男性から叱られる筋合のものではない。それを女だけにおっかぶせて堕落呼ばわりは、まるで男性に対して不敬罪でも犯したように頭がぼけている。頭と頭のうち合いの痛さは一人だけではあるまい、それを女だけに痛がらせる無理がとおれば、女は引き込んで道理に泣かねばならぬ。こうなれば堕落の二字は殺人光線以上だ。まして遊んだというだけで、女だけが葬られてしまうことは飽くまで承認し難い。ましてその遊びたる、ほんの友人関係だけで、その埒外に一歩も踏み出していないに於いてはなおさらのことではないか。考えてもみるがいい、あまりぱっとしない男のために十年の学問を棒引きにされてはこんな価値を無視した貿易はない。

だがこんな煙のような噂の立った下には何があるだろう。考えてみろといわれてみれば心当たりのないことでもない。私は記者として社会観察のためにあるカフェーにいたことがあった。女給といっても美しいものは少い、多くは田舎出のつまらないものばかりだが、それでもお化粧してエプロンを掛けて甘い言葉をささやいていれば、月収何十円かの商売になる。夏のことであった、低い狭い家屋のなかに汗をたらしながら肩入れにくる。妙なものだ、海辺へでも散歩するとか物干しにでも涼んでいたらよかろうものを、わざわざこんな狭い暑苦しいところに詰めかけて水くさいコーヒ、筋だらけのビフステキに骨董的の値段を支払わせられて、お客のほうから反対に女給に媚を送る、変てこなものだと感じた。その感じが私の頭に波うたせて、男性の心理状態からある大きな謎を掴み出すことは興味もありまた私の文筆生活の上に思想描写に強いあるものを持ち来たしはしないかと思った。そして男性研究は恋愛レンズを透して視るのが小説に現像するに便宜があると思い機会のあるたびに男性と遊んだ。若い男性を選んだことはいうまでもない。遊ぶといっても一種の研究だから理学者が一枚の花弁を点検する態度で男性に対しているのである。女は秘密に埋もれているとある文学者がいったように男性にもやはり不可解の謎がある。この謎を手繰り出す糸みちが見つかった頃には北村兼子堕落の記事が各新聞に現れた。忠実な医者が伝染病院に勤務してペストに感染したという体たらくである。

女性の本質は、たとい間違いだらけにもせよ男性の文学者によって描きだされたが、男性の本質は今まで婦人の手で写されたことを聴かない、その隙を目がけて一本の針をうち込んでみたいというのが私の眼のつけどころであったが、こう騒ぎたてられてはもう絶望だ。残念ながら研究は中止だ。中止したからには若い男たちに用事はない。勝手になされと知らぬ顔をするだけのことである。

おもい出してみればA新聞記者として変装して女給に住み込み、福岡のカフェーロンドンではちえちゃん、神戸の幸福楼ではいそちゃんに師事して恋の手くだのひとくさりを教授にあずかり、男ってものは妙なものだと思ったのが懐疑で、懐疑がこうじて研究となり、持ち前の研究心が何でも徹底したくて、満身に恋を吸い込んで大阪へ帰ってからも研究を続けたが、その研究の材料になってくれた特志男性が一ダースに余り、それがみな情的関係にあるようにほんの序幕に大へんな噂を立てられ、もうすっかり堕落したものと刻印うたれ、男性描写の小説ができあがらない中に、ほうほうの体で恋愛の陣を引き、かわるが早いか大まじめの以前の学究の態度に還元して諸事倹約で家に引き込んでいる。[※4] こんなこともないではなかった。社会科学を研究して要視察人になったもの。

これが私の失態としても、こうまで世間せまく世間を渡っていかねばならない女性は禍なるかなと思う。だが私のことはどうでもいい、健げな職業婦人のうちでこの手でやられたものが幾人あったか知れないので、偏狭な男性の常套手段を憎まないで筆を擱くことは出来ない。私は怒る。天下の職業婦人に代わって、もっと朗らかに世界に活きたいと要求する。

――柿ちぎる相談をする悪童や

スカートの短い洋服に脚の冷えるのをこらえるだけがモダンガールの全部と誤解されては困る。オールド家庭婦人とニュー職業婦人とは働きも違えば道徳もちがう。利己的な従属関係に置かれては属領が承知しないことは、大英帝国会議をみてもわかる。社会の幸福の繁栄とは女性の幸福と繁栄とを要する。女性に幸福と繁栄とを与えるのは男性に取って不利益ではないかと疑うようなものは男子専制病人である。時は進む、職業婦人は経済的に男子専制の大黒柱へうち込んだ大きな楔である。

このごろ婦人の論文が男子に読まれ、珍異な現象としては婦人の政談演説会に入場料を払ってくれる聴衆の大部分は男である。そして女の意見を謹聴することが男性の自尊心を傷つけるという負け惜しみから野次を飛ばしながらそれでも頭に何ものかの土産を印象されて帰って行く。聴いているものは有権者で、説いているものは欠格者である。

日本の女性は鑿井機を用いないで突然叢の中から噴き出した石油のようなもので、地殻の弱いところをめがけて噴き出した。その新現象を了解するだけの準備智識を持ち合わさない男性たちはいつまでもそれを押えつけようとしても引火したら当然負うべき怪我に気づかない。

ダルマチアに住むプロテアスという虫は暗いところでは色を失って青白いものであるが明るみへ持ち出すとみるみるうちに持ち前の色素を現してくる。職業婦人は明るみに出たプロテアスである。家庭の暗いところに閉じておけば何の働きがなくとも一たび街頭へほり出せば社会の長波短波の中に揉まれながら進化していくところに地位の躍進がある。

つねから荒っぽい私の筆は興奮して地鉄を出すのは恥ずかしいが、静かな春の夜にバスエーの『浪の戯れ』をハープで弾いているような優しい文章を書きたくとも虐げられた女性はつい気がひるまざるを得ない。男性によってつくられた因習の堰は私どもは私ども自身の力で破って流れねばならぬ。

それは昭和元年十二月三十一日の夜、夕刊は済む、新年ものも出来た。筆を擱いて寝ようと思う。新聞で書き立てられたような華やかなベッドではない。一人でわびしく横になる。枕もとに好きな歌集がある。作るのは下手だが読むのは好きだ。勅題清風集をひろげると恋の部にあたる。初恋、忍恋、依忍増恋、伝聞恋、見恋、不見恋、まだあるが、そう書いては恋という活字が不足しそうだ。暁及遂会恋などというカットものもある。だが自動車相乗の恋、情夫一ダースの恋、研究の恋、新聞捏造の恋なんていうものは見当たらなかったから安心して寝ようと思う。

明るみに出せないことに於いて、しつこいことに於いて、痒いことにおいて、安眠の出来ないことにおいて、チクチクすることに於いて、うるさいことに於いて――蚤のような卑しい男子が数でかかって夜襲する。むかしスペインに行われた宗教吟味よりも悪い貞操吟味が今の世に行われている。いま女子の立場を最も真摯に主張しているものは前線に立っている職業婦人である。その職業婦人がいつもやり玉にあげられる。これまで健げな女性がこの手で暗殺されたものが甚だ多い。弁解もしないで葬られて行く姿の哀れなことよ。私は飽くまでかような卑劣漢を糾弾する。そしてその卑劣手段を大衆にさらけて批判を乞おうとするものである。

婦人にとって一番の弱点とすることは貞操に関することで、これは極端な例外を除いて男子にない――女ばかりが持つ弱点である。卑しい男性が婦人に向かって射かける毒矢の狙いは、ここの急所である。その矢面に立って平調を失わないのは、ただ信念の強い女性であらねばならぬ。弱い者を助ける義侠心とかいうものは男にばかり持合わせて、強いものを妬むという嫉妬は女性ばかりで満腹しているものかと思っていたら、どうやら近頃は反対になったようで、婦人が社会に立って何等かの働きをすれば、すぐ中傷の糸が絡む。無根のことでも繰返しているうちに事実化してしまうから恐ろしいので、いつのまにやら自分の骨にまで食い込んでいるから、致命傷となって家庭に逃げ込むより道はないことにされる。

品行問題の中傷はわれわれに取って重い婦人税である。職業婦人は男子と交渉が多い。瓶詰のものでないから男に触れることもあろう。それが恐ろしくて何の仕事が出来る。盛装して泥道で自動車とすれ違ったように、男に泥をはねられることが怖くては道が歩けない。私どもが新聞記者として自動車に男子と同乗したり、夜会で紳士と語り合うことは日常のことで、その相手の多くが肉体関係ありとせば、これは成るほどある新聞の書いたように一ゴロスの情人もあるであろうが、われこそ情的関係ありと名乗る人があったらお顔も拝見したいし、首実験もさせてもらいたい。先輩の或る人々は私が悪玉記者に包囲されているのを見て、陥落しやしないかと心配してくださるが、それ位のことでそんな結果を見られると思って書いているとせば低能さ加減はあきれたもので、心配してくださるな、笑ってやってください。貞操戦線、攻める方が割がいい。孫呉の兵法でなくとも、カイゼルの戦法でなくとも、守る方の不利は知れている。だが仕方がないお相手になろう。ヴェルダンの堅塁、そうたやすくは陥落しない。

職業婦人として社会に立ってゆくには、よほど確りとした度胸を要する。痩せ犬に吠えられて転がるようなことではいけない。職業婦人が人格を認められるまでにはいろいろの混乱と衝突を惹起こす。男らしくない男がつくる渦のなかに巻き込まれるについて婦人の骨ぶしはあまりに弱々しい。その弱いものに対して何等の容赦もないが、それは過渡期に於ける犠牲——それを甘受することは嬉しいことである。みなさま、しっかりしてください、わたしも確りしましょう。

この世の中をいつまでも男の天下にして女を台所の隅の留置所に拘留して置こうとするのが眼さきの見えない定九郎[※5]だちの計である。先達ても『読売』の文芸欄で書いたように「急流に逆らって泳ぐ鮎の努力」が私の生命である。それから『婦人』や『婦人倶楽部』や『婦人画報』などに、折のあるたびに婦人の自覚を促しているのも、現に私が陥っているような目に逢ったときの覚悟をあらかじめ定めておかなければならないという警告に外ならぬ。攻撃が強くなればなるほど皆さまと共同に貞操戦線に立たねばならぬ。

労働争議——小作争議——家庭争議——男女争議——これは必ず起こる。少なくとも今日の状態では当然起こるべく運命づけられている。その上に品行争議という新しいものを追加せねばならぬ。これは不品行な男が品行の正しい女に吹きかけるくだである。酔いどれが「おれは酔っちゃいない」といいながら、やからな管を巻く。いくら法律で貞操の所有権を拘束しても、それは濫用を取締まるに効があるばかりで、恋愛の正当な行使は神から許された特権である。大正の末期は普選によって——婦人だけは除外されたが——主義の分野と思想の向背が明らかに過時代の句読点を打ったが、光明の流れの下には暗黒の逆流があって、泥仕合が盛んに他人の醜事を暴き出して得意としたが、昭和時代には少なくともこんな放火のような手段を駆逐して思想の一新を図りたいものである。秘密の計略によって揚げ足をすくって奇功を奏することは恥じねばならぬ。国際間でも相互間でも相互に理解し合って総合的に道徳の標準を設けて人類として幸福を促進し、これは日本の貞操律で、これはアメリカの恋愛律であるというような、個々の勝手を撤去せねばならぬ。

婦人を遊食状態に置くことは経済的にも道徳的にも不

得策である。精神が陰鬱になり体質も弱くなる。階級問題からいっても深窓の下に幽閉して歌麿の絵のように腺病的に一生を埋めることは眼ざめた婦人にとっては禁固以上の苦みである。それというのも男に意気地がないからである。貿易が少し逆調になってくれば、もう狼狽して経済の国難来を叫んで消費節約を主婦に強要する。当然の結果として生活を低下するか総動員で働くかのどちらかを選ばねばならぬが、働くといっても家内工業は大量生産の脅威があるから勢い街頭に出なければならないことは日本の大勢である。婦人が街頭に立つのは男子の無気力なるがため家からハミ出したものであって、それが飛行家になったり新聞記者になったからといって堀部安兵衛[※6]が禁酒演説をしたほどの不思議さはない。

ところで婦人が少しでも頭をあげかけると男子は自分の領域を侵したとばかり家宅侵入罪でも犯したかのようにめちゃめちゃに叩きつける。この情勢の下に女性を置くことは国家の損害で人類の不幸である。こういう習慣をつけたことは日本としては後悔しているのである。然るに男性は理屈をもって良心を抑え無理に不愉快な生活をつづけている。婦人にとってたまらぬ不平、そして、どうかして美しく時代を改造して男天下の酔いどれを矯（た）めてあげようとする。しかるに彼等は品行上にケチをつけて口で嘲る、筆で罵る、腕力までも手伝わす。ゆすってものにしようとするのは、今でもある。卑怯男子（おとこ）は芝居で見る与三郎だ。

家庭で妻子に威張るものに限って対外的に馬力のあるものではない。その弱虫どもが分相応な知恵で女いじめを始める。一例として手近なところを書く。これほど手近で間違いのないことはない。それもそのはず北村兼子のお話だもの。兼子にたかってうるさくゆする。そんな雲助ぐらいはピッピのピーだが、ついにはこの婦人記者を放逐してしまえと新聞社に筆を向ける。品行上のことは作りごとで、放逐して了（しま）えが本音である。こんな女の一個や二個をほり出しても堂々たる新聞社に取っては、象の背中から蠅が飛び出したほどの小さなアクシデントだし、またほり出された北村兼子がそのまま六甲山に逃込んで首を縊るものとも思えない。どちらにしてもお前さんがたの期待している壺にはまってなるものか。大きな大ぜいの男が、十九も二十もの新聞社が包囲して、毒気を吐く、それでも男か、みっともない。ちときまり悪いということを注意してあげよう。

われわれが職業に従事するのはパンのためばかりと思われては困る。ヘッポコはヘッポコ相応に理想もあり抱負もある。それを実現したのが若い血潮の漲っているわれわれの任務である。一体に女は社会智識に乏しい。そこが婦人運動の欠陥なのだ。職業婦人は婦人団体の眼となって——判断の誤らぬ社会を観る眼となって働かねばならぬ。その眼を訓練させるため上層から下層までいろいろのものを観なければならぬ。それは研究であり封じこめない生活の飛舞である。それが堕落というなら私は光栄ある堕落だ。

　婦人が職業に就いて一年か二ヶ年もすれば職業の「眼鼻」がついてくる。すると貞操問題を担ぎ出してきて顔中を塗りつぶす。目も鼻もあったものではない。

　男というものは自惚れの強いもので、男の恋愛は自惚れが立脚話だからたまらない。一面には婦人を誘惑したことを誇る癖がある。ちょっと親切にものをいいかけると、その言葉を重大な含蓄のあるように勝手に解釈して錯覚のままをいいふらす。解釈は勝手だが、いいふらされた女は迷惑極まる。だまっていられないのは小才子（こざいし）の常だ。おだてのハンドルを廻してやればいつでもしゃべり出す。困った蓄音機だ。口先の情交、筆先の肉交、そんなものがあるなら香具師（やし）の霊感術だ。それで女がまいったなら新武器のめざましい活躍だ。

　マスゲームで列んでいる女学生は美しいが個々にほじくってみれば欠点の多いのが人間味のある面白いところである。女は魔で男は神だといっても神さまには種類がある。貧乏神に就職難の神、うそつきの神ほじくりの神、その神さまが貞操をほじくって上水から小蛭（こひる）をみつけたように珍しがっているが、男に取っての物好きも女にしては生命（いのち）がけだ。どうせ過渡期の犠牲とあきらめてもやり方が小づら憎い。二つの性が共同世界を組織している、その二つの利害が人類として一致することもあり性別として背反するところもある。その一致しない種をほじくって強く責める鳥どもの腹まで黒いこと。どうせ若い血の打っている女なら情の行為もあろう。禁情生活——禁欲生活とはいわない——の枯木寒巌（こぼくかんがん）ぐらしは出来ない。恋もしないでしゃちこばって居ればそれでいいようなものであるが、恋を抜かれた貞操は白湯（さゆ）の味しかない。禅坊主でも飲んで感じないほどのものだ。

　アインシュタインの原理によれば鉛筆で一の直線を弾いても相対性が成り立つものを貞操だけが男にばかり絶対権のあるように、現代まで何世紀かの標準をつくってきたものの有脊椎動物の恋愛問題は幾千万年前のシルリヤ時代[※7]から発達して解決しているはずのものを近代式だと勝手なピリオッドを打って、強いて女だけを区切って時代錯誤をしているが直線と思っても凹んだ鏡の面には曲線ばかりであることはTheory of equivalence[※8]では間違っていること、鏡にかけてみられる。

　モダンガールの行動が世にもいやなものに見られるが、女の目から見てモダンボーイも引きわけの嫌味はある。

どうせ新しい女はこれから完成へ到達する道程にあるのだもの欠点のあるのはしかたがない。荒削りである。白状すれば外形が新しくて頭の中がこれに伴わぬ矛盾の暴露である。今はせっせと頭の中へ知識の充電をやるに忙しい西洋模倣時代であるが、天産資料の乏しい日本は原料を外国から仰がなければ立ちゆかないにしても思想は石油や綿花とは訳がちがう。せめて思想だけなりとも輸入を防遏(ぼうあつ)したいものと研究中のいじらしい女性を虐げて、ちょっとした嫌疑を口実に品行の篩(ふるい)にかけて堕落の穴へ突き落す。女の幸福を抹殺して男の幸福にプラスしても社会の総量から見て、幸福は何の増加も示さない。

職業婦人として立つには先ず(ま)男というものを知る必要がある。男というものは賢い一面と馬鹿な一面と、その中間性の一面とを持って、プリズムのように正面が三つもある。そして三角形の尖端は自分勝手だという点で、すべてを自己の犠牲にしようとする。その焦点が女に向けられてアンタッチャビリチー扱いにする。そして品行騒動を起こして女に怖気を起こさせて家庭に包み込もうとする。品行に欠点なくても勝手に欠点を創造して本人の知らないうちに片づけてしまう。事実のないところから堕落という事実を捏(こ)ねあげるくらいは空気から固形窒素を取るより容易なものである。少し抵抗力のある女に向かっては夕立の雨のように攻撃する、たたきつける。人造暴風雨は映画の撮影のときだけと思っていたのに、まア。

過渡期だから仕方がないというが天神祭りの御渡御(ごとぎょ)※9にしても、少し過渡期が長すぎる。若い女はあきらめられないほど悠長な過渡期だ。過渡期だから女の頭を押さえてもいいとはなぜか。折角(せっかく)伸びかけた婦人の職業に立毛差押えは、この執達吏は間違っている。

お隣の娘さんが女事務員になった。一年たたないうちに堕落するだろうと、もう就職の当初から堕落するものとの先入の下に、引きつづいて予言的中の必然的な結論に落ちてくる。こうなれば婦人が職業に就くことは向こう見ずの冒険である。

看護婦だとか婦人記者とかに向って男子と隔離せよというのが元来無理というものである。どちらかといえば職業婦人は一般の女性よりも、より敏(さと)く「社会」をみている。したがって対照物の選択の眼が高い。市電に乗ってもシートに腰掛けるさえなかなかむずかしいものを、そう容易に恋の殿堂が建つものではない。理想の情人が石炭滓(かす)のようにこぼれているものでないから。

かえって虫も殺さぬ貞淑そうなお方が、堕落の断行力に富んでいる。おとなしそうな顔で処女のようでもこの道にかけては脱兎の勢い。職業婦人はかえって驚嘆しているくらい、それを見のがしておいて片っぱしから職業婦人のあとをつける。就職難の苦しさから職業婦人を放逐しようという世間の狭い了見は、つい悪声となって現われるが、世の中は男女の複線だ、衝突なしに進んで行けるものを、男の我儘がSolidarty（連帯）を破壊して社会を片輪にしてしまう。

折角学問して得た智識を家庭で水仕事をして走りもとから下水へと放流してしまうことは惜しい。職業婦人は同盟して相打撃し合うことをやめ一つの勢力をつくって対抗せねば、まもなく落ちてくる普選――婦人を加えたほんとうの普通選挙に立ち働かねばならぬ任務もある。紅葉のあるのに雪は降る。事実はなくとも噂は立つ。勝五郎はらくでも職業婦人のほうが寒い。

貞操屋に火を吹きかけられたら女はきっと火傷する。それも指先ぐらいの火傷では済まぬ。真っ赤な赤嘘で、真黒の黒焦げに焼き殺されてしまう。中傷の墓穴に投げ込んで侮辱の土をかぶせる。戒名はモダンガール、お経は恋愛小説、堕落の弔鐘をついて一家縁者まで不名誉の香煙に巻いてしまう。

職業婦人の職業的寿命の短いことは、恋愛の噂にケシ飛ばされてしまうからである。世には男女関係をもって瓦斯とマッチほどの密接さを感じるものがある。一室で会談する男女をみれば、もう二人は引火していると勝手にきめてしまう。一口に職業婦人といっても規格は統一して居らぬ。左傾派の猛烈なものもあろう。高級もあれば乗合もあって一円均一でない。均一でないが噂は例外なく立つ。それも面と向かって言うなら弁解のしようもあるが蔭口ばかりで事実化してしまうから聾の悪口をいう卑怯さである。今日の状態で噂を恐れるなら、七歳以下の女の子か、七十過ぎたお婆さんをやとって能率をあげるがいい。

自分で働くことを厭う女は、その身体を売りものにして一直線に男の家庭に寄生して、ただ愛にのみしがみつく。だがこれは人身売買もしくは人形売買である。ヘルマー[※10]の愛は幸福なものでないと覚った時にはノラは自ら省みて人間味を自身に求めても得られるものではない。その時に善処すべき道も考えつかないでは、まず恋をする前に人間改造を断行せねばならぬ。それが出来るまで煩悶しなければならぬ。この大なる煩悶最中に「堕落」なんか、そんなのんきな沙汰があるものか。どうも当節の男は貞操中毒にかかって、頭の水はけが悪い。

今日若い女性の脈拍にはどんな血がうっているか。その頭の中に動いている機運がどんな方面に進んでいるかも認識しないで二番煎じの黴貞操を蒸し返して堕落呼ばわりは人聞きが悪い。吹き出したにきびを抑えて考え直してもらいたい。吾々女性はあなたがたの想像するほど開放的でない。その辺にありふれた男性に貞操のダンピングをやって自ら破産するほどの眼先の見えないものではない。彼女は「堕落した」であろうという想像だけで罪を構成する。すべて権利の重点を男性に置いて義務は女におっかぶせ、知恵のない笊頭(ざるあたま)で鰌(どじょう)をすくい、うっかり油断をしている間に貞操を摺り取られかける。神秘であるべき貞操を、宝さがしのように巫山(ふざけた)気分で取扱おうとする。自分が不良の行為を片付けて女に責めることに容赦はない。ヘロインを注射しながら煙草の害を説く。そして誰かがステッキを振り上げると待ってましたとばかりバンドが囃し立て、激越な高潮に、細い弁解の辞は貞操とともにケシ飛んでしまう。飛ばされた女は一生を凶状持ちで暮らさねばならぬ。

超高速度輪転機の前に立ってご覧なさい。巫山けた沙汰も考えていられるものではない。こま鼠よりも早い筆の走りが、何百万人かの眼に触れると思えば、うっかりしたことも書けない、新しいもの趣味のあるものそして社会の機微を捉えたものを書いて読者に背いてはならぬという厳粛な気に打たれる。かように機械は進歩しても文章はそれに負けない進歩をしたか。桜痴柳北時代[※11]より或は退歩してはいないだろうかと思えば恥ずかしさがこみ上げて、どかんとした責任がかぶさってくるのを感じる。なかなかもって変態恋愛に浮かれているような気分のものではない。

恋愛至上の純理からいえば倫理の尺度をもって恋愛の線を整理するということ、それが出発点からの錯誤で、恋愛の浮動を一切の社会的秩序から切り離して考え、超社会的の取扱いをして、恋愛躍動の前には何者をも認めないという議論は、つまり議論としての技巧であって、実際上の善処法としては、人間あっての恋愛であって恋愛は人間の全部ではない以上、超人間の恋愛はあるべきものでない。畢竟一時の情熱のために「人間を見る眼」を瞑(ふさ)いでいるに過ぎない。落着いた恋愛は決して人間ばなれのものでない以上は、人間を細胞とする社会を無視しての恋愛はあり得ないはずだ。純真な情熱の展開のうちに、女性に取っては慈愛に満ちた母性愛の発露が望ましい。社会意識の突進はうれしい。性情の灼熱も小説としては面白いが、社会組織を顧みない恋愛は花々しいなかに、たたいてみれば空隙のある響きを発する。

年の暮れの新聞記者は忙しい。ここまで書いてきて急電で飛び出す。社前に立っていた悪玉貞操屋の眼が光る。そんなものには相手になっていられないので自動車に乗る。同乗者はたしかに男だ。北村がまた――と貞操屋が向き直して覗く。よしてくれ、写真班だよ。急速力だ、ついてこい。ついて来ても怪貞操はこぼれていないよ。それはガソリンの匂いだ。間違えなさるな。あばよ。

――のら犬のあとつけてくる師走かな

後編

どんな紳士でも人格の一部に窃盗性があるように、すべての女は貞淑のなかにも堕落性を含んでいないものはない。品行不品行の区画は、つまり操守と堕落とどっちの分量が多いかというだけのことで、教育や宗教の力で一方の菌を養殖して堕落分子を駆逐しても、性行のどこかに堕落性が執拗に喰いこんでいる。宗教でも駆逐力は強いものではない。ある宗教家がいうには宗教を盛んにしようと思ったら、先ず金満家に洗礼をさせ、次に美人を狙うことだとある。陪審制度では金持ちと美人とはいつも無罪だといわれるくらいだから宗教家もいいところに目がついたものだ。教会に何かの出来事が起これば、金持ちは財布を抑えて縮みあがるが、美人は決して美を隠そうとはしないで、しゃあしゃあと出席してくれるから、政策としては金持ちよりも美人を手なずけるに限るという。これが恋愛文化である。まだ宗教の堕落とはいえない。

恋愛と堕落とのちがった点は、前者は虚無のなかに幻影を味わうので、抽象的なもの。これには罪がない。後者はその幻影を正当の手續にあらずして具体化するもの、これは罪を構成する。社会科学の研究は差支えはなくて、それの実行が罪になるように、恋愛も下手に実行しなければ無罪であるが、ただ研究しているだけではもの足らない。子供にピストルを持たせてやれば、弾丸をほしがるのが無理のない欲望で、弾丸を与えたらどんな大怪我をするか知れたものでない。日本は小なりといえども、恋愛の凝るところ一年に七十五万の人口増加とは、弾丸を取上げねば食糧問題で爆発しそうな形勢だ。

男たちの頭の使いかたがわからない。頭を使わないで眼ばかり使っているのではあるまい。世の中のすべてが写生か写真であると思っているのであるまいか。たとえばここに堕落女の小説を書いたとすれば、その女はどこの何者をモデルとしたかと探求する。風景の絵を描いたら何国のどこの風景だと聞く。かような風景があろうと想像によって描いたものを実在の土地に求める。竜宮や天国の画がその辺で写生できるものではない。かような景色があり得べしと頭で描いたものを目ばかりで批評する。かような女があろうと想像に現れた女、それを深刻に書けば、書いた作家――とくに女作家はそういう境遇を実験したことのある堕落女であろう、或は自分が堕落してきた事がらを書いているのであろうと、小説中の女を作家そのものにして堕落呼ばわりをする。私が書いた『魔ヶ淵心中』に出た女が作者自身の体験であるからそれで北村兼子が堕落しているとは、あなた方には脳髄は贅沢にもっているのかと問いたくなる。男性は女性より脳髄の量が重いそうだが、外見上には性の区別が見えないから割って見なければならぬとは、人間も退化して海胆(ウニ)の仲間に入ってしまいそうだ。

永劫に独り歩きのできない産業を保護して国際的に孤立し国内的に物価高を煽るのは喧嘩本位の自給自足の愚策である。道路を拡張して、その目的は国民の福祉を増進させるが目的でなくしてまさかのときに軍用自動車を走らせるのが本当の目的だ。飛行機を奨励しても文化に貢献させるが目的でなくしてまさかのときに敵に頭上から爆弾を見舞うのが目的だ。船舶は御用船に染料は弾薬工場に総てまさかの時の用意で、まさかということは非常のことで、非常というのは地震とか大水とかのことでなくて要するに喧嘩のことである。一国を挙げて無頼漢の家庭のようにならしめ、平時と戦争との二重生活は貧乏国民にとって贅沢の骨頂、尚武国などと時代遅れの腕力沙汰で、不逞男子の養成は何という狂暴政策だ。足らぬ金を割いて喧嘩の準備に使うから生活は苦しく焦燥の気分は全国を覆うて鬱陶しきことたまらない。こちらに武ばった手をふり廻せば向こうだって脚で蹴る用意をするから、差引き同じことだ。今ごろに戦争なんかを始めて勝っても負けてもつまらないことは、この頃のドイツとフランスを見てもわかる、こんな時代おくれの考えは闘争の狐に憑かれている男子専制の幻覚であるから、女性は人類の幸福のために厳重な抗議を申込まねばならぬ。

チビの日本がなけなしの財布をはたいて血の出るような高歩の金を遣り繰りして補充代艦四隻を造る計画をしたら、ジャイアントのアメリカは有り余った金を気前よくほり出して超巡洋艦を十隻も造ろうとする。日本が万噸(トン)艦八隻を得る間にイギリスが十六隻に、アメリカが十八隻を造ることになって、その上に威嚇闖入者(ちんにゅうしゃ)は国際的に閉め出しを喰う。男性外交はまずい。堕落職業婦人を外交官に採用する勇気はないかしら。

外交もまずければ内交もまずい。卑劣な男性にかかっては職業婦人もおしまいだ。よってたかって紙上堕落を押しつける。私がこの本を書き始めたのが昭和×年の十二月二十五日で、新聞社勤めの片仕事だから以外に暇どって、いまこの稿を書いているのが翌年の一月二十五日である。書き始めた時には私の醜聞が載っていた新聞雑誌の数が二十三、それがただ今では三十五になった。もちろんこれは私の手に入ったものだけだが私の知らないものはこの外(ほか)に幾つあるか知れない。その外に、私を擁護してくださったのが十三、私自身で書いた駁論(ばくろん)の載っているのが七つある。妙なことは男が特別の生活を女性に強いる傾向のあることで、相互の理解ができないで、離ればなれになって社会を構成しようとする。それというのも教育が二種に分れ、男女共学を拒否するから起こる誤解も手伝って硬軟両球の貞操観をかけ合うことになる。そんな混乱中へ私への投書が机上に山をなして、そのうち辞職を勧めるもの、勇気をつけてくださるもの、恋愛は自由だからしっかりやれとケシかけるもの、もういい加減に職業をやめて家庭の人となれというもの、二十八歳まではみっちり勉強せよというもの、いちいち承っていた日には体が百あっても足らないほどの御指示に恐縮してしまう。耳目を打つものは悉く拡大された貞操の危機ばかり。それが私を脅かすこと甚だしい。とりわけ眼につくものは東京へ来いというもの、これが十何遍もある。貴女の筆は東京へ持ってきたらきっと歓迎される。現に貴女の著書も東京で売れるではないか。そんなケチなことをいう土地に執着して、ねちねちいじめられているよりは、東京は文筆の本場だけに、婦人の行為についてはもっと寛容に取扱われる。ここで落ち着いて修行するがいいという趣旨である。御親切はありがたいが、それでは純な意味の東京移住ではなくして出奔であり逃走であり、大阪の喰いづめである。私は大阪にへたばりついて争ってみたいと思う。これは私の小さな意地であり、またこんなことで生まれ落ちたこの土地を去ることは残念であり未練もある。自分では却ってわからないが、こんな酷い目に落ちた以上はお上品な記者としてお座へ出せないほど創痍を受けたものかも知れない。もしそうであっても私の行くべき道は別に開けている。足さきを転換すればそれでいいのだ。そして歌いたいときは大声で歌い、泣きたいときはわっと泣いて、気分をおっ開いて暮らしたい。東洋風に感情を偽って暮らすことはもう飽き飽きした。まして情意の発動を抑えて、こそこその恋などはまっぴらだ。

ここまで書いている時、校正を持ってきた。

本屋の小僧さんはいう。また今日も新聞に出ていますよ。いいですな、たくさん書いてくれるがいい。そうすればこの本がまた売れますからねとは、小僧さんの言いぐさは大阪魂を道破している。この調子ならこれから私はどんな迫害に遭うかもしれない。私自身よりも私の周囲のものが心配する。私は行くべき運命のところへ行くだけのことと思いながら、それでも怪貞操を書いて応戦しようとするところに、若い血があると思えば自分ながら勇気が出る。

この本がどんな気持ちで皆さんに受け入れられるか、そんなことは考えてみたくない。私を信じて下さいと信用の押し売りは遠慮しよう。ただ皆さんの批判に任せるばかり。この本を読んで何の変哲もなかったと失望するなかれ、変哲なんかあっては私がたまらぬ。西洋の映画で一人の女が道に倒れる、同時に自動車が突進してくる、あら！と思う、轢（ひ）かれたら面白いと思うかもしれないが、轢かれたら助からぬ、変哲がなくて幸せだ。

　私はこれからまだまだ勉強して他日の大成を望もう。私はこれから伸びて行かねばならぬ、こんな小ぜり合いで職業悪口屋のエキストラを相手にいがみ合っていることは耐えられないことではあるが、これも思いようでよい経験であり、また世渡りの一波乱であるかもしれないが、婦人記者に品行点をつけようなんか、そもそも心得違いの大関だ。結果からみて堕落を責めるのはいいとして、堕落を予断して囃（はや）したてるのは手廻しが早すぎる。間違いの横綱格だ。

　私はいろいろの文体を書いてみた。私の著書は一冊ごとに文体が違っている。この次はまたまるきり違った文体で書いてみようかと思う。大家であったらそうは行くまいが、若輩もののありがたさは、そのときの気分で筆を執るのだから呑気なものだ。

　世道人心のためにこんな婦人記者を放逐してしまえと吼（ほ）えるが、私は世道人心のためにこんな記事を捏造する男性記者に退去してもらいたい。しかし、百の中傷はよく一人の弁解で解き得られるものではないかもしれない。弁解が弁解として通用しなければ、それまでのこと。私は棄てておくだけのことである。群集心理の恐ろしいことは今に始まったことではない。胸を大きくもてば、こんな蚊のような攻撃は何でもないことであるが、正月に蚊の出ることは変態だから、下水の腐ったものを疎通しようと、つい箒を持ちたくなるのが無理でもあるまい。

　告訴恐ろしさに和解を申し込んできた新聞もあるが、黒か白かの二タ途（みち）、胡麻塩であり得ないから既成政党のように融通のきく世才は持ち合わさない。だが、貞操の流露は不定形のものだから固いばかりが女でない。どんな様式をもって表現する時がないともいえないが、御注文の寸法にあてはめ、世間に迎合するため保護色に塗り替えることは断じて御免である。職業婦人は貞操を文明の春風に触れさせて伝統の氷結から解放してもらいたいと望むのである。

　これまで根気よく嘲罵してくれた朦朧記者に向かって各個撃破を試みるも面倒と打ち棄てておいたが、冬期休暇を得たから束にしてこの際にこの本によって一撃にかっ飛ばしておく。

解説

1924年『女浪人行進曲』（婦人毎日新聞社）所収。ここで兼子が述べている男性研究とは、男性作家が女性を都合よく美化したりする心理を探りつつ、では逆はどうなのかと追究を試みたものだった。その過程で兼子は、自らの体験から次のようなことを学ぶ。――「男性が自己の縄張りのうちに侵入してくる女性を堰(せ)くための卑劣宣伝で、政府党たる男性が在野党たる女性をひしぐために撒いた怪文書」。兼子は、カフェーでの潜入取材を通して男社会がいかに女性を消費し、無力化していくのかを身をもって知り、差別構造を暴いていったのである。

※1　市川百々之助と阪東妻三郎。大正後期～昭和初に大流行した、いわゆるチャンバラ（剣劇）で大当たりをとっていた名優。とりわけ国定忠治などの侠客もので人気を博した。
※2　北宋の書家・画家、米芾(べいふつ)のこと。「元章」は字。潑墨は破墨(はぼく)ともいい、淡い墨を重ねて濃淡を表現する水墨画の技法。
※3　久米仙人(くめのせんにん)は、奈良県・久米寺の開祖とされる伝説上の人物。空を飛ぶ術を実行中、久米川で洗濯をしていた若い女性の脛の白さにみとれて墜落した。神通力を失った仙人はその女性を妻としたという。どんな人・社会がこうした伝説をつくり受け継いできたのかがうかがえる話であり、「誘った女が悪い」とする古典的手口も読み取れる。兼子がここで久米仙人の例えを出しているのは、その手口を「堕落」という言葉でもって自らに向けられたからだろう。
※4　兼子は、当時大阪にあった大原社会問題研究所に通っていた。研究所は労働問題等を扱うことから特高の監視下におかれていた。
※5　斧定九郎。歌舞伎『仮名手本忠臣蔵』に登場する盗賊。端役ながら初代・中村仲蔵の名ヒールぶりが受けて人気を博した役柄である。
※6　赤穂浪士のひとり。講談などで飲兵衛キャラクターが定着した。
※7　シルル紀。約4億4370万年前～約4億1600万年前。
※8　等価論。
※9　いまも「女人禁制」である。
※10　ヘルマーとノラは、イプセン『人形の家』（1789年）の登場人物。
※11　ともに明治時代に活躍した旧幕臣のジャーナリスト、福地桜痴と成島柳北。

女浪人(おんなろうにん)

モダンガール時代が凋落したら、次いで来るものは女浪人時代であろう。

男の粒が小さくなって、その機嫌を取って暮らそうという気になれない女性は浪人するより仕方がない。売残りものといっても老嬢といっても一種の浪人であって家庭地獄へ堕ちるのが嫌なら、どうしても職業に就く。職業にはぐれたら浪人となる。これが浪人道への行進であるが、婦人の職業は機械の延長と見なされているから、新しい機械が発明されると女浪人が束になって街頭に投げ出される。自動式電話の為に交換嬢が大量的に浪人となったが、彼女らの多くは夫々(それぞれ)巣を求めて家庭へ落ち着いた。少数派女給に身をかわしたものもあった。しかし左様に手軽に巣を造れないものに美術家や音楽家や婦人記者などの敗残者がある。これは機械の延長でなかっただけに始末が悪い。不景気のために音楽会もさびれる。美術品の買手もない。需要に関係なく美術学校も音楽学校も卒業生を供給する。大学でも新聞科を設けて頭の労働者を出す。タイピストも看護婦も後から後から失業切符を買って数珠つなぎになっているから、狡く長蛇の列へ割り込んで順番をごまかさなくては、あら！発車してしまったわよ。

人ごとじゃない。私も失業してから一年と三ヶ月になる。浪人のみじめさと浪人のありがたさとを骨みにこたえて体得した。気に向いたら稼ぐ。気に向かなかったら寝転んでいる。これが浪人のいいところである。職業を持っていた時代には気が前に向こうが気が横を向こうが筆を以て日課だけは書かねばならなかったから、筆と気とは別々の道を辿(すべ)っていたものだ。それが浪人となってから筆と気とは同一の方角に向いてきたことは失業のありがたさ。ありがたいようだが、その実はさにあらず。書こうと思っても大ていのことは書き古されているから、頭の悪い私なんかは新しいものと思って書いても、それが皆セコンドハンドと見られて随筆の骨董なんかは買手がない。

妻となったら浪人でないとすれば女というものは便利重実なものだ。男だったら「妻を持っているから浪人ではない」とはいえない。浪人とは近代語で失業者と訳する。男は妻を持っていても失業したら浪人である。女は妻となって男にしがみついている間は浪人ではないという定義が異議なく通過するものとせば、後家や娘は準浪人である。

ホノルルの汎太平洋会議[※1]から帰ってきたところだから、まだ船暈気分で原稿紙の梯子の罫が動いているようだが、慣ッこは妙なもので万年筆で枠の中へ一字づつ嵌め込んで行くと例の駄文が一行づつ綴られて行く……ハワイには浪人がない。太陽の恵みは貧富貴賤一視同仁だとものの本で読んだことはあるが、この頃はそうは行かない。ビルヂングが浪人長屋を日陰にして抗戦の機会均等を遮る。電車の運転手が果物を食べながら職務を勤めて行ける程度の呑気さだから、気候に変化がない如く、寄合世帯のどの人種も天恵に均霑し、欣々として、のらのらとして幸福にくらしているが、しかも生活の程度も享楽の程度も高いのだから結構なものだ。船が横浜へ着くと、そこには大きな失業地獄の光景が展開している。

徳川三百年史は浪人で飾られた。旧劇も浪花節も講談も浪人の逸話である。戦争ごとに浪人の大量生産をやって後藤又兵衛や岩見重太郎などが飛ばされて出る。この浪人は人を殺すことが専門芸であって、そのほかのことはできない。商売もできない。百姓にもなれない。原稿もかけない。選挙の応援演説もできない。活弁にもなれない。艶歌師にもなれない。仕方がないから古寺に宿ったり山林を歩いたりして、ついでに兎を殺したり狒々を退治したりして自分の芸の役に立つ時を待つ。芸の役に立つときは戦争であり、戦争はやがて討死である。

講談や浪花節で浪人の強い話を聞くが、その浪人の実生活に触れた話を聞いたことはない。浪人はどうして食べていったもので、どうして収支を計っていたものかを知ることができない。職業政治家や院外団や又は女優などいう連中のように収支を明らかにしない。明らかにしない以上は暗い反面がなくてはならぬ。武士の常である「斬り取り強盗」という奥の手を出したものかも知れない。

斬取り強盗が浪人に許されるものなら、新聞記者の失業者にも恐喝を公認して差支えはないようなものである。

浪人が乞食をしたことを聞かぬ。それでも餓死もしなかった。——正直なものは寺子屋をやったり僧侶になったものもあったが——、新聞記者のあふれは原稿稼ぎをやるが、この節の記者は「脚で書く」のだから末派どころは机に向いている時間より走っている時間の方が多く、浪人になって背景を失ったら、よほどの学殖がない限り生活に行きつまる。とりわけ婦人記者ときては虚栄夫人フラッパース嬢の手先となって走っていたものだから、女文士として一本立ちとなることは思いも寄らぬから少々のところは我慢して職業にあり付こうとする。その職業にあり付こうとするというのは、つまり、要するに人妻業を稼ぐことである。

人妻業といえば何でもないようだが女給以上の売笑事業であって、女給なら「この男でいけなければ、あの男で行く」と融通自在だが人妻では税金がいらない代り――大阪では近く女給税が取られる――、月に一回しかチップを呉れない。チップとは家事費のことである。良人則ちお客の起源を損ずるが最後、年老ってから失業する。浪人となる。

これは採算に合わない商売だと思っていたが、そうではないらしい。汎太平洋婦人会議でパーカー女史の論じたことを聞いて御覧なさい。

「近ごろ法廷へ提出される離婚訴訟は大てい妻が原告になっている。訴訟の理由とする処をよく考えて見ると多くは婦人の気随気儘が基礎となっている。しかるに判決は被告である夫の敗訴となって手切金や扶助料を支払わせられている。これは不条理なことであるから改めねばならぬ。子のない婦人に手切れ金を支払う必要がない。却って失業している男なら、妻から手切れ金を支払えという判決があって然るべきものと思う」

どうです。こんなことがアメリカ主席代表から述べられて、一言なるべからずの各国代表は一言もなかった。日本代表たちは「妙だ」という顔つきで何もいわなかった。

日本では離婚と同時に妻は失業するのである。何となれば彼女の生活資料は「結婚」というもの以外に何もないからである。換言すれば生活の本拠が「結婚」である。民法ではどうの戸籍ではどうのというような論拠を探さなくとも実生活がそうなっているのである。妻だけではない。娘さんの浪人もある。これから沢山にできる。花のような美しい浪人さんもあってほしい。

何でもいい。モガの次には女浪人時代だ。私たちの仲間が増えるのである。お互いに賑やかに暮らしましょう。

解説

1929年『情熱的論理』（平凡社）所収。

「女浪人」とは、失業してフリーランスとなった兼子が名乗った造語。折しも失業者が増える世相にあって、セクハラにより失業に追い込まれた兼子は職業婦人の代弁者としても筆をふるっていった。兼子は女性を抑圧するさまざまな社会制度を批判したが、なかでも最大の矛先が結婚制度であった。「女浪人」としての気ままさ、寄る辺なさと対比しながら、「人妻業」を「女給以上の売笑事業」として、家父長制下で押し込められる不自由さ、そして寄る辺なさを皮肉った。

※1　兼子は1928年、ホノルルで開催された汎太平洋婦人会議に、翌年はベルリンで行われた万国婦人参政権大会に出席した。

女浪人主義

女ローニズム！　婦人にも就職難の時代がきて私の仲間が激増した。女浪人の一群は賑やかな行進を始めよう。

予算はないが決算はある。予算はあっても不実行予算で財布の底をはたいた時が決算である。運のいい時は貴顕紳士の饗宴に緊縮の折柄にも一食五十円、都合の悪い時には平民食堂で十二銭の昼食も平常から胃の腑の鍛錬ができているから剛柔兼ね備わり和戦両様の準備ができている。財布の中には二大政党の政策があって豊かな時は政友会の浪費放漫財政、貧しい時は民政のケチ緊縮で変化縦横伸縮自在にできている。一ヶ月に多いときは三度は東京と大阪とを往復して寝台車が住宅ともなり、食堂車が応接室ともなり、座席が書斎ともなる。汎太平洋婦人会議には春洋丸が移動居宅となってライチングルームで三百枚の原稿を書きあげた。万国婦人参政権大会にはシベリア鉄道が長い自動アパートとなり、国際婦人自由連盟では大西洋の怒涛が地震別荘となった。飛行機は浪人の靴である。

浪人は浪のまにまに漂う人だからどこへ漂着するあてもない。上手ではないが日本仕込みのアクセントで一ヶ国や二ヶ国の言葉は通じる。それで不足ならエスペラント[※1]の片言もやるというのが自慢になるならイタリーの乞食だ。スイスのボーイもそれに劣らず四ヶ国も五ヶ国もやる。日本へきて語学の教師もしないでローマの廃墟の前でドイツ人をみたらドイツ語をやる。イギリス人には英語、日本人をみたら「どうぞ、おいらん、芸者ガール、いらっしゃい」とやるそして手を出す、舌より手の方が意思を鮮明に語っている。

浪人はその外にまだ三ヶ国語をつかう。摂国語でそうだっか、これは生国であるだけに非常に旨い。山城国語も準故郷であるだけに手に入ったものだ。そうどすえと甘ったるくやること東京文士の祇園描写の比にあらず。武蔵国語は近ごろ大ぶん上達して、そうなのは板についたが、そうだわよはまだ木に竹を接いだようである。三国を交ぜ合わせた混合語、カクテル語を自由に操縦するところは器用なものだ。これは日本国中に通用するといっても鮮人には向かないが鴨緑江を越したら筆談で用を弁じる。※2 万国語としては手まねでやったら大てい命中する。

　失業が苦しいものならこの女浪人も苦しい境遇にあるのであろう。けれども泣きもしなければ家庭という避難所へ逃避もしないで節約風の吹きすさぶ街頭にさまよっている。あれは失業者の痩我慢だという。痩せても我慢できるうちが浪人の花だ。失業ののんき化である。

　浪人という文字を外国語に訳して適当なものはない。イタリーの乞食に相談したわけではないが、下手な訳をされたら失業惰民となろう。浪人は失業して泣くほどの意気地なしではないが出世して威張る力もない。男の首を切るのはよっと骨が硬いそうだが、女の首を切るのは好物のおさつを切るよりらくだ。愛嬌がなければ首だ。愛嬌があり過ぎても首だ。よい加減でも首だ。私たちの仲間は切られた首をぶら下げて徘徊している。

　われに何時でも失業する準備はあるが何時でも就職する用意がないから万年浪人である。これから婦人教育がまちがえた方向へ進むに従って私たちの同志が増える、今でも仲間は大ぶんある。

　原稿紙百枚扶持で召し抱えてやろうという新聞も私にあるが、それは浪人の平常を知らないうぶな資本家である。とても金になるような代物ではない。抱えられたが最後、気随、気儘の自己慰籍の気焔と主観記事で紙面をめちゃくちゃに書きつぶす。雇って後悔、雇われて後悔なら後悔を先に立てて元の通りの浪人がいい。

　浪人の上に特に女という性別をつけるのは、この浪人が婦人運動という風呂敷をかついでいるからである。性を代表しているのは参政権獲得行程の旅行ケースに過ぎない。やがては芸のないジプシーのような女浪人も性別仮装をかなぐり棄てる時がある。お役に立つのはその時のことである。

　岩見重太郎がお役に立ったのは狒々を退治した時よりも大阪入城の時である。岩見氏は浪人から武士に復活して花々しく討死した。女浪人も大阪で葬られる筈であったが、市営の火葬場にも、金次第で階級の沙汰がある。階級嫌いの女浪人の葬られるところではないと峻拒した。親切に葬式代を自弁して女浪人を葬ってくだすった方もあるが、女の執念は恐ろしいもので、魂魄この土に留まってヨーロッパから帰ってきた。重太郎兄も又兵衛氏も幸村先生も風雲に乗じて浪人から馬上の人となったが、この女浪人、日本へ帰ってきてからなんだか無暗にわが身が可憐になった。又いじめられるのだ。

他人の嗜好に干渉することの嫌いな女浪人の性分は酒のむな、煙草のむな、男はあそぶな、瓦斯が高いといったようなことをごてごていうのが面倒だから新聞紙上で脱線して洋行前にビールのことを礼賛して叱られた。以後注意をするとしてドイツのビール、フランスのワインは日本のお茶である。ビールなんかは清涼飲料であると軽くあしらったところに浪人の不用意があった。一点の思い違いにも人相を変える、ちょっとした筆の脱線も婦人団体から叱られる、この浪人は綱紀上許すべからざる不逞婦人に違いない。その通りである。

あんな酒のみ女、飲んだくれ浪人は怪しからぬ、武士は飲まねど千鳥足、浪人は酔わねど詰まらぬ管を巻いた。粕汁一杯で奈良漬けの一切れで頬の色が赤垣源蔵、復讐の心はないが、讒誣の泥水をバスケットに一杯、帰朝早々痛快な驚きであった。

もと浪人は婦人参政権専門の小売屋、廃娼、禁酒、禁煙、瓦斯、借家といったデパートではない。婦人運動屋は百貨店が繁盛して浪人商売の専門、小売店は凋落する。中小商工業の低利資金を貸してもらえる信用もなく破産にならない程度でうろついている。

参政運動が本職か、売文業が副業かは宅診が本業か教授が本職かと医博に問うほどの野暮加減である。不都合があっても不謹慎にこんなことを書いている点からみれば浪人自体が反感を起させるように小面憎くできているらしい。

職業を部署して割の悪い方を婦人になすりつけようとする。この手で二世紀も三世紀もだまされてきた。もうその手に乗ってはならぬ。私は婦人の団結を願うために何時でも改心すると折れて出るところは浪人してもやはり女は女だ。陰険を隠す屏風の蔭から退化婦人が何か悪口を言っているが浪人は聾だ。男の眼から大ざっぱに婦人運動者といわれるが、それを分類すれば宗教から出たもの、禁酒から出たもの、廃娼から出たもの、社会思想から出たもの、参政で固まったもの、母性愛から出たもの、等々々、恐ろしい寄合世帯で思想の溶鉱炉である。

個人の行動を細かく責めるのは、婦人の自由を得ようとして、まだ自由を得る目的を達しないうちに統制の鎖に繋がれるのだ。流言で運動家を倒すことが流行する。倒されまいとすれば大衆に媚びねばならぬが、実際中傷によって一人や二人を片づけるのは何でもない。

前線に立って働くものを背後の味方から狙い撃ちされてはたまらない。重い荷物をかついで前に進むものを後ろから一発、これは面白いにちがいない。

立身出世をもって教育の基礎とするが総理大臣は一人しかいない。大臣の数も少ない。その少ない数へ向けて何十万何百万という学校出身者が争奪の目標を置く。この頃は卒業生も大臣をあきらめて数の多い方の知事で負けておく。部長でもいい、警視でも仕方がない。巡査でもいい、小使でもいい。だんだん譲歩しているが、幸いに椅子を占領したものは官僚式の口調で思想善導をやり、学校教育の本旨は就職にないといったようなことをいうが、職にあぶれたものは大臣どころか管理の端くれに加えられず、実業会社の受付になれず、浪人の大量が氾濫する。その中に多数の女も交る。

現代の日本の学制は婦人に教育らしい教育の機会を与えないから自分の努力だけで学問を賄わなければならないため、婦人の智的向上は阻まれているに拘わらず、少数の婦人は学校のおかげによらず自己の門戸をたたき破って進んだ。

男子の生活は広い花園に散歩しているようだが婦人の生活は暗い炭鉱の奥で働いているものである。一方は明るい陽と清い空気を得るに反して一方では湿っぽい見晴らしのない穴の中に暮らして、青く、白く、細く、痩せて行く。婦人運動はこれからの虐げられた女性をどこへ導くか。

女浪人もお伴を願いたい！

無冠の帝王から急転して頬かぶりの浪人と直下した。これが自慢になるものなら世の中のことは何でも自慢の種になる。貧乏を売りものに立った候補者は縁談から貧乏を自慢する。貧乏は恥じるに及ばないが、さりとて自慢にもならぬ。瀑にみても上にある水が瀑壺にある水を嘲るのは、機械文明でやがて身に落ちかかる運命知らずの一時的誇示に過ぎぬ。金持ちも貧乏も無冠の帝王も頬かぶりの浪人も本体は同じものである。

無冠の帝王と頬かぶりの浪人と、どちらかを選み得る自由が与えられたなら私は疑いもなく無冠の帝王を取ったであろうが、現代の経済組織は自分の好まない方に突きやって、自分の好む方を選ぶことのできない仕掛けになっている。個性の尖端に徘徊しているものは当然の結論として浪人となる。浪人は気儘ものの安住地である。

女浪人は拭いきれない責任――頼まれもしないのに勝手に引受けた重い責任をかついでいる。同じかつぐなら軽いより重い方が威勢がいいと思って、それをかついで旧道徳の障害の置かれてある街頭に脚もと危うくよろめいている。

浪人時代は暫しの息抜きと思って気まぐれに放浪していたものであったが、長い期間の息抜きとなって三日すれば忘れられない万年浪人となってしまった。これは思惑はずれだった。浪人跳躍時代はまだ展開しないが、最も意義ある跳躍の準備時代を呼吸しているのである。浪人の苦しむことはこれだけ婦選時代を促進させる効果がある。

木枯らしのように物質文明が撫で廻した跡には農村も家族制度も仁義五常も荒廃に帰する。鳥と猿と草と寺との山奥から香水と自動車とカフェーとの東京へと出かけてくる娘子は女浪人の卵である。都会には職業と恋愛とをあきらめた女浪人が先輩顔して待ちうけている。

田舎は自然の休養を人間に与えるはずのものだが変化欲に燃える若い婦人は休養が却って苦痛である。都会は若い世間知らずの娘さんの理想に誂え向きになっていない。人口過剰の島国は失業の機会が多いから既製未製の浪人群は賑やかに行進する。これは日本だけではない。世界的である。

婦人は心霊に活きているから唯物史観に疑いを抱きRevisionism[※3]も腑に落ちない浅学の悲しさ、どの学問もわけが分からぬから女浪人主義を勝手に尊奉して、どの婦人団体にも重んぜられず、正系をうけていないところは婦人運動の院外団である。心情不安のためなんだかしおれた姿が映る。われながら可憐に堪えない。

成功する人間には元気がある、悟入しているものには悠揚の態度がある。見渡したところ、私の知っている限りでは青年に落ち着きがない元気もない。かような男は子守りに適する。洗濯に適する、外部で働くより台所に立つ方が適所適材である。女性はよろしく台所の城を男性に明け渡すべきものである。男性に城を明け渡した女性はどこに行くべきであろうか。

大工業が発達して中小工場が壊滅する時代に、中央炊事場が発達して個人の家庭にある小さな台所がつぶれる。この機運を知った女浪人は御飯をたく術を学ばなかった。御飯をたくことは非常にむずかしいことで、水加減火加減それもみな手加減によるのだから浪人のような頭の悪いものにはシンができて食べられるような御飯はたけない。恐らくは浪人の頭の中にもシンがあるのであろう。だから御飯たきと洗濯とは中央炊事場の男性にお願いして女浪人はそれを食べそれを着る方に廻る方が有利であると考えた。これはいい思いつきであった。

中央炊事場に働くものは屈強な男子である。粉末機もパン切りもジャガ芋の皮むき機も皿洗い機も電気釜も瓦斯鍋もある。五百人や千人の食事は束の間だ。

皿洗い機は熱湯で洗って磨き立てて、清水で仕上げて乾燥して露も残らないように脂のこびりついた千枚の皿を三十分で始末する。洗濯機は洗濯ものをくるくると回転させて消毒して乾燥して仕上げる。百枚の肌着が十分間だ。

掃除機は室内の塵埃を吸って円管で一定の場所へ噴き出してしまう。一室の掃除は五分間だ。それに気送機をとりつけたら郊外の新鮮な空気を都会のどこへでも供給する考案が成功しかけている。

中央炊事場のないところは五家族とか十世帯とかが連合で機械を買う。個人でも月賦で買うものとある。機械は男性によって動かされるから婦人の用事は減少した。

こんな発明を無視して私たちが素手で機械に対抗しようなんかは身の程を知らぬにも程がある。婦人は機械に負けた。だから敗残者は落胆して台所から退却し街頭の浪人となる。考えてみれば威張っても威張り甲斐ない女浪人ではある。

掃除でも炊事でも裁縫でも洗濯でも大仕掛けのものはみな男がやる。だから婦人は男性の職業に食い入らねばならぬ。婦人の安い賃金に競争できないで失業した男性は掃除夫となり板場となり洗濯師となり裁縫師となって、法学士が馬糞を拾い集め、理学士がクリーニングをやり工学士がテーラーとなり、男の髪が長くなり女が断髪して、世の中の調子は妙になりかけた。

職業に堪えない婦人は浪人する。浪人の中でも痩我慢の強いものが女浪人主義を振り回す。自慢にもならぬ主義であることを自ら弔う。

解説

1930年『新台湾行進曲』（婦人毎日新聞社台湾支局）所収。

前年に巻き起こった世界恐慌は日本にも波及し、いわゆる昭和恐慌の真っただ中であった。そうした情勢では社会的弱者ほど「後回し」とされ、追いやられていく。当時の不況下で「女浪人」として渡っていかねばならない厳しさを、皮肉に満ちた筆致で綴っている。また、当時さまざまな婦人団体があったなかで兼子はそのどれにも属さず、一匹狼を貫いた。その気概もこの言葉に込めたのだろう。

※1　ルドヴィコ・ザメンホフらが考案・整備した人工言語で、創案は19世紀後半とされる。兼子は関西大学に入る前年の1923年より官立大阪外国語学校（現・大阪外国語大学）別科英語科に入学し、英語のほかドイツ語も習得するなど語学にも力を入れていた。博多での潜入取材では、「語学ができる女給がいるらしい」との噂を聞きつけて通い詰めた九州大学の学生のセクハラから逃れるため、エスペラント語をまくしたてて退散させたこともある。

※2　中国では漢字を解する者同士、筆談ができるという意味。兼子はロンドン滞在中に、東洋学を学ぶイギリス人と英語で漢詩について語り合ったことがある。漢学者の家に生まれたので漢詩は作れるとして、その場で漢詩をつくり英訳して見せ、「中国語を話せなくても漢詩を作り、漢文を理解できる」と説明した。また、「支那を除外して日本の繁栄はあり得ない」（「ロンドンの支那料理店」『地球一蹴』所収）とも述べている。近代以降も日本の知識人にとって漢文の素養は、文化や学問の基礎としてまだいきていた。

※3　マルクス主義に対する修正主義。

女浪人と雲水(うんすい)

汽車は女浪人の雲水性を助けて月に二三度は大阪と東京の間を運んでくれる。「雲」に乗る飛行機は浪人の翼であり、「水」を横切る汽船は浪人の鞋(わらじ)である。「雲水」は僧界よりもこちらが本家だ。

笠をかぶる代りに破れ帽をいただき、お粥の代わりにオートミール、一夜の宿はホテルとして、女浪人の世界巡礼は難行苦行というほどではないが紙衣の二十五歳の冬は逝こうとする。

新聞記者を失業してからここに三年、石の上にもという歳月を閲して浪人ぶりも漸(よう)よう板についてきた。毎日定刻に出勤するサラリーマンの窮屈らしい出退をみるにつけてもわが身の気楽さが顧みられる。失業もまんざら悪いものではない。

放漫内閣時代にも浪費すべきものを持ち合わさなかった女浪人は緊縮内閣にもしまるべき余裕もない。気楽といえば気楽だが、気楽でないといっても気の毒がってくれる人があるではないから自ら気楽だときめて置く。負け惜しみの強い弱いは浪人の頓着する限りではない。

原稿を書いて托鉢に代え、嚢中(のうちゅう)「空」となった時に有無を超越した絶対の理を悟る。寝室車の中で面壁十時間、廓然として金持ちと気楽とが両立しないことを知る。だから気楽を取って金持ちを棄てるというのは負け惜しみで、金持ちは招いて来たらず貧乏は払っても去らない。貧乏の影には気楽が宿る。

一切衆生も妙法の全体であるなら女浪人にも、ちょこざいながら狗子(くし)※1と共に仏性がある。十方世界皆寂光浄土だから日本もアメリカもヨーロッパも何の区別もなく、汎太平洋婦人会議と万国婦人参政権大会とで去年はアメリカ、今年はヨーロッパ、来年はどこへ行くことやら、予定があっては浪人ではない。

出征ができないとあきらめてから安心立命の地を得て失業は悟入の入口、初学徳に入るの門であった。これ以下に落ちぶれる心配がないから地底で腰をぬかしているのも一興だ。
顔子(がんし)の陋巷(ろうこう)[※2]には泥棒の心配もなく、追いはぎに遭っても雲居の安心がある。揺れ揺れても求むるところなきがゆえに心は安い。たとい寝台車の窮屈な小天地に寝転んで急行で五十三次の夜行をしたような夢の行程でも到着したところで仏果を得られるのだ。仏果は銀座にも新宿にも浅草にもある。必ずしも脚をいためて山奥のお寺に行くを要せぬ。

愚痴闇鈍の凡夫も妙法の当体であるならば、漂白流浪の凡婦にも雲水の風流はある。脳中が空であるがゆえに毎日論説を書いても種は尽きない。車窓の外に送迎する光景は毎日の新聞に送迎する論説のように書いてしまったら行雲流水、何の凝滞もなく去って帰らぬ。滄浪(そうろう)の水だ。

浪人の心は雲水の心、自動車で走り廻ることは浪人の座禅である。人生は丸の内ホテルの逆旅、光陰は特急の過客、詩は下手で酒は飲めなくとも李白の風流だけは体得した。

ありがたい時代である。昔の人は職に離れたら意見は行われなかったが、今日は必ずしもそうではない。舌と筆とが浪人を支持する。

京城帝国大学を振り出しに欧州を講演旅行の一撫(ひとな)で、怪しい日本仕込みの英独語で生臭い婦人運動のお経を読んで廻った。合掌の代わりに拍手してもらって浪人少々逆上気味だ。

日朗さまは土牢に幽囚されても法華観を守って悔いず。女浪人は言論の世に生まれて過激思想を振り廻して刑務所で無効果な月日を送ることを恐ろしがり、合法的に動いている。モスクワで研究した××思想もローマでみてきた国粋主義も頭の中に同居させて時々論説の中に小出しをするところ、この浪人は処世術の片端を知る。

女浪人主義を高唱しているが随筆で書いているゆえに取って押さえることのできないこと泥中の鰌(どじょう)に似たり、蘊蓄のあるようでもあり筆さきだけの浅墓(あさはか)な商売のようでもあり、女浪人は気まぐれもの。原稿紙を展(の)べたら、ぬらりくらりと、三枚オーライ十枚よろしい、注文によってお茶を濁す、清濁ともに飲んで溜飲にもならぬところが女浪人主義というもの。

教育の間違いから職業婦人にもなれず賢母良妻にも落ち着かない——蛇に短し蚯蚓(みみず)に長しという婦人を社会に送り出すから嫁入りしても離縁となり就職してもじき免職される。その結果は女の浪人となって私の後からついてくる。私は浪人の先覚者である。

そんな浪人を養成する学校も悪いが、そんな嫌なものになる婦人も悪い。近頃、私を訪ねて女浪人を志願する不心得の婦人の多いのに驚く。浪人生活は私自身が愛想を尽かしているのに、よそ目には引き合う商売のように見えるのは税務官に聞いて知る。

失業した女浪人の後から所得税の告知書をもって追っかける税務吏の眼は職掌がらに似合わない誤りらしい。雲水の頭陀袋（ずだぶくろ）と浪人の嚢中（のうちゅう）とはお望みなら割ってみせる。胃の袋でも割ってみせる。帳簿なんかは在るものでない。

税務吏の後にも男性変態記者がある。やれ貞操がどうの品行がどうのと倫理の尺度をもって女浪人に当ててみるが、いやしくも女浪人や雲水はそんな観念を超越している。世間の軌道通りに通るものならば何を苦しんで浪人しよう。今から三余年前に家庭極楽に飛び込んで浪人地獄にちゃぶついてはいないのだ。よけいな心配をするゴシップ子に苦労をかけて済まないと思うがそれも勝手にうけたくたぶれであるから干渉の限りでない。

あんな浪人は葬ってしまえと後から土をかける篤志家もあるが、腑に落ちた引導（いんどう）が渡されない以上は往生ができない。本人は死にたくとも死ねないのだ。結局は自分で引導を渡そうかとも思っている。

雲水生活と女浪人主義、似たところもあり似ないところもある。両方から鞘寄せして仲良く賑やかに行進したいと思う。朝眼を覚ますと富士が「山色清浄身」を黙示し夜眠ろうとすれば田子の浦が「濤聲長口舌」を教える。日本の汽車は揺れて原稿を書きにくいが、横浜近くでここまでゆがみなりに書いて僧界と俗界とを俎（まないた）の上に並べた。

解説

1930年『新台湾行進曲』（婦人毎日新聞社台湾支局）所収。ジャーナリスト、作家として言論活動を続けた兼子は、瞬く間に活動の舞台を世界へと広げた。1929年にはベルリンで開催された万国婦人参政権大会に出席するため、朝鮮半島から陸路でヨーロッパへ向かった。文中にあるように、朝鮮半島では京城帝国大学国際連盟支部と朝鮮鉄道局主催の講演会に出たのち、張学良を訪ねるため奉天（現・瀋陽）に向かう。その後、ハルビンでは講演会で婦人団体と交流し、モスクワでは対外文化連絡教会の会長でトロツキーの妹・カメネブに会い、ロシアの諸施設を見学したり現地の婦人団体と面会したりした。

万国婦人参政権大会が終わると、ヨーロッパ各地を訪問。パリでは藤田嗣治と親しくなり、肖像画を描いてもらうなどして歓待を受けた。その肖像画が『新台湾行進曲』の表紙を飾ったほか、1930年以降の著書の装丁にも藤田の作品が使われている。またパリでは吉屋信子とも知り合っている。

翌年は婦人文化講演会の講師として林芙美子らとともに台湾に向かい、参政権問題や婦人解放、平和をテーマに各地で講演をしてまわった。兼子は、植民地下の台湾で言論統制に引っかからないようギリギリの表現を駆使して女性の地位向上や平和を訴えた。遺作となった『大空に飛ぶ』、『地球一蹴』など、とりわけ1930年以降の作品では、日本の植民地政策が現地の人々を搾取して利潤を得ていることを非難。民族的反発を受けるのは当たり前だと述べている。

※1　犬、子犬。
※2　「顔子」は孔子の高弟のひとりである「顔回」。「陋巷」とは狭苦しくみすぼらしい町のこと。顔子が清貧を好んだことを指す。

3章

フェミニズムの言葉を磨く

女は歩調を揃えて馬鹿であれ

——女子学生連盟演説会で感じた事とて

婦人運動がこれまで浮調子（うきちょうし）で時々思い出したように唱えられてきたが血の通った叫びを聞いたのは実業会館における演説会を嚆矢（こうし）とする。

浮世噺や影口（かげぐち）には井戸端の雄弁家も真面目な話になれば沈黙してしまう、いわんや演壇に於いておやである、婦人が演説下手であるには愛想がつきる、併（しか）し直接自身の頭にピンとくる問題には真剣にならずには居られぬ、真剣の話は下手でも聴かれる。

女を除外して何の普選だ、女子に学問の門戸を閉ざして置いて何が教育の普及だ、恨みは文部省に集まる、併し恨む方が間違っているかもしれない、其筋とやらは男女共学と男女混浴との区別がない。

人の嫌がる賤役（せんやく）に服せしめて、そして賢母良妻とは何事である。

女学校で知識のつく科目は僅少である、その僅少な科目すら間違えだらけの教え方で、女が賢くなれよう道理がない、その女学校を出てから進むべき道は交通遮断である、高野※1でさえ女の登れる世に。

女を馬鹿にして置けば機械としては便利であるが人間としての影はない。手に皹（ひび）の切れるまで洗濯させておいて賢母だ、炊事で顔まで燻（くす）べてそれで良妻だとは人を喰ったヤリ方である。

其筋では男女共学は風紀上害があるという、そして女をいれぬ、併し男を摘（つま）み出したことを聴かぬ。

排日で激昂するわが同胞、排女の差別待遇で満足するとは合点が行かぬ。男女地を換えていたら女の頭上は鉄拳の驟雨（ショアー）だ。

京都の大原女（おはらめ）や伊勢の海士（あま）は積極的に働いても夫の承認なくして法律上の行為ができない、無学なればこそ。

男子はそれを希望する、だから吾々は歩調を揃えて馬鹿になれ、そして男を悦ばす、現状維持は辛い。

かくても怒らぬとは因襲の惰力は怖ろしいものだ、怒るにも泣くにも時期がある、こういう時こそ大いに怒れ。日本の現在では女が一時間に八十人の割合で子を産むそうな、男は去年中に一日に一人の割合で博士が出来たそうな。

任侠は男子の通有性で嫉妬は女子の占有物と聞く、聞いたが間違いか、男が嫉いて女に智識を与えぬ、女が虐げられていても、のた打っていても任侠な男がこれを助けに飛び出すものがない。

こんなデスコンテントがコミ上げてあられもない姫御前の唇から迸る血の叫びとなった私も演壇に立ったひとりであるが、女だ、矢張り女だ、深く弁舌が下手であったことを自認する。そして三十銭の入場料を払った人に敬意を表する。

解説

1926年『ひげ』（改善社）所収。
大阪の実業会館で行われた女子学生連盟演説会で、兼子は教育の機会均等を訴え、女学校の良妻賢母教育を非難した。
「女は歩調を揃えて馬鹿であれ」は、女性たちに奮起をうながすための、兼子式らしい皮肉の効いたタイトルである。

※1　高野山のこと。1872年の太政官布告第98号でそれまでの「女人禁制」を廃止した。高野山では、明治末期にかけて段階的に、またなし崩し的に解禁されていった。

関所争奪リレー　選手としての体験

——霊域高野山から名刹壷坂寺へ（抄録）

犬と荒男七人

九度山につくと朝日の社旗は林のようにたてられ、電車から降りる私の姿をみるなり、すかさず雷のような万歳の声が湧きました。

そこから群集の中を縫うて自動車を駆ります。気が落ちつくと今まで忘れていましたが、こんなことを思いだした。

社を出発するときに紅班本部で班友のMさんが「あなたはリレー※1唯一の婦人であるから女ならでは筆に上（のぼ）せられない、さすがは女の観察だと人を感服させるだけの材料を拾ってお帰りなさい」といわれました。それだ、私は女の観察を拾って帰らねばならぬ。どこかそのへんに「女の観察」が落ちてはないかと蚤取り眼で見廻してみても、それらしいものは見当たらず、どんなものか食べてみたこともないから「私にはわからなかった」とMさんに言い訳しましょう。

そう思って頭をあげたとき、万歳！と叫ぶとともに白い弾丸のようなものが私の顔をめがけて飛んできた。ハッシとばかりに両手でうけとめる。掌のそのいたかったこといたかったこと、紙に何か包んである。

ひろげてみると「北村兼子嬢の勝利を祈る」と書いた半紙に饅頭ほどの大きさの小石が包んであった。なんという物騒な後援であろうとさすがに恐縮いたしました。

極楽橋で、自動車を人力車に乗りかえる。なんといっても五分十分という短い時間を争う必死の折であるから先曳きは犬を先陣にして強力（ごうりき）が四人、後押しは車夫三人、応援予備としてはほかにまた四人の車夫が準備せられ、いずれも韋駄天（いだてん）ぞろい、私の体がこぼれ落ちないように細紐でしかと車に結びつけられ、ヨイショヨイショの掛け声とともに飛行機の滑走するように駆けだしました。

女人禁制と私

路（みち）はうねりにうねっていますが、しかし無意味にはうねっていないようです。ひと曲がりには、ひと曲がりの趣があります。ひとうねりには、ひとうねりの景があります。山高うして雲つねに宿り、谷深うして水絶えず咽（むせ）ぶ、信仰によって山はますます尊く見えます。

河鹿（かじか）と鶯とが夏と春をゴッチャに啼（な）いているなかを走って極楽橋を渡ります。ここは凡夫（ぼんぷ）[※2]どもが霊域を俗化しようとするのを防ぎ、山の清浄を保つがために設けられてあるかのように、これから奥は高野の名を辱めない秀麗の気に包まれています。

「明治何年やらまでは女人の登山を許さなかったこと、それは貴女方にとって憤慨の種でしょう」

と女人堂の前で車夫が新手と取り変わるときに、ここで出迎えてくれた若い僧侶が私にいった言葉でありました。

「登山の禁は解かれたかは知らないが、今でも女人堂はいたるところにあります。政治にも教育にも法律にも社会にも、参政権問題とか教育の機会不均等とか民法の親族編とか、女子の差別待遇とかいう種々の女人堂が設けられて、われわれの思想問題はそこで停滞しています。なにもお大師さまを恨みとは思いません」

と私は答えたので、この若いお坊さん、おおいに共鳴してくださいました。

若い僧の責任

「弘法さまのお考えは過去や未来を説いて人心を委縮させるようなケチくさい教えではなく、現在において極楽世界を地上にたてる意味ではありますまいか」

とつけ加えたら、他の人々も同感だと仰せあった。

たかの山迷いの雲もさむるやと　その暁（あかつき）をまたぬ
夜ぞなき　光厳法王

高野山は常時にあって思想界の重鎮として畿内を睥睨（へいげい）したものであろう。この権威を回復するのは実に目覚めた若い僧侶の責任ではありませんか、と走り出す自動車の中から万歳を叫ぶ人々をみながら考えました。

金剛峯寺へ着くと、山内は人で満たされている歓迎ぶり。[※3]お座主さんがお待ちかね、揮毫（きごう）席も準備ができている、貴女の面前で筆を揮（ふる）ってあげようとの仰せは退なけれどそんな暇もなければ、一枚の染筆をもらってお暇する。

「夏期大学が開かれるから遊びにござれ、勝ったら大師さまへ報告にお越しなされ、抹茶一服どうですか」

など俗離れのしたご厚意、一々ありがたく受けて、お庭に週刊朝日でおなじみのカンナの花が咲き乱れているのに一瞥をくれたまま、あわただしゅうまた車中の人となる。

解説

1925年『全関西婦人連合会』（全関西婦人連合会）に掲載。この記事が掲載された『全関西婦人連合会』は、大阪朝日新聞の女性団体が発行した機関誌。1919年に開催された全関西婦人連合会第一回発起人大会には、各婦人団体から代表200人が参加し、計4000人もの女性が参加した。

記者生活半年目、兼子は大阪朝日新聞が主催する高野山での通信リレー大会にアンカーとして加わった。新人記者らしい気負いとともに、かつての女人結界と社会に残る「女人禁制」への鋭い批判を盛り込んだルポである。この記事は人気を博し、記者として知名度を上げるきっかけにもなった。なお、兼子の関西大学法学部の同級生に、戦後第406世座主に就任した森寛紹がいる。兼子は卒業後も親しくし、晩年にも高野山に森を訪ねている。

※1　大阪朝日新聞に勤務していたとき、兼子は同社主催の「関所争奪通信リレー」の選手に選ばれた。選抜記者12人が紅白6人ずつにわかれ、交通機関を利用して関所（通過地点）を経て通信記事を送り、本社へ戻る速さを競うもので、兼子はアンカーを務めた。

※2　仏教の道理を理解していない者。

※3　このあと兼子は金剛峯寺に着き、僧侶や学生ら大勢の人に歓迎された。そのなかには、関西大学法学部の同級生2人もいて、『ひげ』ではこう書いている。――「女の私が法律を修めることと僧侶の両君が権利義務を学ばれることが、共に世間から驚異の眼を以て見られていた。変わりもの同志で迎え迎えられて坊主頭と七三頭とがお辞儀の衝突する」。

男子征服の大旗を樹てよ
——家庭に於ける嬶天下の拡張を図れ（抄録）

私は悲しく思う。なぜに女性は斯く馬鹿になって居らねばならぬか、女学校の教科書全体を通じて女性を賢くする文字が毫も見当たらぬ、反って馬鹿に導く教訓が多い。社会、法制、経済——概括して云えば政治に対する解説は殆どなく反対に卑屈、怯懦、迂愚を奨励する痕が歴々として覗われる、男子によって作られた制度では女性を完全に驢馬にする事によってのみ其目的を達せられ、永く優越権を掌握する事が出来る、故に日本婦人は政治に対する興味は何物もない。頭の禿げた先生は云う、汝等は家庭に居れ、そして賢母となれ良妻となれと、生徒は私語して云うアラ嫌だワと。——先生の頭の禿げ方が六甲山ぐらいなら恕すべしとするも朝鮮の山ほど禿げた人から二千年前の古色蒼然たる思想の連綿継承の教えを受けるのだからたまらない。

　先生が何度更迭しても悲しい哉、山色天に連なって見渡す限り暮雲靉靆として末は漠然たる教え方で蓄音機が不愉快な音を立ててレコードが徐々に回転する心地がして、私は勿体ないが教場で何度耳を覆うたかしれない程であった。汝らは家庭に居れと言う、その家庭とは何ぞや、祖先祭祀の場所を云うのか、舅姑に対抗して駆け引きをする場所を云うのか、夫婦喧嘩の壇上か家賃を取られる所を指すのか、区役所の記録に載っているところを云うのか、または不愉快な此等をひっくるめた処を云うのか、そこに居れと言うなら私は明らかに厭と答える。男は広き世界に高翔する、譬えば隼が蒼空に翼を伸べたとき、われわれ女性は陰鬱なエイクロコズムに跼蹐して、譬えばもぐらが穢土の底に這っているかのようにして、それが終生の安息所だと宣告せられる、怒れ女性、母権を国家に委託して幾千年来不条理な圧迫を継続して来た男性に対して猛烈な水平運動——否、一歩を進めて征服運動を起こすべしではないが、どうせ驢馬になって私共は理屈では負ける、男尊か女尊か、米国でいえば問題になるが猿が進化したとき、先に男になったか女になったか、分かったものではない、猿、それから女、それから進歩して男と云う順序になっているかのように虐げられているからには寧ろお猿に退歩してその脛に咬り付くべしではないか。

婦人運動の目標が余りにやさしい。革命史の教える平民が帰属に対する報復的のものではなく単に男性と水平線に並びたいと云う、されば余りに当然であって女性らしい温かみを持つ、微温的であるがゆえに熱がない、どうせ驢馬化せられた女性だから現在の智識程度では参政権を獲得しても必ず失敗する、失敗するにしても当然の権利を主張したいが又た茲で隠忍遠慮して尚早の二字に箱の中に蔵って置こうか、そして家庭で智恵のない籠の鳥を極め込もうか。

婦人の職業が男子の領域に喰い入ると云って問題にする必要は毫もない、交換手になっても電話局長になれない、女優になっても監督になれない、計算係になっても銀行頭取に適しない。婦人の職業と云っても機械の一部を補うに過ぎない、自分の頭から分泌する智識を活用して生活する職業はいっこうに見当たらない。最近に於ける一の例証として自動電話装置が完成したら同時に幾千の交換姫が去らねばならぬ、モシモシと呼び返して呉れる電話局もあるまいと相集まって「お話中」である、実際に於いて今日の女性が男子と対等になろうとしても迚も厚顔ましい相談である、併し女子の進歩を俟って対等の権利を求めようとしても其時の男子はさらに一歩を進んでいるに違いない、小学校までは併進しても女学校で家事だの洗濯だのお鍋さんの水仕事から下駄の直しなどいう学科ならぬ学科を教えられては、頭の中は海綿かスポンジケーキとなってしまう。

女子は虚栄が強いと云う、職業婦人も参政運動も虚栄の二字に葬り去られても幾らか気の利いた部類に属する、併し婦人会の幹事や同窓会の委員で寄付競争などはつまらない、ズット下がって衣服調度の虚栄となると鼻撮みの外はない。なぜ下劣な虚栄を向上させ得られないであろうか、普選提議の今日に護憲三派がいけなかったにせよ、せめて本当の政綱中にでも原則として婦人選挙権の一項を加えさせるチャンスは幾らもあったのに、それさえ冷眼に見送っての婦人運動が何が出来る、尤もダイヤや縮緬に浮身をやつすのとは少し勝手が違うではあろうが。

私はもうやめる。ホープレッスの筆を擱く、けれども未練らしいが終りに一般の婦人が男子征服の意を決し、——ヒス式でもよい——家庭の嬶天下を門外に拡張せんことを望む、それだけの勇気ができるまで私は婦人運動はダメだと思う。

解説

1926年『ひげ』（改善社）所収。

普通線の女性へ（抄録）

（上）

男の事業は女が助ける、女の事業は男がぶちこわす。女はただ柔順であれと男性に便利な東洋道徳という大きな蓋をせられているが、それでは女がたまらぬ。女学校の倫理にだまされてはならぬ。せっかく眼ざめかけたその眼も鼻も東洋道徳で塗りつぶしてはならぬ。しかし私は婦人を煽動するものではない。鉄道往生でもしそうなほどの興奮でも銘仙の一反で機嫌を直して、大興奮がすぐ過去に去ってしまう。和製婦人にむかって婦人煽動をするほどの向こう見ずではないが、今日のように感情だけに生きている妻を家庭に幽閉して暗い中に暮らしていくことは、たとえ婦人はそれに異議はないにしてもこれでは却って男性が困るだろうと思う。

家庭の主婦は消費するときだけしか世間と交渉がない。知識を錬磨すべき機会が乏しい。東洋道徳は謙遜遠慮が基調である。謙遜遠慮ということは嘘をつくことである。他人の子を褒めたり、まずい御馳走をお旨そうに食べて心にもない嘘をつくことである。家族制度ではひとり息子と相続娘との恋愛は戸籍吏に嘘をつくことを考えさせる。恋愛までゆがめられて陰柔なものになる。法律で女権を削ったうえに道徳でも削るから鉛筆のように神経が尖って何を書いているのか自分でも見当がつかないで掲題の本旨に外れそうになって鉛筆持つゴーの手がストップしそうだから、電車の交差点を走り抜ける不安さで書き続ける。

不安恐怖の念は人間の賦性で、これあるがために危害を未然に避け得られるのだが、感情が極端から極端まで翔りつづけている時は、精神緊張の疲労が正しい批判力を殺してしまう。恋愛でも刹那的の感情で動くから道徳家に排斥せられるが、これはモダン性をもつものには普遍的の行程である。自由恋愛を嘆美して名をなした老小説家が、自分の娘にその小説通りを実行されてはじめて困った話もある。眼さきでは横着ものが得をするから恋愛行路病人が街頭をうろつく。「恋愛なんかはつまらない一私事に過ぎない。生きて働くに元気づける便利があるだけだ」とは後から付けた理屈であって本当は一時の感情で動いたのに過ぎない。かくして女房となると一年にして体質上に生理的変化を起こして娘時代の智識欲は消え、その日暮らしのあきらめ主義になり、貧乏暇あり、マイクロフォンの据えつけ場所は井戸端にあり、つまらぬことに時間を費やして家庭の能率は増進しない。今日の家庭では能率を増進させる必要はない、時間はあっても読書はしない。読書はしても低級な有害なものばかり読むのである。その段になるとアメリカ婦人は一頭地を抜（ぬ）いている。

（下）

浪費経済だって家計の貸方（かしかた）であるから男子の借方（かりかた）を平均しなくては貸借は成立しない。婦人は立派に半分の役目を果たしているのであるが金融の途は男子によって抑えられているから無産党の言い草のように寡頭金権亭主独裁の下に服従せねばならぬが、その実は国の財政は家庭に要約されているから主婦の消費を通じ大きな観察ができる。金解禁についていえばこれによって木綿とか絹ものとかセル地などの着物材料が下り木材関税が改められたら木製家具とか薪炭などが高くなり、日露漁業条約で魚介類が安くなり低温工業が発達して蔬菜までが時を定めずして手に入れられる。保護貿易で米や石油が高く、鉄鋼増税率で鍋釜や包丁が騰貴する。イギリスの主婦などは家庭を基礎として国政を論じる水電国でありながら電燈料の不当に高いのは滑川町の女房※1によって全国的に覚醒された。

今日（こんにち）では少数のものを除いては婦人運動に携わるべき便宜を持たない。家をあけて運動に画すことは反対派である男子の許可を求めなければならないほど経済的の弱者である。それを強いて集めようとすればそこに無理ができる。無理に押すとは婦徳を傷つけるとの抗議は男性からよりもむしろ同性の仲間から起こる。この調子では一足飛びを許されないから私どもの対男性水平運動は一枚づつ薄皮を剥（は）いで根気よく内職をせねばならぬ。

婦人運動より結婚運動が先決問題である。結婚の抜け駆け功名をあげるには、十分にお化粧を催淫薬として濫用し、ホルモンを外分泌せしめて男性に一種の謎をかけるのが必要である。経済的に独立できない女性は自全の策としては家庭に侵入するより外に途はない。一たび結婚して男性に喰いついたら底の底まで喰いさがっていくより良策はない。歌でも作って自活できるなら「無言の虐殺」でも置手紙して燕のように飛んでしまうこともできるが、それすら叶わぬ女は「無言の虐殺」ぐらいはお茶漬けにして飲みこんで平気で暮らさねばならぬ。

賢母良妻は家風という鋳型に恰好よくはまり込まねばならぬ。この家風というものは良人（おっと）と姑と小姑とによって作られた総合気分である。これに合わねば首が飛ぶ、首が飛ぶとは離縁になることである。離縁になったものは刑餘者である。刑餘者とは処女性を失った出戻りである。出戻りには免囚保護の恩恵もないから前科者として改心再婚の便宜を取りあげられる。いつまでたっても時効にかからぬから汚れた戸籍が死ぬまで付きまとう。

（中略）

離婚率を促進させるものにカフェーがある。いくら放蕩な夫でも少し教養のあるものは大門をくぐって遊廓に遊ぶことはいくらか世間体を顧慮するが、カフェーは目ぬきの市場に散在しているところに廃頽気分を浮動させる。ジャズの声がちょうど妻恋う鹿のように鹿とは反対に男性に呼びかける。結婚三年四年目から夫婦間に倦怠の情を催してくるからカクテルの危機はこの時である。カフェーに出兵するから剰余金を使い果たして家は貧乏する。貧乏は喧嘩の主因である。カフェーで訓練せられたものは猥談に巧みになり性話に厚かましくなり押（おし）が強くなる。特に有妻者は技巧に長じているから手当たり次第に異性を誘惑する。処女を口説くものは不良少年でなくして教育ある有妻者である。この方が不良少年よりも図々しい。女房一点張りに飽きた夫は妻に渡してあった愛を取り戻し、それを提（さ）げてカフェーを飲みまわる。家庭は妻にとって安全地帯ではない。

妙な法律がある、日本にある。夫がほかの婦人に関係したことがあったと仮定する。その女が子を産んだ、夫は自分の子でないと否認して私生児認知の裁判に負けてその子が入籍した。子を産んだことのない妻が突然、法律で一人の子を押しつけられて、否応なしにわが子として戸籍に登録される。驚くべき受難である。こんなことはたくさんあるが、話が長くなるから三千五百マイルを飛ばす。

汎太平洋婦人著作者会議が終わってから座談会を開いた。日本女で参加した私を除くほかはみな西洋婦人であった。彼女らは社会で優待されているから不平もあるまいと思ったが、大にある。不平というのは男性文明の罪悪という一定点に帰着するが、詳しくいえば……男性文明は機械を造った。鉄砲も水雷も飛行機も潜水艇も造ったが、しかしそれをすぐ戦争に使う。理化を研究したが毒瓦斯（どくがす）も殺人光線も人を殺す方面に用いる。人を押しのけて自ら幸福を独占しようとする掠奪主義がいけない。

何が贅沢だといっても軍事費のごときは贅沢を通り越

した有害な浪費である。男にばかり任せておけば政治の醜いこと、経済の下手なこと、富の分配の不公平なこと、生活の苦しいこと、失業者の増加すること、何という智恵のないことだ。いま男性の喧嘩心理を抹消して国境の守備を徹して移住の自由を認めたならば、まだ地球上には五億以上の人をゆっくり収容して理想郷を建てることができる、此まま押し切ったら戦争が必らず起こる。今度の戦争[※2]は潜水、瓦斯、毒液などのほかに軍機の秘密に属する残忍な隠し芸のある、とても恐ろしい戦争であろう。私たちは男性の行進する喧嘩列車のレールを外して脱線させねばならぬ……と、こんな不平である。

女は駄目か。然り(しかり)当分は駄目である。その原因は婦人の無智だ。皆さん人ごとではありません。

解説

1924年『女浪人行進曲』(婦人毎日新聞社)所収。

※1　1918年に富山県で始まったとされる米騒動のこと。

※2　兼子は『女浪人行進曲』刊行からおよそ2年後の1931年に死去するためそれを知らずに終わったが、結果的には第二次世界大戦ということになる。なお、兼子の死からまもなく「満州事変」が勃発した。

女浪人の男性抗議

内務省の調査では失業者が二十六万八千人、その中に無論、女浪人も交じっていることと安心していたが任意不就業者として除外されているのだった。任意不就業者とは職業がありながら勝手に働かない横着ものの中に女浪人が交じっているとは驚いた。女浪人は明朝に対する安定のない立派な失業者で男性専制社会からロックアウトされた光栄ある劣敗者だから、優先就業すべき特権がある。

どんな職業でも構わずに就職するなら女には失業者はあり得ない。下女の払底、女給の大募集、女工なら誘拐までして就職させてくれる。性業婦人に落伍するなら一人の堕落で五人の男が養われる。それにならないから任意不就業者気儘浪人とはねられるが、男性失業者でも主位を占める日傭労働者に屋根もりの修繕をたのんでも手伝いさんは却々出てこない。洋服の繕いをたのんでも容易にやってくれないとは日本の失業者もイギリス並に向上したものだ。男は煙草を喫い婦人を吸い、酒を飲み子供を呑み、地球の水気まで吸い尽さねば満足しない。勝負事と喧嘩と性欲と不道徳とカフェーとヂャズと、あらゆる頽廃なくしては生活はできないが、そのだん女は水とパンとさえあればそれでいいのである。男は残飯で飼える奴隷を求めるため結婚する。

奴隷でも結婚したものは幸福の中へ数えられる。香具師のような彼等は結婚する意志なくして誘惑するのである。資本家の裾に喰いさがっている人たちの未婚青年は多く貧乏である。餓死を覚悟の結婚は悲壮なもので馬鹿ものか蛮勇者のみ、よくこれを決行する。結婚三年にして倦怠を感じた男性は結婚を目的としない婦人誘拐を試みる。ラッシュアワーの電車に押されながら乗った美しい娘さんがある。先から腰かけている男性の本能過激の視線が一斉に投げられる。命がけで乗って身繕いもしない。

娘が多数男性の視線の尖端を行くのだ。それは処女の若さを嘆美するのではなくして誘惑の機をつかもうとする期待である。彼等の眼は残忍と狡猾とに光っている。細かく降りかかってくる不純な誘惑を払いのけて世に立とうとする職業婦人には非常な忍耐と勇気とを要する。売淫的結婚を拒否して途なき途を開拓して行く健気な職業婦人に向かって嘲笑の声を放つ。

公娼に飽き女給に飽いた男性の眼は職業婦人に転換された。あつかましい男性の要求が充たされない時には、これまで猫撫声で歓心を買っていた態度が一変して嵎(ぐう)を負うて咆哮(ほうこう)※1するのである。きまったように品行上の醜声を放つのだが、その醜声の出所は男性自身の体験によるのであって、品行が正しければ正しいほど多数の男性は拒否せられるから悪性は反比例に高まるのである。

ブルジョワ男性に隷属して栄養過多な贅沢な生活に満足を感じている有閑夫人は卑劣な男性に味方して職業に進出し経済的に自己を樹立しようとする職業婦人を排撃する。左右から板ばさみになって苦しみながら新生命を開いて行くところに新女性行進の一系列がある。

婚姻によって一身の安定を計ろうとするのは計画的恋愛であるが、神聖なるべき恋愛が処世術の一法として用いられることを女浪人は恥じる。野蛮な小島国では婦人が男性より多くの収入を得るところが多い。かようなところは母権制度になっているから男性が容姿を整えて婦人の歓心を買うのであるが、半開になると婦人が愛嬌を売ることによって求婚をなし男性に隷属して生活苦を切り抜けようとする。それが一だん進歩すると又逆転して男性が媚びをもって女性を釣ろうとする。釣り得られない時は美しい白魚をもってふぐの毒を持つと誣(し)いる。職業婦人は収入において乏しいにもかかわらず、女性のつつましさによって生活がだんだん理想に近づいてくる。しかるに男性の生活には何の改善進歩もないから二つの性の調子が合わない。彼女らは理解のない良人と向かい合って立つことはできない。職業婦人が増加すれば男性が却って虚栄と流行の奴隷となって上手に嘘をつくようになる。これは低い野蛮国と高い文明階級国とに起こる現象であるが、今日本でも男性が美容に苦心することは文明病の形態を備え始めたことである。あの頭髪を櫛(くしけ)づることの苦心、あの靴を磨くことの注意は女性のお株が男性に移動したことを表示する。こんなことは一々例証を挙げなくとも実例は手近にある。街頭に現れた社会世相は何人にも委(くわ)しい実図を展開してくれるであろうから、これ以上に筆を使うまいと思う。かような男性には良人として尊敬すべき何ものもない。空疎な人間に過ぎないから心ある女性はチックの香いに退却してしまう。この傾向は銀座から始まって道頓堀に波及し、ついに農村まで撫で廻した。

農村で胃の腑を充たすに足らぬ低廉な賃金と骨を削り皮を剥ぐ、過激な労働に耐えられない女性が都市へ出かける。そして狂人のように働き廻る。有閑夫人生活のこぼれを拾おうとしてもそんなものは落ちてはいない。俸給生活者のように団結して反抗することを知らないから、ただ黙々として家庭に引きさがる。行きどころのないものは女浪人の後について街頭にさまよう。

女浪人はレコメンデーションを持っているでもなくレフェレンスを頼るでもなく、こんな男性資本機構の下には就職すまいと決心したから、失業して後は参政権が女性に与えられる迄頼まれたって就職するものか。随(したが)って履歴書なんかは一生書くものかと思っていたが、洋行するに当って旅行免状をいただく時に二度も書かされた。光陰は女浪人の後から急き立てる。全国文化協会の講演行脚を済ませて、今年もアメリカへ行くについて又書かねばなるまい。履歴書なんかは浪人の威信にかかわると思ったが、考えてみれば下女奉公にも口頭の履歴書を要し女給になっても今年からは警視庁へ履歴書を取られる。浪人と乞食の履歴には光輝がない。

学校では賢母良妻の下地をつくってもらったが、学校を出て社会に立つと、そこには離婚を示唆する条件ばかりが転がっている。男女が協調して行ける道が塞がれている。女性と男性とが相異なった教育道徳の下に育てあげられるならば女性が男性の注文する通りに行動することはイムポシブルである。

利害相対立する時には婦人は個性を埋めることによってのみ主人に愛せられる。主人に愛せられる奴隷には個性がない。女性は男性を恥ずべき種族とみる。一国内に二種の民族が相軋(きし)り合っているのである。

浪人すれば弱いものに向かって相憐れみの念がこんこんとして湧く。虐げられた女性、恵まれない児童が視点に触れる。

この女浪人は天下の婦人らに代わって男性を罵り、天下の婦人らを代表して男性から罵りかえされる。毀誉褒貶が一身に集まったらいいが誉と褒とが抜けている。ゴシップの悪罵常習者なんかは眼中にないが、ゴシップの材料を提供してあげるだけでも男性から感謝してもらわねばならぬ。雑誌でも時々お眼にかかる青柳有美氏[※2]二十枚の長編で女性解放の道を説いたところ、条理一貫して北村兼子のひやかしだった。差当り北村兼子さん（九月十四日発行の米国リテラリー・ダイジェスト誌には北村兼子さんの肖像を掲げ Miss.Hanekko Kitamura ——北村はね子とあるが北米の雑誌記者も却々(なかなか)茶気があるわい）あたりに日本帝国の総理大臣になっていただきたいものだ。ベチャクチャ囀るのを主眼とする政治なんかという馬鹿々々しい仕事は全く大丈夫の為すべき事でないからね。実に以て女性に恰好なふさわしい事業でござるわいというのが青柳さんの結論であった。

これをみた女浪人は怒るであろう。浪人を怒らせて青柳さんと喧嘩させたら雑誌が売れるとページをあけて浪人の反駁を待ってくださる雑誌もあったが、この北村はね子は他にもゴシップに使われた。ドイツの新聞では北村かん子になっている。はんでもかんでも浪人は近ごろ大悟している。総理大臣とは身分が飛び離れて滑稽化している。狙いどころは女浪人の婦人運動を茶化するのであって、これは確かに命中しているが、喧嘩するには相手が余り多い。ただ本書を通じて青柳氏に妥協を申し送る。

女性の精勤な働きと低廉な賃金とに駆逐されて失業するような弱いもの、その名は男のインテリゲンチャたちは浪人の扶持に離れた責任を女浪人自身に負わせ、資本家の顔色をみてサラリーに生きている男らしくない人たちが、寄ってたかって浪人をいじめる残忍さ。これはサンデー毎日のいう通り、たしかに国辱ものだ。働かざれば食うべからずはわかっているが、食わずして働けと資本家の無理が向上して、やがては身に廻る因果の書留郵便の中には明日より出社に及ばずとやられて青くならないうちに浪人の相互保険会社でも建てたら勧誘員に採用してあげる資格はある。彼等は何時首になるか知れないプチ浪人であるかを自ら気付かない。首になってから尾を振っても縄をなうから泥棒待ての類である。

資本主義も主義としては賛成、社会主義も主義としては賛成、実行はどちらも賛成、主義としては先鋭化し、実行としては鋭角化する。色彩不鮮明なところが浪人の保護色かも知れない。鮮明であったら右して思想善導の露払いをして市外洞ヶ峠一六三六番地に文化住宅でも建てているようだし、左して無産運動のビラ撒きでもして検束の二、三度も経験しているだろう。原稿を書いても下手でおもしろくはないが発禁になるだけの刺激性はない。だから断髪もしきらない頭を載せて浪々しているのは、考えてみれば思い当たることがある。入学予備に動物学や植物学は学んだが人間学を学ぶことを忘れている。

資本家はインバネスの羽根の下に擁護してやろうとすれば、時々爪をたてて腋の下を引っ掻くこともある。婦人サロンのいうところによれば北村兼子は洋行費として某氏から二十万円をもらったとある。これだけあれば噂でも気強い。ありがたい。女浪人はいい商売で左傾しない理由がよめるというものだ。婦人運動には近代傾向として無産主義が付きまとうが女浪人は刑務所に入って参政運動を中断することを好まない。しからば根本的テーゼは何であるかといえば女浪人主義である。一律主義を排し個性を尊ぶところは浪人チシズムに似てはいるがちがったところもある。アイデアリズムを奉じているが、アイデアリズムが先方から逃げてしまう。あいまい模糊として問い詰められたら返答につまって赤い顔をしている。恥をかくことを恐れるような度胸のないことでは女浪人は務まらない。務まらなくとも馘首せられる心配もなく、一割天引に率先して反対した勇者が家賃三割引き下げに進んで尖端を行く勇者となったら、女性抑圧の加害者たる男性によって婦人が裁かれるのであるから、昭和の女佐倉宗五郎[※3]は裁判所の廷丁に直訴しようかと考えている。

男性文明の発展は、現代の日本を婦人全体の幸福と反対の方角に走らせようとする。シャイロックの築いた城砦は婦人の棲むべきところではない。極めて平凡な婦人の要求が社会の存立を脅威するか何ぞのように反対せられる。男性特権に少しでも触れたら、ひどい勢いではねかえされる。力の強いものと頭の優れたものとは力の弱いものと力の劣ったものとを支配するのは止むを得ないが、法律や制度が公平でない社会には狂暴な力をもったものと狡猾な頭とを持ったものが善良な社会人の上に立つ。善良なものは打ちひしがれ、平和な婦人は職業においても飢餓線に彷徨している。殺されもせず活きられもせず自然に腐朽するに任せられているような職業婦人は息のつまりそうな境遇に遺棄されて理解のない男性から嘲笑のつばを吐きかけられている。

だが女浪人には身分不相応な哲学がつきまとっている。それは人間はめったに餓死しないという鉄則である。自殺するものは多いが餓死するものはない。無官でニューヨークのブロードウェーをさ迷うている気持ち、仰いで歩くと上層建築が倒れかかってきそうに思うが、それは錯覚であって男性資本機構の地盤は地震国でも却々固い。叩けばかんかんと音をたてている。湿気のない道路に投げ出された女浪人は死にそうで死なないのが奇跡である。餓死することは食料を持たないで日本アルプスで路を迷った時くらいのことである。

日当をもらうでもなく、苦しい登山をして餓死するところまで進んで、それが誰からも頼まれたのではないとは、何と驚く犠牲ではないですか。賃銭の目的でもなく植物地理の知識もないものが、ただ足を疲らせて勝手に途を迷って死ぬ。何と驚くべきことではないですか。道楽もここまで登ったら転嫁は恐るるに足らぬ。その気持ちで誰からも依頼を受けない辛い婦人運動に立って、新しい意見を唱えたが最後、嫉視によって反逆者として大衆の圏外へほり出される。これが唯一の報酬である。男性はよくその急所を知っている。自由浪人を旧道徳の基準に当てて一番効果的なところの貞操問題で葬ってしまう。婦人にのみ急所である品行問題に向かって爆弾を投ずる手立は野球で鍛えてあるから確かに命中する。陰険なところ却々隅に置けない。さりとて真中には尚さら置けない。悪獣性をもっている。あれは婦人とは異なった種族である。種も証拠もないところにゴシップがある。種がなければ勝手に製造する。これは日本特有の貞操観であって、国産である。国産奨励もこんなところにまで徹底すれば金解禁の後始末も心配はない。

社会は男女両性の連帯責任である。女性は進もうとする。男性は道を開いて進ませようとする。そこにアメリカの進歩がある。日本の男性のように嫉妬と陰険とで婦人の進出を阻み婦人を道路に遺棄して勝手に走っているような男性には敬意を払う必要はない。

殊に健気にも自ら働こうとする職業婦人を商売敵のように思う狭量さは自ら顧みて男たることを恥じよ。

街頭に働く職業婦人の一歩ごとに誤解の足跡が印せられる。彼女らの後についている劣悪な男性は過酷な通行税を取り立てる。この税金を納め得られない婦人は悪罵嘲笑のもとに葬られてしまう。かくして彼女らが職業圏内に徘徊すること一年ならずして完膚なきまでに創痍をうけ反抗的に強い体組織を持たない婦人たちは鮮血にまみれて道路にのめされてしまう。一職業婦人がたたき出されたら男性は待っていたとばかりその空席を補填する。それがいやなら男性の前に叩頭して憐れみを乞わねばならぬが、その時に男性は傲然としていうであろう。

――あなたは降伏したなら賠償を支払わねばならぬ――

と。

とここにおいて賠償を支払わない女性は殺されてしまう。賠償を支払うとは貞操を提供することである。賠償を支払うと同時に彼女の運命は信託せられる。すべての希望は去ってしまう。

解説

1930年『新台湾行進曲』（婦人毎日新聞社台湾支局）所収。

※1　『孟子』「虎嵎を負う」より。虎が、山のくぼんだ隅を背にして、相手ににらみをきかすこと。
※2　ジャーナリスト。性愛に関する著作、評論が多く、著名な女性作家や活動家をしばしば揶揄した。
※3　江戸時代前期、下総国佐倉藩領の義民。重税に苦しむ農民のため、領主を飛び越して将軍に直訴をするという掟破りを決行し、処刑されたと伝わる。

日本の婦人に望む——北村兼子（1929年9月21日『読売新聞』婦人欄公開状）

婦人参政権の要求——といった言葉は、日本婦人に荒々しく響くかも知れないが、旧式な婦人が想像するように、無断で衆人稠座（しゅうじんちょうざ）の中へ飛び込んで、いきなり剣舞をするような無茶なものではない。

婦人運動ほど世間から誤解を受けているものはない、男性から誤解されるのは或は止むことを得ないが、同性仲間の旧型婦人からさえも、あばれ者のように指弾されるのは心外の到りではある、現に日本婦人の悪る固まりに旧道徳に固められている状態をみては、止むに止まれぬ私たちの運動がある。

私は今ベルリンの万国婦人参政権大会から帰って、日本の婦人たちに奮起を願いたいと思うのは決して洋行戻りの新知識を振り回す考えでも何でもない。ヨーロッパから故郷の日本を顧みた時は、どんなに悲惨に私たち同性の生活が眼に映るかを想像してもらいたい。

婦人参政権を獲得しても、焼いても喰べられず、床の飾りものにもならないものではあるが婦人に家庭を清くせねばならぬ、良人を助けねばならぬ、だから参政権が必要である。その反対に家庭を打ちこわし、子どもを川へ投げ込み、老人を山に捨てて顧みないという考えなら、参政権なんかを得て、身の煩累を増すことは詰まらないことである。

参政権を得た国の婦人はどんなことを考えているか、それは過激どころか極めて保守的のものである。男子として保守的な行動でも、これを婦人の口から唱えられると過激とみられるのは日本における不思議である。不思議とばかりでは済まされぬ私は日本婦人のために悲しむ。

今日の私たち婦人の位置は満足でないことは何人でも認めている、そこに婦人の生活の建てなおしを要するのである。世間に噂を立てられず、生きているのか死んでいるのか存在を人に知られない婦人は、女らしい女ではあろうが、それは現代の女ではない。

平和を唱えるものが危険思想であり、戦争を叫ぶものが愛国者であるということは婦人の諒解できないところである。婦人の平和論は過激思想に根をおろしているのではなくして、人類福祉のために戦争を忌避するのである。

ただ戦争はいやだという単純な平和愛好心から出発して、世界の婦人と手を握って男性の闘争心理を牽制しようとするこの心が、全日本の婦人から出てこないというのは何という残念なことであろう。私たちは戦争の萌芽を刈り取って、子孫に禍根を残してはならぬ。

婦人運動をもって婦人の権益を男子から奪うものとする人もあるが、これも誤解である。社会は男女両性の肩によってかつがれている、一方の弱いのは他方の苦しみである、婦人の力強くなるのは男性の幸いであり、子どもの幸いである。

日本の女性たちは早く奮起して早く社会の不道徳を掃除すべき役目がある。穏健な婦人運動は華やかではないが尊いものである、日本婦人は公共義務に向かって穏やかに動きを続けていただきたい。

売名時代？——西村喜美子（1929年9月27日『読売新聞』婦人欄公開状）

北村兼子先生の御文章——昔乍（なが）らの無知な私達女性は、啓発される所少なくないでしょう。これは感謝してよいものです。それだのに私は、敢て此一文を差上げます。微衷お察しの上、更に御高教賜われば幸甚です。

それは
「存在を人に知られない婦人は現代の女ではない」

との第六章目にあります。そして此一章に依って私は、兼子先生其人の全貌をも窺い得て、一種寂しさに覆われたのでございます。

売名時代？

斯う書く私自身、既に此渦中に巻き込まれている事は痛感します。

さあれ兼子先生の所謂「世間に噂立てられず」云々と、強いて名を売るべく、活躍致し度くはございません。

私は今、省線某駅の改札掛りを勤めている貧弱な一少女です。過日の本欄ではこれをしもあっ晴れ職業婦人の一員に引用されて、気焔を上げられていたようでしたが、そんな立派なものではないと思います。

私達切符売は、顔を見られる事に女優以上であっても、有名になる事は絶対にないでしょう。

私は無名の乙女でございますと同時に無知の非モガでもございます。兼子先生のように、常に仕事の第一線に立つ御方からは、不甲斐ない女と軽視される者でありますが。

何ぞ知らん、此無名の婦人の力よく回天の事業を成し遂げる原動力となる事を堅く信じて、人知れぬ努力を続けている者でございます。

　昔から英雄と仰がれ、豪傑と重んじられた人達は、すべて其母も偉かった事は常に知らされる所です。そんなら偉人を生んだ母は、果たして皆有名な女性であったでしょうか。

　ああ、無名時代！

　たとえ現今は売名時代であらうとも、私達女性には無名時代こそ望ましい。

　女性はどこまでも、家庭の花でありたい。

瞑想して——大橋ヨネ（1929年9月28日『読売新聞』婦人欄公開状）

叫ぶ叫ぶ、有りとあらゆる物が叫んでいる、教育の欠陥を、社会制度の改革を、婦選を——我が姉妹達よ、少しは有望なのですか、少しは好き方へと向かいつつありますか？

　甲高い叫び声が大きければ大きい程、人類は冷静を失うと云う事はご存じでしょう、静粛な厳粛な思索が破られる、そしてその結果は？

　北村兼子様の「婦人の生活の建直しを要する」との御考えには賛成。併し「世間に噂を立てられず、生きているのか、死んで居るのか、その存在を人に知られない婦人は、女らしい女ではあろうが現代の女ではない」との御言葉は御反省を願いたい。

　人に噂されて（お安い名誉心をくすぐられて）よい気持ちになり、世人に存在を認められて喜ぶ……そうした虚栄心のある間婦人の人格は向上もせぬ、深くもならぬ。婦人の生活の建て直し、そうだ生活意識の建て直しだ、生活を求めつつ生活している間、おそらく人類は下等なものだ。生活は方便である。生活の中に心理を見出さねばならぬ、生活それ自体は人類の理想ではないのだ。生活に包まれる自己をつかむ、そしてその自己を凝視するがいい、どう建て直すべきかがわかるだろう。

　内なるものをよそに、人は外にのみ安住を求めんとする。社会に立って男性と共に、否男性に負けずに働く事が、女性の向上と心得てる様な人のあるのが残念だ、社会へ、国家へ、世界へと目を向けるもよい、併しそこへ飛び出して一体どうしようと云うのか、無論私もそのままでよいと云う程無責任ではあり得ない。と云うて今直ぐのり出して、混沌とした社会を整頓すべきだと言う程あわてても居ない。

日本の女性は、もっともっと落ち着きがある筈だった、真に覚醒したのなら、前代の反動を受けた思想も行動もない筈「思索せよ内省せよ汝の使命を思え！」私は自らの心に深く瞑想してみる。而して感得した第一義的なる使命！それは社会へととび出す事ではない。

婦人運動も社会運動もみんな二次的なものだ、殆ど成人した人間を送り出した既製品（？）たる社会をどうかうしようとするは愚だ。

社会を、国家を、世界を理想的（あらゆる意味）なものにしたいのなら、否理想に近づけ様とならそこに送り出される所の第二の国民――私等の子女をして理想的なるものに――と教育すべきではないのか。教育は無論現代の学校にあるのではない。ベスタロッチの節の通り、教育は家庭教育に勝るものはないのだ。

個人個人が皆その子女をして人類の理想に近きものに――と教育するものならば……ここに目を向けたならば、必ず何十年、否何百年何千年の後には効果が現われる筈だ。余りに気が長すぎると云うのか？　自分の子女をすら理想的に教育出来もせぬ者が、一体何を叫び得るのか。何の運動を為し得るのか。

私は今、片田舎の娘ではあるが一職業婦人として社会に出て働いている、併しそれに一生を捧げることが第一義とは思わない、前述の意味において。矢張り私は時が来たら家庭に入るべきだと思う。そしてよき母として次の社会の建設の為め、子女の教育に全力を注ぐのだ。人の母の祈りは「どうぞ我子を善良ならしめ給え」とではなく「我子を善良ならしめん為めにとて、願わくば我自らを善良ならしめ給え」である。

婦人運動について――北村兼子（1929年10月2日『読売新聞』婦人欄公開状）

私の、日本婦人に贈る公開状を非難された西村さんは、自ら「非モガ」と名乗られるから、私も礼儀として「女浪人」と名乗りをあげます。非モガさんなら「女らしい女」であろうと思いますが、今日の婦人の生活状態に不満を感じられてはいないでしょうか。処女時代から夫人時代、母時代と時を重ねるに従って女性生涯のみじめさを感じられるにちがいない。きっと、きっと、きっと。

婦人運動に同情のない女性の到達すべき必然の結論と

して、「女性はどこまでも家庭の花でありたい」とおっしゃるが、その家庭の花が蕾を孕まないうちからもぎ取られ、泥の中に蹴散らされても、やはり家庭の花と咲きたいとおっしゃるのですか。

今日の教育、法律、道徳、家族制度の下でどうして美しく咲けるでしょうか、婦人問題は実世界の大問題で、その大問題が今私達同性に襲いかかっているのです。

そういう考えをもっていらっしゃるやさしい心事には敬意を表しますが、それは自己満足であって、公共心の責務に無関心といわねばなりません、一般の婦人の状態が気の毒とは思われませんか、しかしこれは意見の相違、この点については争いますまい。

婦人運動は男性に対する水平運動ですから、一人でも多くの同性の援護を受けねばなりません。にも拘わらず私の文が一人の叡智の職業婦人に向かって反感を与えたことは遺憾であります。私はこの機会に婦人の反省を乞いたいと思うことがあります。

前線に立つ同性を後から狙い打ちして、其仆れるが早いか葬ってしまう。婦人同志が相排撃し合うのは醜いもので、味方を倒す弾丸はいつも「売名」である。貴女も私に向かってこの飛び道具を向けられた。

男性から狙い打ちする急所は、「品行」で、同性からは「売名」である。女浪人なんかはそんな嫌な臭のする火薬の戦場を往来してきたから何ともないが、周囲のものはそうと思わない、誤解と闘争とはここから生じます。

引用せられた文句は「存在を人に知られない婦人は現代の女ではない」とありますが原文は「存在を知られないような婦人は女らしい女ではあるが現代の女ではない」とあったように記憶する（間ちがったら御免なさい）、がそれは題目が婦人運動であり又婦人運動者の希望からいえば、女らしい女として家庭に立籠っているよりは「今海外から押寄せている女権拡張の大勢に乗じて、婦人が一せいに立って運動に参加してもらいたかった」からです。それ以外に何も意味もないのです。その一章以外は文のかすです。

一段に余る公開状の中から、気に入らぬ一句を摘み出して同性を責めるより、全文について諒解していただきたいことを望みます。「有名になれ」といったような覚えもなければ、又そんなことを希望しないのです。枝葉の問題を棄てておいて、さて、貴女も私たちの運動を助けてください。

イギリスなどにおける婦人運動の猛烈だったことに比べては、私たちの婦人運動は運ばれるのでもなく動いているのでもない。これでは参政権獲得がおくれます。私たちの婦人運動は公開状にも述べたように、穏健かつ純真なもので決して過激主義のものではありません。家庭と両立しないような毒気を含んでいません。
私はいつもいうことながら、男性に挑戦しても女性同志は争わないという信条を持っています。もし近き将来に婦人運動の効果があって婦人に光明が訪れる時代があったら、今日のこの公開状を思い出してください。

解説

この4か月後に出版した『表皮は動く』（平凡社）に、「女性の団結力」と題して同様の主張をしている。――「婦人の演説には婦人の共鳴がなく、婦人の著書には婦人の読者がなく、婦人の候補者には婦人の投票者がない。それでいいものであろうか。婦人自ら侮って婦人の力をよわめる。その本論は女性の相排撃することにある。私たちは相助け合わねばならぬ。そして一の勢力をつくらねばならぬ。婦人の意見が婦人の支持を得ないようでは、いつまでたっても女権は伸長されない。私個人としては婦人運動の綱領中に反対の項目はある。けれども運動の歩調を乱すおそれのあるものに対しては沈黙を続けている。そして一致した意見を唱えている。女性同士が相うち合うのは卑しい嫉妬として、これを排斥せねばならぬ。私たちはお互いに味方であらねばならぬ」

4章

〈大大阪〉の資本主義と労働運動を描く

青狐赤狐雑狐

編集局の雑音の中からぬけて出て私は今大阪朝日の露台に立っている。

風が吹く、オオ寒い風が吹く。

街路樹を一ともみ揉んで枝に残った葉を掃(はら)って、破壊の勝利を誇り顔に、夜会に出掛ける自動車上の貴婦人の毛皮の温かそうな衿足を一廻り撫でて余った風が、浪花橋の下のコンクリートで寝ている無宿ものの破れた着物の繊維を透(とお)して吹込む。

今さきの東電に農林省が毛皮の競売をやったが臘虎(ラッコ)[※1]が予定価格より二割高で、二千八百五十円、青狐[※2]が百十円、赤狐が二十八円、雑狐(ざっこ)が十円で山積した全部が瞬く間に売れ尽くして役人たちは予定以上の成績を祝(しゅく)し合ったとある。贅沢抑制の政府が売出して勤倹奨励のお役人がセリ上げた結果である。

狐そのものは死んだあとの自己に値つけられていることは知らない、人間が勝手に青と赤との色の差によって三対一の評価をしているが狐の関係したことではない。狐にして見れば赤だからとて三等で旅行するわけではあるまい。

生きている間は林野に淋しい陰性の生活をしていたものが死んでから明るい華やかな社交界に珍重せられて、その骸(むくろ)が光彩を放つ、生きて人に怖がられ死んで女に可愛がられる。面白いヤツだ、人間世界では業平(なりひら)の死骸に惚(ラブ)する美人はない。

むこうに見える森の中に太閤さんの銅像[※3]がある。狐でいえば銀狐か青狐の格で、加藤、浅野、黒田[※4]といった連中が赤狐で、兵卒どもは雑狐である。風が吹く。銅像は寒かろう。脚もだるかろう。

河を隔てて裁判所[※5]がある。太閤さんはお経もおぼえず手癖も悪かった不良少年だから、今の時代であったら少年法で感化院に封じ込められてマッチ箱でもはっているはずだ。

今日の感化院の中にも太閤さんはいるかもしれない。神戸でたった五歳で五百円を掏った恐ろしいチンペラがあった。けれどもこれが太閤さんになろうというではない。

自分が泥棒出身でも関白となれば五右衛門を釜にブチ込んで当たり前である。ブチ込まれたものも石川や濱のなんとかと小唄をうたってあきらめている。泥棒でも銀狐と雑狐とは段がちがう。

現代の教育は衆愚線に歩調を揃えさせる主義であるから傑出したものは出ない。また出さない方針らしい。それはそうかもしれない、太閤さんが束になって大学を出て来た日には、えら過ぎて仕末が悪いから、馬鹿ものに躾ける骨折りに敬意を表すべきものだ。馬鹿ものを賢くするよりも賢いものを馬鹿にする方が気骨が折れよう。世の中は石ころを積んだようなもの、下ほど数が多くなくては崩れる。青狐はそう沢山あってはならぬ。

続々として学校を出てくるものは皆雑狐、世を挙って小商人、小役人となって、目さきの智恵にコセついて、人を野壺へはめて面白かろう。

枢相の穂積さん※6は大阪に総合大学を建てることを力説して大学は実社会に接触すべきことを高調した。産業の一部に学問が交渉を持ち、学問が商業化し、仙人がソロバンを弾き、学究が帳簿をつける。学問が実用化して野狐禅※7の宗教を生命保険や製薬会社に結びつけるもいい。序だからいう、唐の制度で枢密院とは日本参謀本部のことで、つまり敵をだますことの上手な人のいるところ、則ち軍事の枢機を掌るところだ。

それが日本では至尊の諮問機関府の名になっているから妙だ。支那人が聞いて穂積さんは元帥かというに無理はない。

研究が実用化し、学問が商品化して、せいぜい低級なものを揃えるがいい。小学から大学を出るまでは長期取引と思って済ますことだ。狐でも劫を経ねば房々とした銀色を呈せぬ。奏任官の制帽にはないが勅任から毛が生えている。野に生きている間は平等生活でも死んだら青い毛皮が君主独尊だ、中味はどうでもいい、外部だけの見かけで事が足りる。

無教育な父兄はせめて自分の子だけでも学問を授けてやろうと無理に工面しても学校へ送って、そんな家から意外の学者が出たり、ドン底生活から子が発奮して富豪になったり、日本はエレベーターが損じていないだけは嬉しい、英国のように生まれた時が身分の決定的のものとまで釘づけになっていない。雑狐でも失望はいらぬ。

下等社会の固定性、上流社会の恒久性、そんな宿命づけられたものがあっては人生の不幸だ。三代つづきの金持がなく、素手で進めるような路を開いてやらねばならぬ。大阪はこの意味において自由が利く。文官任用令の改正で東京でも流動性ができよう、赤狐も努力によって青狐に色あげができなければ不平が起こる。

国際会議でも世界連盟でも人類の福祉に立脚しないで国家といった人為の障壁に凝(こだ)わって駆け引きの騙しあいは何たることだ、雑狐どもさがれ。

政治家は体裁のいい迎合をいって、あすこの公会堂※8で、いつも衆愚に拍手される演説会を開くが、国民の聴きたいのは、化けている白でなくて、その本音である。コンとかクワイとか鳴いてみせなさい、もちろん賢いものなら鳴かなくとも鳴き声ぐらいは知っているはずだが、本当の狐なら化けても音声は出さぬというが、政治家は化けた上に雄弁をふるうところが違う。

狐をつまんだ男の話――悪いド狐の化ける野路(のみち)で美しい女に出会って、なれなれしく寄ってきて一緒に遊びに行こうということになり、うれしそうに承諾して、ちょっと天ぷらを取ってくるから向こうの橋の袂(たもと)で待っていてくれと女を待たせておいて、家にとってかえし、棍棒(こんぼう)さげてその橋へ来て見れば、だまされた女が退屈そうに待っているのを撲(なぐ)り殺した男、村人から悪い狐を退治してくれたと感謝せられ、その古狐の毛皮を高く売った一狐両得のお話、これは嘘かもしれない。

狐は賢いようだが人間は馬鹿なようだが事実に於いては狐の勢力範囲がだんだん狭められ、浪華繁昌記にあるような長堀や桃山の稲荷に霊狐(れいこ)の姿もなく、天満の地車(だんじり)狐の音絶えて、市庁を中心に三里のコンパス圏内には妖獣は駆逐せられてしまって、いろいろの伝説をもつ狐の姿は田舎でもだんだん見られなくなって、遠からず動物園と藤八拳(とうはちけん)※9にだけ残るくらいになろう。

現に拳の中の庄屋はなくなっているが、鉄砲だけがいつまでも残りそう、これは獣をうつためでなくして人間同志が打ち合うために、いよいよ改良せられて行くのだからなさけない。

同じ騙すにしても狸の大入道に対する狐の美婦人は手際が違って役者が一枚上だ。庄屋さえその権威を失うという妖獣の狐が騙すのはつまり催眠術を知っているのだというが、樺太あたりの養狐会社などで狐の生活状態を見て別に普通の獣類との相違点を発見せぬそうだ。狐のだます話は狐以上に狡猾なヤツがあって人をだます作り話であったかも知れない。

狐でも人間でも教育を施すことは信が基調となって、だましてはならないということが信条であらねばならぬ、しかるに今日の商取引でも法廷の弁論でも議会の討論でも「駆引」を要する、この駆引という言葉は「だます」という意味に肉薄している。度量衡違反、女の化粧、政党の政策、政見の発表、不正金融会社、魚釣り、動物の保護色、取引所の場立ち、囲碁、軍艦の色、案山子（かかし）、毛皮の密輸、密猟、活動のトリック等、くどいがこれ皆狐。

世の中に狐の眷属（けんぞく）は絶えても狐から授かった「だます術」だけは万物の霊長仲間に珍重せられて、殴り合い、言い合い、裁判、戦争と殺伐な方面に発展するが、それを絶やす方法が神さまでもできない。いやなことだ、考えてもゾッとする。

風が吹く、オオ寒い風が吹く。

毛皮につつまれている女、コンクリートに寝ている男、露台でつまらぬことを考えた私、ともにカゼを引いてはならぬ。どれ降りようか。

何か干支にちなんだものでも書こうと思ったが寅が狐になってしまった。まあ虎の威を借る狐とでもしておきましょうか。

解説

1926年『ひげ』（改善社）所収。兼子は、大阪の風俗を活写した軽妙なエッセイも数多く残した。本稿では、兼子の実家があった中之島周辺で親しまれた太閤さんこと豊臣秀吉や裁判所などをスケッチしながら、資本主義のひずみと学問の商品化、そして人間が闘争へと傾くさまを風刺している。本文に登場する穂積陳重の改正民法は、戸主権を強化するなど封建的な内容を含んでいた。当初のフランスに範をとった穏健な民法に対して、弟の穂積八束が「民法出でて忠孝亡ぶ」と発言したこともよく知られる。穂積は伊予宇和島藩の国学者の家に生まれ、渋沢栄一の長女と結婚して栄華を極めた。本文中にあるように勅任であった穂積と、出世した「雑狐」太閤秀吉とを対比しながら、前者を批判し、後者を皮肉りながらも愛着を見せる。女性ゆえに学位を得られずとも必死に法律を必死に学んだ兼子が、法曹界の重鎮に対して堂々と批判し、権力を相対視する姿勢がここでも貫かれている。

※1　当時は、捕獲・毛皮の製造販売を取り締まる法律「臘虎膃肭獣猟獲取締法（らっこおっとせいりょうかくとりしまりほう）」があった。1911年に締結した同法は、日本国内におけるラッコ（臘虎）・オットセイ（膃肭獣）の捕獲及び毛皮製品の製造販売について制限をもうけ、違反者に対して罰則を定めたもの。

※2　ホッキョクギツネの一変色型。冬毛は青みを帯びた光沢のある灰色になるため珍重された。対して赤狐は一般にイメージされる茶褐色の狐を指す。

※3　兼子の実家に近い中之島の豊国神社に建てられた豊臣秀吉の銅像のこと。第二次世界大戦中に金属供出された。神社は戦後、現在の大阪城公園内に移転し、2007年に新たな銅像が建てられた。
※4　秀吉の家臣である加藤清正、浅野長政、黒田孝高（官兵衛）。
※5　大阪地方裁判所。前を堂島川が流れる。
※6　穂積陳重（ほづみのぶしげ）。法学博士で、枢密院では議長などを歴任。1893年の民法・戸籍法を編纂した。
※7　禅宗に似せたまがいものの邪禅。
※8　兼子の実家に近い中之島公会堂。1925年10月、婦人参政権の請願を決議した第7回全関西婦人連合会代表者会がここで行われ、兼子は司会を務めている。本稿が収録された1作目の著作『ひげ』が刊行されたのはそのおよそ4か月後のことだった。
※9　吉原の幇間が考案したとされるお座敷遊び。身ぶりによって庄屋・狐・鉄砲の姿となり勝負を決める。狐拳、庄屋拳、藤八とも。

大阪及大阪人

大阪を開いた太閤さんのヤリ方は江戸ッ子式で江戸を開いた東照権現は贅六式で、スタートを切った時には、こんな道へ出る筈はなかったのであろう。

それで太閤さんは中之島公園で東向いて欠伸をかみ殺していらっしゃる。その前の難波橋で四頭の獅子が尻合わせに居眠っている。

雪のないところ、花のないところ、月のないところ、月はあるにはあるが、こう煙がヒドくては。

ベニスの水郷、そこは糞尿の流れるところ、否、流れもあえず淀んでいるところ、その汚い水で釣るところ、釣ったドロ臭い魚を食うところ、コレラになるところ、防疫吏の忙しいところ、桃山病院に病床の不足するところ、火葬場の遠いところ。

ビルヂング到るところに建って、飛び飛びに洋行した感じがある、官報の告示で大阪の人口二百十三万二千六百人とある、その端数の二千六百人が新にできた大阪ビルヂングに巣喰って丸ビルより一割狭い、だけどいばっているものあり、そのだけが気に喰わぬと憤慨するものあり。

樹木が煤煙で枯れる、よって庭園がない、よって息がつまる、よって痰を吐きちらす、よって肺癆科の医者が多い。自動車の数では東京に負けるが、憚んながら死亡率ではヒケは取らねえ。

青は藍より出でて藍より青く、牡蠣は広島から来て広島で喰うより易い、鱧のつけ焼きは京都に比べて味は劣るが。

潮地方局長から冷やかされた通り一望千里五穀豊穣の農村を包容して、大大阪市中に小作争議が起こったら、何が東洋のマンチェスターだ、三多摩を大東京に加えたら市中に野猿が啼く……それよりマシか。

ノッペリした顔、ネッチリした態度、ゾベリとした着もの、ネチネチした談話、ベタベタした化粧、総てにおいて要領を得ないように見えて割合に実行力に富んでいる、市会でも議論が少なくて妥協ばかりだが、社会施設も可なりに出来て市政も割合に腐敗していない、砂利も食わない、見かけによらない。

電車のコミ合う街、いのちがけで飛び乗る人幸福な人、乗れない人気の毒な人、ツリ革にブラさがる人結構な人、腰かけている人天国へ行った人、車外へハミ出してブラ下がる人地獄のぞき情実によって線路がヘシ曲がって、脚許のグラ就く人、足をふむ人、ベラ棒めの人、喧嘩を吹く人、ウヤムヤに終わって降りて行く人。

支那のボイコットの一番コタえる都市、関税会議が気にかかる都市、日貨抵制でポコペンの都市、鮮人労働者に脅威せられる都市、太閤さんは朝鮮征伐、大阪人は朝鮮から征伐せられる。

山村流の舞はやさしいがカッポレはペケ、義太夫の咽(のど)では都都逸(どどいつ)の声が出ない。

瓦斯会社がほじくる、土木課がなおす、電気局がほる、土木課がなおす、電気局がほる、なおす、水道課、なおす、下水道、なおす、掘る、なおす、三度に一度はチト気をつけてくれ、道が歩けるか。

雨には泥道から鰌もすくえそう、エッサッサと歩くこともできない、晴れてはコールタールが湧いて木煉瓦が浮いた浮いた。

道路拡張で不当辺三角形の家、五角七角九角と多角形の家、ダイヤの家、中には間口七間、奥行半間というのがある。

蔵相の西下を迎えてご高説を拝聴する機関には商業会議所と銀行集会所とがある。

粗製なら名物の一つ、両端にシンがあって中間は木ばかりの鉛筆、石入りの白墨、穴のないボタン、糸の通らぬ針、ヂキ腐るインキ、発火せざる燐寸(マッチ)——これが真正の安全燐寸。

大阪タクシーの強敵として円タクが現れ、その下をくぐる半助タクも近くできるそう、その次にボロタク株式会社、ガタタク合資会社も目論見書制作中と聞く、不正メートル会社もできてプレミアムが付こう。

心ブラ党たるもの銀ブラに恐るる勿(なか)れ、銀座の賃貸価格が坪一円四十銭に対する心斎橋のそれは一円七十七銭だもの、踏む土の値段から考えても資格が一枚上だ。

多いもの仏教（少ないもの基督教）、芸者よりも娼妓が多く、労働者多くて（学者少ない）、高いもの天王寺の塔、安いもの取引所株、巾(はば)の利くのは絹糸より綿糸、もてるものは官吏、意張りたい人は大阪で知事になれ、大臣となったら大阪の歓迎会に臨むがいい、次官でもいい。

公園の昼は不良児の跳梁するところ、夜は盗賊の集合するところ、時を選まぬ変態性欲者のうろつくところ。

関東煮（かんとうだき）が流行って、蒟蒻（こんにゃく）や芋や蛸という女の好くはずのものを筋肉労働者が好んで食うのが不思議、浪速の芦（あし）に不景気の葉ずれの音たつようになっては、それさえ売れない、米高うして人瘠（や）せたりは天高うして馬肥えたりの誤植。

巡査は鹿児島高知より林檎は北海道青森より娼妓は和歌山徳島より、女工は中国より、学生は九州より下女は山陰より小僧は江州と加賀より学者は東京より、入口はコミ合います、奥へ順々におつめ合わせを願います。

解説

1926年『ひげ』（改善社）所収。「大大阪」繁栄の影の部分として、都市の環境汚染や感染症などについて活写している。1887〜1900年頃にかけて大阪では工業化が進み、大小さまざまな工場が急増。とくに大阪市域は煙突が林立して煤煙による大気汚染が深刻化した。人口も急激に増えたため、河川は汚濁し、コレラや赤痢などが流行した。こうしたなか、1887年に臨時の避難病院として設立され、1896年に常設となったのが、文中にある桃山病院である。常設となった頃にはペストが流行していた。

また、「芸者よりも娼妓が多く」とあるように、内務省警保局の調査によると1929年時点で大阪の遊客数が東京を抜いてトップだった。横田冬彦によれば、1910〜20年代の都市部では「大衆買春社会」が出現したとされ、議会では公娼廃止案が審議されるも選挙区に遊郭を擁する議員らが反対していた。「大衆買春社会」というだけあって、遊客とは工場労働者や中小自営業者など、ごく一般的な男性であったことが「遊客名簿」からわかっている。兼子は、大大阪の実態をつぶさに観察・分析しながら、社会の諸相を醒めた目で描いていたのである。

大阪あれこれ（抄録）

この狭いところで二百何万の人が生活していけるのが七不思議の一つ、あとの六つは？　そう数学で責めな。

＊

起伏のない土地、男は遊郭、女はお芝居、それ以外に市内に行楽なし。郊外電車の狙いどころ。

＊

その筋とやらに教員のブラックリストがあるよし、教育にも岡引（おかっぴき）政策。

＊

日給の安い職工を使うのが資本搾取主義、高い労働者に能率をあげさせるのがアメリカ式新資本主義。

＊

豊太閤の偉大さに感化せられた市民は、今では金力の偉大さに降伏している。

＊

移民を送る辞、漬物と畳とを思い切れ。

＊

ブラジル行き流行、コーヒ栽培、ウエートレスが一ぱいであろうと思って。

＊

この不景気は目もあてられぬ。今年は寅であるから財界が回復して景気がいいと預言した人、至急に住所を知らせてくれ。

＊

街路で電車と自動車との間を縫って、児童が遊んでいる。遊ぶにも技巧を要する。

＊

ビルディングの基礎工事に壺を掘り出した。中には小判か、堕胎児の死体か。

＊

猪飼野付近、新建ちで家がわからぬ、道をたずねたら、日本語わからないという、これも鮮人。

＊

往来で美人が立ちどまる、帯から道具を出してお化粧が始まる、煤煙が鼻に落ちた。

＊

大阪府から公娼制度に対する答申意見はどんなものであったか秘密だが、市会議員のうちに市営にしたいものはないか。

＊

飛田遊郭の横手で廃娼演説、公娼攻撃に拍手感激した女、それは商売敵の私娼連であった。

＊

自殺が多い。女の自殺が多い。愛一筋の身の上、糸が切れたら生命(いのち)の切れ目。

＊

密航者が築港でつかまった、原則として人間は何処へでも行ける、それを行かさないようにしておいて、密航とは不都合だ。

＊

水道に菌がいる。いない。水かけ論。

＊

商品の飾りかたは女を万引きさせる程度まで進歩し、女給の挑発は青年をして暴行せしめる程度まで発達。

＊

青年に誘惑せられた娘、事情を聞いて見れば、どちらが積極的であったか分からなかった。婦人も自覚し始めた。

＊

景気はいつ来るかと、商品を並べて嘆息、日本人は勤倹中毒にかかった。

＊

実業家の成功談、間違いだらけ、嘘だらけ、太閤記を読んでいるよう。

＊

大阪で製造する無マークのブラシとメリヤスとは英国製となって支那とアメリカとへ行く。

＊

水洗便所が出来ても平気で魚釣り、水郷の歌を歌いながら水をのぞいて見ると、ボーフラが逆転横転。

＊

金に餓えてウロついている人を見れば、野に行き倒れている方がラクではないかと考えさせられる。

＊

汚い家から盛装の令嬢、それは女給。立派な家から汚い老爺、それは高歩貸。

＊

丁稚の昼寝するところ、図書館。泥棒の落合うところ、公園。

＊

金に渇した二百万の市民、苦と楽との中間をうろつく。

＊

会社は労働組合のタテ断を認め、職工は幹部のヨコ着を恐れる。

＊

約束の時間を正確に守るような不心得ものは、早く大坂を退去せよ。

＊

市の教育令、男教員は常に女教員と相当の間隔を取るべし。電車のように……。学務委員の宴会には女教員にお酌を命ずることなかれ。

＊

石炭の寿命が、もうお迎えが来ているのに、惜しげもなく煤煙を上空に漲らす大阪人の腹の太さよ。

＊

アメリカでドイツと玩具、埃及（エジプト）でフランスと貝釦、支那でイギリスと綿糸の取り組みこの角力、大阪関に三人ぬきの力あるか。残った残った。売れ残った。

＊

新社会が出来たら遊んで暮らせると思い込んでいる労働者あり、お祖師さまのマルクスも驚いた。

＊

貧乏人は人にあらず、金すなわち人なり。

＊

正々堂々の金もうけは旧式、油断を見てかっぱらうことが流行。

＊

運動流行で女学生の体格（からだ）が強くなった、未来の良妻、夫婦喧嘩に間に合う。

＊

感心なようだが、こちらからも馬鹿にしてでたらめの届をする、それによって暇つぶし統計を作る。

＊

公娼を廃止して私娼区域を定めて検黴（けんばい）をする、それが公娼制度に比べて進歩したのか。

＊

図書館からマルサスの人口論とサンガーの制限論とを同時に借り出した女学生があった。

＊

売春の増加は生活難よりも就職難よりも他に原因がある。青春の寂寥を慰める相手を異性に求める点。処女の趣味を高尚なところに導くのが匡救策。

解説

1926年『恋の潜航』（改善社）収録。大阪の都市風俗を現在のSNSのように短文で描きながら、経済や文化、女性をとりまく世相を鮮やかに伝えている。

「移民」「ブラジル行き」とあるのは、当時の海外移民政策を指す。日本は明治維新以後、移民を海外に送り出し続けた移民大国であった。行先は南北アメリカ、中国大陸、フィリピン、南洋諸島などで、多くは国策として送り出され、前半で行く先では貧困や排日運動などさまざまなひずみを生じた。兼子はこうした問題についてしばしば書いている。海外移民政策は、幕末維新期に政治活動にかかわった人々が唱えた「海外雄飛論」にはじまるが、兼子が書いたこの時代には、人口過剰という社会認識があった。日本の人口は近代化により増え続け、1920年代末には6000万を超えていた。都市化の進行とともに国内市場は財閥支配と地主制によって狭まっていったが、国は人口過剰の根本原因に手をつけないまま帝国主義にもとづく移民政策を後押ししていたのである。移民を募集する際は現実の厳しさは覆い隠しつつ甘い夢をまぶした宣伝が行われ、移住したら世話をしないというケースも少なくなかった。こうした流れはやがて、想像を絶する惨状を生み出す「満州」移民につながった。「満州」移民は敗戦間近の1945年8月まで続けられ、移民先で生じた諸問題は戦後も長く尾を引いた。

「堕胎児の死体」とあるのも、大大阪の抱える深刻な問題であった。刑法を専門的に学んだ兼子は堕胎罪を問題視していたことはほかの著作からも明らかだが、その視点がここにも出ている。なお、大正期の大阪では、乳児の4人に1人が1歳の誕生日を迎える前に死亡するというほど事態は深刻化していた。紡績女工の多い大阪では母体の健康改善が大きな課題となっており、国内乳幼児死亡率は1918年、とくに大阪で最悪の状態を記録し、1920年代には各地で改善策が図られていく。医療の拡充はもちろんのこと、乳児院や保健婦派遣など公衆衛生の改善、母親の労働環境の改善、賃金上昇など複合的な要因によって一定の成果を見せていった。なお、1920年頃の大阪市で乳児死亡率が高かった地域では、成育環境の悪さとともに異常分娩の多さが目立っていた。一方で、一部の男性労働者の賃金は向上し、結婚をすれば夫の収入のみで生活が維持できることから主婦も増えた。こうした地域・生活環境・所得水準の格差も、この「大阪あれこれ」は見事にとらえている。

婦人の力による小作争議の解決

鳥取県岩美郡小田村に昨年来起こっている小作争議を今回同村婦人会勝山あき子夫人の斡旋により根本的に解決し和解書を交換、めでたく手打となったので四月二十三日午前十一時に同村小学校高野文教場で地主、小作人双方より神式によって和解奉告を行なうが、婦人会が率先して小作争議の調停をなしたことは全国でも始めてであろう。

これは瑣事ではない、婦人界に取って、重大な出来事であります。これまで小作争議、または労働争議に於いて女を参加させなかったことは大きな誤りであったのです。争議はただちに家事経済に響くものであるから女の利害関係は重大であって、婦人等はこれに対して最も強き発言権を持つべきはずなのでございます。

これまでと雖も婦人の意旨は男性を通じて争議に現れていたに相違ありません。しかしそれは消極的のものに過ぎない。争議を起こすにしてもまた和解をするにしても主婦の意向を徴すべき性質のものであって、事を始めるには耐久力の強弱から、事を収めるにも条件の可否は必ず家庭経済を第一の考慮に入れなければならない事がらであります。無産階級にあっては尚更ら必要な条件であります。しかるに冷静なる主婦の理解を得ないで漫然として一時の反抗熱に駆られて資本主にぶっつかり家庭の窮迫から裏切り者を出してついに全体の企てを崩壊させた例は無数であります。

これは婦人の権利というような純理論から見たばかりではなくして実際論からいっても主婦を理解せしめるということは一家の強味であって、争議団全体の、鞏固を形造るものでございます。しかるにこれまでの争議にはただ男子ばかりの意見で婦人はこれに引きづられてついて行ったに過ぎませんから、参謀本部の計画通りで大蔵省は関係しないというような不一致を暴露して居ります。それで総動員といえるでしょうか。

小作争議はだんだん深刻味を加えて進みます。争議によって苦しむものは男子よりも消費経済を掌っている婦人にあります。これまで婦人の活動といえば、子を背負って地主の家に張りこんだ位に過ぎなかったのですが、それでは根底のあり真剣味のある争議ということは出来ません。一方には農民労働党の組織によって、他方には地主協会が起こって対峙の形となったのは当然のことでございますが、世論は小作の方に与（くみ）して地主の方を冷視しているようです。どちらも理由がありどちらにも苦痛があるのに、こんなに同情に片手落ちのあるのは要するに筋肉を働かせるものと懐手しているものとに対する感情の相違から来て居るようです。

争議に於いて小作人の取った方法や動機や不純な分子が交じっていることがあり時としては容認しにくいと思われる条件もあって、権利の主張は何ものをも害しないという私有財産制の誤った根拠を固執している地主に取っては堪えがたい脅威と感じている点もあり、双方を比較して見れば苦痛の度は小作よりも寧（むし）ろ地主の方にきついかも知れないが、徒食を天から賜った特権のように思い込んでいる地主に取っては幻滅の外はありません、五十年前に武士（さむらい）階級が破壊せられた精神が五十年後の今日に徒食者の崩壊を促しています。しかも中心勢力を作っている地主を仆（たお）すことは農村の大革命破壊でありますから、これは深く考えて見なければなりません。

働かざるものは食うべからずとは共産主義者によって唱えられる危険標語のように聞こえますが、何も共産主義者でなくとも働くことを不可とするものはないはずであります。特に日本のような食料に不足して天恵の乏しい国では尚更らの事であります。争議について双方の言い分が五分五分として、さてどちらに譲歩の余裕ありやといえば深く考案することなしに「地主に方あり」と思わしめる。更に一歩を進めて働いても食べて行けないとなったら大衆に向かって生活を要求する権利が発生することになって、そこに小作の叫びは力強くこたえるのでございます。

そこへ持っていって農村振興の施設が大衆を基調としないで少数の地主に迎合して作られますから小作の胸に響きません。たとえば農会の運動によって出来る関税の保護でも、米価を釣上げて農村を潤そうとするが、もともと小作人は米が高くなっても売るべき米を持ちませんから、消費者の立場から物価高に苦しめられる結果を招きます。こんな食料政策の根本義に背いた方法は農村を疲弊させる外に効果がないことは主婦に聞いて見ればギキに分ることであります。

最近の一現象として埼玉県で、ある豪農が小作争議に苦しめられ、返還せられた十五町の田地を二十五人の鮮人を雇って作らせることになったという。これも重大な事がらで、何でもないことと看過してはならない。一方に地主が自己の便宜のために低廉な労力を移入して土地の荒廃を防ぐということは至当であって、他から干渉すべき筋合のものではないが、寧ろ奨励すべきこともありますが、これが一般に行われるとなったら日本の農村はここに大崩壊を呈するであろう。人口問題の苦しき叫びは商工立国となって高調せられているが、伝統的農業国を立直すことは容易なことではない、当分は農村が国家を培養するものとせば、小作問題は重要な案件であって、労資とともに疲れている。農民は今妥協の方法に尽きている、この際に婦人団体が立って冷静な立場から発言することは至当の権利でありまた実際の利益である。

これまでは争議を調停するものといえば官吏か又は遊食の人であったが、今婦人が立って潤いのある方法によって解決を告げたという報道は、ただこれを一地方の出来事として看過ごすには余り勿体ないと思われる、全国の婦人たちは鳥取県の婦人会に嘆美の声を惜しむものではあるまいと思います。

解説

1927年『怪貞操』(改善社) 所収。

大阪には紡績工場が多かったことから多くの女性が農村から職を求めて移住してきた。大正デモクラシーの波により、各地で労働運動がさかんになり、米騒動に明らかなように、そこには女性たちも多く参加していた。1920年代には各団体に婦人部ができるなどして動きは農村へも至った。大阪では各種労働運動と婦人運動との結びつきもさかんであり、情報交換もなされた。

第一次大戦後の好景気と米価の急騰などにより地主や中農の収入は増え、「地主経営はもうかる仕事」といったイメージが定着、新たな寄生地主も増えていた。こうした好景気の恩恵を受けにくかった小作農は、米を作りながら自らは米を買わねばならないという有様におちいっていた。この不条理が小作農を米騒動へ向かわせ、争議へと発展していったのである。文中に「これまでは争議を調停するものといえば官吏か又は遊食の人であった」とあるように、女性がその仲立ちを務めたのも、時代の潮流であった。

◉エッセイ

大阪フェミニスト群像①

大阪の若い女性たちを騒がせた日本画家・島成園

macca

兼子の躍動した時代、大阪には島成園という画家がいた。

成園（本名：諏訪成榮）は、菊栄の2歳下、兼子より11歳上。1892年、大茶屋の娘だった母、画工の父、日本画家の兄のもと、大阪府堺市に生まれた。20歳で地元の芸妓を描いた《宗右衛門町の夕》で文展初入選を果たし、少女たちに衝撃を与えた。東京や京都の男性画家が多数を占める画壇で、大阪から若い女性が入選したことは異色だった。

当時、女性が嫁入り前の習い事として絵を学ぶことは一般的だったが、画業で成功することは難しかった。しかし、少ないながらも成園の前には、南画家の河邊青蘭や、女性として日本画家の道を切り開いた上村松園、社交界の花でもあった池田蕉園らがいた。たて続けに入選し人気画家となった成園は京都の松園、東京の蕉園と並び「三都三園」と称された。

読書家でもあった成園は、泉鏡花や、ドフトエフスキーなどのロシア文学を愛読し、インタビューで自らを「目覚めた女」と話したこともあった。成園と同じく堺市出身で女性の官能を詠った与謝野晶子や1911年に発表された『青鞜』も、新しい表現を求める成園に刺激を与えたことだろう。大阪の文化や芸術は、成園のインスピレーションの源だった。女性画家たちと井原西鶴研究会を作り、1916年、24歳で『好色一代女』をテーマに岡本更園、木谷千種、松本華羊とともに「女四人の会」の第一回展を開いた。若い女性による女性主体の性愛表現は大変な話題となったが、画壇の有力者に相談なく行われたことが、生意気だとバッシングの対象にもなった。

成園の挑戦はそれに止まらない。26歳で発表した《無題》では、描きかけの絵の前に座る自らを、顔の右半面にアザのある姿で描いた。成園は絵の中から、「美人画」を期待して見られることを拒否するような、醒めた視線をこちらに投げかける。それまで長い間「見られる」存在であった女性が、日本美術でほとんど表されたことのなかった自画像を描いたのだった。成園の才能は「女性にふさわしい」とされる主題を軽々と飛び越えていった。作品は賛否を浴びる。新聞では「無題」であることを「卑怯千万」と嘲笑され、《無題》のイラストに「養子婿タル男ヲ求ム」と書かれ揶揄された。大阪画壇のリーダー北野恒富と愛人関係にあり、彼が描いたものだとの誹りも受けた。知名度が上がるにつれ、恋愛ゴシップに悩まされることが増えていった。

『大阪日日新聞』（1918年6月12日付）に掲載された、《無題》を揶揄するイラスト。成園の自画像の左に「一．年齢二十七歳　一．月収三百円以上アリ　一．本人には痣ナシ　右之女に養子婿タル男ヲ求ム」と書かれている。イラストの横には、成園が婿養子をとる「広告」とするために自画像に敢えて痣を描いたのだろうとする男同士の会話が、キャプションとして付されている。男性が多くを占める当時の画壇では、こうしたセクハラが公然とまかりとおっていた。

成園は画家としての人生のほとんどを大阪で過ごした。意欲的に公募に出品し、新聞や雑誌で表紙絵や挿絵を描き、自らの画塾をもち直接後進の育成もした。関西の女性画家の組織づくりを夢見た。

画家として自立した生活を送ることを決めていた成園だったが、死期の迫った父が強引に決めた縁談を断ることができなかった。28歳で結納を交わし、横浜正金銀行員であった夫、森本豊治郎と同居を始める。それはスランプの始まりでもあった。32歳の成園は、髪が乱れ目にくまができ、結婚生活に疲れたような表情の《自画像》を、才気溢れる見事な筆致で描いた。しかし、夫について日本や中国各地を転々とする生活の中で体調を崩し、家にこもりがちになっていった。

１９３７年、豊治郎の転勤による小樽への移住を前に、成園は大毎美術に『さよなら大阪』という文章を寄せた。同じ紙面で、生田花朝は「大阪の私たち女の作家は、まづ島さんの崛起によつて立ち上つたやうなもの（中略）『宗右エ門町の夕』こそは、全く島さんの華々しい画壇への首途でありまた私たちへの発奮の先駆（中略）実さい大阪の女流画家で、直接なり間接なりに、島さんの影のかからない人はない」と語った。「女四人の会」の同志であり八千草会で女性画家を多く育てた木谷千種も『才能は北へ』という文を寄せ、成園との別れを惜しんだ。きっと多くの女性たちが同じ気持ちでいたことだろう。

成園が、愛する大阪へようやく戻ることができたのは、敗戦後の１９４６年、54歳のときだった。弟子や画家間たちの励ましを受け制作を再開し、78歳で亡くなるまで大阪を離れることはなかった。遺された成園の作品たちは、成園死後、養女となった弟子・岡本成薫（森本美津子）によって大阪市立美術館に寄贈された。

花朝に衝撃を与えた《宗右衛門町の夕》は、行方不明になり今は見ることはできない。しかし、残された作品と文章から、成園自身の才能の煌めき

大阪市北区中之島３丁目には北村兼子の記念パネルが設置されている。兼子の実家と一体となった大阪洋服学校があり、母・勝野が経営していた。勝野は居留地の外国人に洋裁を習い、自身の学校では当初男性服の仕立て人を養成、のち女子見習い生も募集したという。一方、成園は大阪市中央区島之内２丁目に、13歳のときに家族で転居している。兼子の自宅から徒歩圏内にあり、周辺には兼子の「心斎橋ブラ」のエッセイによく登場するミナミの繁華街が広がる。成園の父・兄が絵看板を描いた弁天座もあった。

に触れることができる。《無題》の前に立つ時、成園は、まるでついさっきまでそこにいたかのような新鮮さで私たちの前に現れる。

明治から昭和にかけての大阪で、成園と兼子は学び、おしゃれをして、芝居小屋に通い、自立しようともがき、本を読み、雑誌や新聞を賑わした。兼子はきっと成園の父や兄の描いた弁天座の絵看板を目にし、成園が表紙絵を飾った雑誌を手にしただろう。成園も兼子の論文を読んでいたかもしれない。今となってはお互いについてどう思っていたのか聞くことはできないけれど、二人が行き交った道頓堀を想像してみると、胸が躍りませんか。

5章

セクシュアル・リプロダクティブ・ヘルス／ライツを語る

公娼をどうする

新聞記者となった余徳で難波病院や遊郭へ行ったことが多いために女として割合に花柳界の事情に通じている私は公娼制度に横槍を入れる光栄を有する。

婦人団体が廃娼を叫ぶと、女郎屋のおっさん達も大会を開いて気勢を挙げる、一方は神の心、一方は獣の心、どちらも人間の生活に触れていない、理屈をいったり形式をいぢくったりするのは運動の拙(へた)なもの、婦人運動はいつでもこの手で失敗して、そして自ら気づかない、廃娼運動にもう理屈をいう必要はない、こちらが道理を説けば相手も手製の道理で対抗する。

現在が十八歳、それを廿(にじゅう)一に引上げようとすれば、十六にしろと、どれにも理屈がつけられて、うるさいことである、風壊業者はコッソリとしているところに同情がある、白昼大ビラにやる商売でない、まして公会堂で大会を開くなんか、腰巻きをカーテンに代用して窓に吊るすようなもの。

私は廃娼論者ではない、売春婦を絶滅させるだけの法案を考えてから廃娼論者の驥尾(きび)につきたい※1、しかし文化につれて私娼の増加して行くことだけは確かである、それは誘客に於いては、公然として正札つきで売出している品物よりも、怪しい旧家から応挙や雪舟の真筆を捜して出そうとする書画天狗の態度で、贋物がつかまされることではあろうが公娼より私娼を喜ぶようになるのは世界の売淫史がよく証明するところで、文明人の心理はそういうところに流れて行く、また娼婦自身にしても公娼で運上を取られるよりは自由営業の方が有利である、だから理屈抜きに公娼から私娼へと大勢が推移して行く。

官憲がこの大勢を利用して解決すれば、公娼の廃止若くは制限は何でもないことである。廃娼論者の叫ぶのは今が叫び時である。

しかしそれと同時に西洋の大都市に於けるように或る程度までは私娼の徘徊を認めなければならない。どちらがいいか、そんな野暮はいわないが、このまま棄てて置いても私娼が公娼に勝って暗(やみ)に咲く毒草が、いやな黴菌(ばいきん)をバラ撒くことであろう、女郎屋のおっさんの論ずるように。

どちらの主張が通っても、われわれは光栄を感ぜぬところが情けない、獣の心はイヤ神の心は勿体な過ぎる、もっと人間味に即した方法はないものかしら。

解説

1926年『恋の潜航』（改善社）所収。

兼子の遊郭に関する主張は、「婦人問題を鷲掴みにして」（41頁）、「婦人運動の体系—参政権が本社の神体　禁酒、廃娼は末社」（46頁）にも掲載したが、本稿はその翌年に書かれたものである。1925年の男子普通選挙法成立を受けて、同年10月には第7回全関西婦人連合会代表者会が中之島中央公会堂で開かれ、同連合会の女性団体から330人以上が参加した。同会では、立法権をもっとも急務とする兼子の主張が大勢を占め、「衆議院選挙法第五条より『タル男子』を削除せらるべく本会名により来るべき通常議会に請願すること」が決議されている。

関西でも、林歌子による矯風会大阪支部が廃娼運動を展開してきたが、兼子は参政権と立法権の獲得によって人間としての権利と解放を求めることが先決だと訴えていた。

※1　才能がある者について行けば、才能がなくても何かをなしとげられるとの意味。

私娼をどうする

これまで遊郭に手をつけた警察部長や署長などはキッとその指を怪我したばかりかその首までケシ飛んだものといわれたほど遊郭は魔力をもったものである、それが時代の流れに動かされて厳(いか)めしいヒゲの下から廓清(かくせい)※1の叫びが洩れるようになったのは機会主義者であるかないかは別問題として、まず結構なことと冒頭に敬意を表して、それから廃娼のことを少し考えさせてもらう。

実をいえば「遊廓」というような文字を書くさえ何だか原稿紙の上に嫌やな気分が低迷するものを、太夫(たゆう)さんが花の都の花であったり花魁(おいらん)が大江戸の誇りであったりした因習で節操の屍の上を飾る花束の美に眩惑せられて詩化した浄瑠璃や劇化した舞台面で無理に綺麗なものに作りあげて、あげた天ぷらの衣で腐った中味を包んで来た。これも資本機構の一部が表現したものであったが、一皮むけば想像も及ばない惨憺たる中に喘ぐ女性であると思えば、美しい着物の美に見とれる眼をふせて、もの凄い想いに胸を打たれないものはないはずである。

今では、女郎屋の擁護者といわれ足ぬき娼妓を追跡したり救世軍を取締ったりしていたその筋が、おそがけながら人道のため第一線に乗出して戦おうとすること、これは悦ばしいことである、これで公娼廃止は時の問題となって来た、どうかこの上ながら暗い何ものにも累(わずら)わされない正当な力の動きを見せていただきたいものである。

公娼の廃止はむつかしいことではない、人身売買を認めないこと、ただそれだけで十分である、今はもう公娼廃止後の善後策を検討すべき時である、気の早いことはない。廃娼に伴って青年たちが性欲の関係から早く結婚生活に入ろうとする傾向を招来するから悦ぶべきことだというものがある、何が悦ぶべきことかトンと分らない。ようまアそんなノンきなことがいえたものと思う、現在の日本は食糧問題を解決してからでなくては結婚の祝辞を述べたくとも舌がコワばって声が出ないではないか。

警察部長会議の内容として洩れ聞いただけを根拠として考察して見れば借金年限のこと返済方法のこと、お客選択の自由を与えること、その他幾分かの権利を娼妓に還付しただけではあるが、これを幕府時代に比べると現在でもよほどの進歩であって、この上に泥川へ塵や芥を投げ込んで行ったら、泥水がいくらかづつ浅くなって、いつかは平地になること郊外の水たまりを見てもわかる、これが今日に善処した政策だとあって、廃娼論者の主張とは大分に懸け離れて、男の考えは女の考えとこうも違うものかと痛嘆せられるであろう。それで東洋君子国の面目が維持し得られるものなら、面目が維持し得られなかった以前に比べて進歩といい得られようが、楼主はたたきつけても後から蜂起してくる私娼をどうするか、そこが実地に即する官憲の気を悩ます頭痛の中核であるから、理想論をポッポへ片付けて売笑政策というものを伺って見よう。

公娼をヤメて次いで起るべき問題は私娼取締問題であるというが、それが間違っていると思う。公娼をヤメる前に解決しなければならないのは私娼取締問題である、くどいようだがも一度述べさせてもらう、私娼に臨む方策をキメてから公娼をヤメる、これが順序であると私は思う、しかし大勢は善後の措置を考慮することなしに、舞台装置の完成しない前に幕を切って落してしまう、そうでないと見物衆が退屈するからという。

公娼廃止後はある程度まで私娼を認め一種の職業として警察の登録簿へ記入することになろう、つまり一とまとめになっていたものが散娼となり、税金が取れなくなって病毒が散布し罪人の捕縛場が板囲いを撤廃しただけのことになる、そんなことになったら今の廃娼論者たちはムキになって議論を新しく蒸しかえすであろうが、純理論者には勝手がちがってお気の毒だが、実際政策としてはそういうところへ落付くものと考えられる。

最近に起った問題は楼主が呉服屋その他の商人と結託して娼妓の買ものにピンをいって何万という借金をかぶせたということであるが、お客の遊興費を盛りかける常習者が、その毒手を内に向けて哀れな籠の鳥の頭をはねたもので、その行為は憎むべきこと無論ではあるが、そんなことを悪事と感じているであろうか。業態それ自身の全部が罪悪で、白首奴隷によって悪銭を儲け前借によって自由を縛して、抱え妓に対して委任統治権でもあるかのように心得ている根本錯誤をもつ人間に始めから人道などのありようがない。

こんな不正を働く楼主は遠慮なく刑務所へほり込んで、これが娼妓の苦みと同等の苦みだと知らせてやるがいい。

遊廓廃止によって打撃をうけるものは楼主でなくして地主と金貸しであるそうだ、アノ立派な建物や設備は大抵は借金から出来ているから、楼主はせっせと娼妓を酷使して高歩貸に貢いでいる。お茶屋に金を出すものはタチの悪い金貸しに極っているから搾取者は楼主でなくして、その影に働いているアイスのあることを知らねばならぬ、そう思えば楼主に対しても一匁ほどの同情はある。一撃の下に遊廓を打ちくだいて痛快がっても、考えなおせば楼主というものも悪いには違いないが、それでも官憲に対する遠慮があり幾分かの体面——それは彼等から見ての体面——を持っているが、私娼の抱え主の悪辣さと来ては一段と凄味が違う、大都市の中にも監獄部屋がある、京都で水洗便所を設けても浄化作用があればこそ、大阪人は平気で水道の水をいただいている、売春婦——特に私娼から来る流れには浄化作用がないから恐ろしい。

風壊業者は融通の才があり暗黒面の処世術に長けているから官許なくして営業の出来ないような野暮なものは一人もない、帯にもなればタスキにもなる方法を呑み込んでいる。廃娼論者は体面や理想にばかり捉われて公娼打破に急なるも、打破してから後の研究に疎いのは残念である。節操観念と羞恥心とを棄ててしまえば、こんな気楽な、そして熟練を要せない職業は他に見当らない。旅費を落して梅田駅で迷児となった田舎娘でも化粧道具だけはシカと把握しているほどに売笑気分が女性を支配している今日に、何かなしに公娼さえ消えてなくなればそれでいいという直線主義で、遊郭を廃したら人身売買もなく風紀も振粛した理想郷が出現すると思っては大分にアテが違う。

解説

1926年『恋の潜航』（改善社）所収。『婦人』に初出したときのタイトルは「公娼廃止後の私娼」で、廃娼運動が議会でも審議されるようになるほどの世論の高まりを受けて書かれた記事である。

※1 「廓清」とは悪いものを取り除くこと。ここでは、男性が主力をなした「廓清会」を指す。

優生学、ちょっと待って

生きて社会に益がなく、かえって大衆に迷惑を及ぼす人たちは人間改良の見地から気の毒ながら隔離すべく余儀なくせられ、一歩進んではそんなものを産まれざらしめ、もしくは産まれたものでも殺してしまう。それが経済的に徹底した法であるが、しかしそれをさえぎるものに人道問題がある。

優良人種の共存共栄のため少数の劣種をまびいてしまうのも余儀ないことであるが、それは利己主義から出発した非人道的行為でなくば幸いである。自己が偶然に享(う)けた健康体をもって、他人が偶然に享けた不健康を排斥するは人間味が薄い。北米が排日に用いる言い草を同胞仲間に使用することは人道の攪乱者である。

生きていられては迷惑だ、早く死んでくれとこころに念じつつ社会施設をして表面をつくろっているのは、あまりに情味がない。徴兵検査の時のように産まれた児を合格と不合格とにわけて、丙種を野犬式に撲殺してしまったならば、科学者の理想とする人間ばかりになるかというに決してそうではない。

病患者、精神病者などは近代医術の力をもって善導することはできない。善導というのは思想にばかり使う文字ではない。感冒の病原体でさえもまだ確かめられないほど未熟な医学の智識で、優生学などと人間を研究材料に使うことはまだ早い。モルモットくらいで分相応のように思えるが、しかし「人間の要素を除き去ることが正当なりや」との問いに対して、経済を基調とする頭から出た答えは「然り」であろうが人道に立脚した考えからうえば「然らず」で、閻魔(えんま)の前で「人間の陪審員」から発せられたような答申となるが、経済と人間とをどの分量で交ぜて人間改良を行なおうかという点が問題である。視点を人道と経済の両方におけば双眼鏡のようだが、片目で見るよりその方がかえって正しくみることができるかもしれない。

飛行機の空中道、自動車のドライブウェー、地下鉄のもぐら道、潜水艇の水中道、高架鉄道の堤場、どれも人道に相違ないから、どれに人道を定義したものか、ガルトンの人間改良説をまわって議論している暇に、熟考してみる必要がある。日本ほど人道問題に小うるさい国はないが、それが建国の基調をなしているのだから、優生学以上に超越しているのである。

　優生を体格的と精神的との二つに分けられ得る。まず体格について一瞥すれば、文明に従って疲労物質の蓄積が神経衰弱を誘って、生活の安楽を得るにあらざれば人間全部が広義的の劣生物である。これはよほど甘い点をつけなければ今日の人間に優生の種馬はない。

　下等動物の生殖現象によると、遺伝物質は雌雄が均等にもっているといわれたが、それはただ下等動物だけで、高等動物のうちで人間という特等になると少し違う。

　細胞の核子が分裂する時に細長い染色体が見つけられる。その数は男の四十七個に対する女の四十八個であるから奇数になる。卵と精子とが相合う時に、そこに余ったはんぱなものが生じる。人間に限って奇数になるのが、なにかの種仕掛けがあるに違いない。医学ではこれが性の一因子ではないかというが、理学では天才の種子であろうという。なにか神秘の謎もあろうというのは、植物と下等動物とは全部偶数になっているからである。

　レディメイドの洋服は大中小の三種にわけて作ってある。百人のうち九十人までは辛抱ができる。あとの十人が優生か劣性かの問題になる。知識がレディメイドで合うものは常識を備えたもので、八十七人までは普通人であとの十三人が天才か愚鈍かである。この化けた者と化けそこねた者は奇数のはんぱになった染色体が作用しているのかもしれない。

　天才というものはある一部に偏った知恵を持つ者であって、すべての科学に横断的に平均した才能がない。現在の教育制度は常識養成だから、天才の児童は多くは教師に発見せられることなしに中学の入学に落第してしまう。伝記もので読んだだけであるから断言することはできないが、大哲学者、大詩人、大発明家、大政治家などの大つき者は幼い時には愚物といわれたものである。

　数学ができなくて綴方（つづりかた）[※1]が図抜けてうまいとか、またその反対の成績をあげているというように、注意、観念、推理、了解、思索、批判、総合の七つに知識が行きわたらないで、その中のどれかに奥深く突き抜けている。その中のどれにも知識がないのが愚物である。

　この両方とも奇数から生まれたものであるかもしれないが、ただ精神的に病的なものの中に天才が見いだされるばかりでなく、肉体的に不具なものの中からも天才が現われるから、現代科学のものさしでは幼児において測定することはできない。優生学を不用意に振り回すと天才をも併せて撲殺してしまうかもしれない。百人の凡才よりも一人の天才の方が尊い。特に精神病系のものに大文学者があり大詩人があり、結核病系のものに透明な思索力があり、結核の素地をなす腺病質のものに創造知識があるというような新説が起こるときは、容易に手をつけにくい。羊や馬の改良は偶数系のもので、これをもって奇数系に応用する前に人間は四つ這いに這わねばならぬ。かつてドイツ系の科学者が侵略主義の強兵目的から不健康者を大砲の下敷きにしようと企てた不純な動機から考えてはならぬ。

鼻の奥のリンパ腺が肥大するとアデノート症状となって仰視する。これは白痴の姿になるが、これを治療すれば普通人となるように、まだ医学的にも研究のこぼれがあるから、優生と劣性との区別はつきにくい。

白痴、らい病、精神病、梅毒、結核などのうちで、子供が産まれない前から運命づけられているものもあり、これらは生まれしめないこととしても、生まれて後に頭部の外傷による白痴とか、脳炎、らい瘤、舞踏病などにかかったものは、これを既得権者として生存せしむべきものであるか、否か。今日の不徹底の科学をもって、いかに無謀な優生業者といえども、強制的に去勢または妊娠不能の手術をする勇気があるかしら。もしあらば私はちょっと待ってくださいという。それは人道的に危険な仕事であり、科学の進歩はまだメンデルの研究からあまり遠く踏み出していない幼稚なものであるからである。

資本無産の階級闘争は厭（いと）わしきものである。それの如く、無謀な優生運動は、健康者が病人に対する挑戦である多数の力によって少数の弱者を谷底に蹴落とそうとするものである。健康者は不健康者を厭殺（おうさつ）※2するだけの特権があるだろうか。亀の脚に継ぎ足して鶴と背くらべをさせようとしても、世の中は統一屋が希望しているように規格を揃えて調子よくおち二で進めるものではない。

（十二月二十日夜　東京、丸の内ホテルにて）

解説

1929年『社会事業研究』(17巻1号)所収。当時、社会事業の先駆者として知られる生江孝之が強制断種を強く支持し、その影響力もあって優生思想が広まっていた。生江は「日本社会事業の父」とも称され、戦前・戦中に影響力をもった『社会事業研究』にも論文を掲載していた。親ほどの年の離れた「大物」を向こうにまわしての兼子の優生思想批判は当時にあって痛烈であり、目を引いたことがうかがえる。この時代、優勢思想には反動的な面も含まれていたが、社会主義者やマルクス主義者であっても優生学に理解を示し、「改良」に寛容であったし、不妊手術を認める者も少なくなかった。また批判的であっても、消極的な論旨であったり留保つきであったりするのが通例であった。

生江はキリスト者として長期受刑者の教戒師を志すなど、社会的弱者、貧困層のために働いていた人物である。多くの社会事業に尽力したが、「産児制限問題私見」(『社会事業研究』16巻12号、1928年)で優生思想に賛同する論文を発表するなど、オピニオンリーダーとなっていた。戦前の日本では優生学的見地から強制断種が優勢を占めたが、やがてそれが1940年の国民優生法、戦後の優生保護法制定へとつながっていく。生江の「産児制限問題私見」が発表された次号に兼子が発表したのが、本稿「優生学、ちょっと待って」である。兼子は医学の可能性や人道的な理由から優生思想を批判しており、当時にしては驚くべき先見性と俯瞰性に富んでいることがわかるだろう。なお、婦人運動界では家庭に「花柳病」を持ち込む夫から母体を守るために優生学を支持する向きもあり、戦後の優生保護法にもかかわっていく。この点でも兼子はほかの女性たちとは異なっていた。また、兼子は生江の論文と同じタイトル「産児制限問題私見」という論考を同じ年に同誌に寄せており、人口超過問題と深刻な不況を分析しながら「いま日本人が人口に咽せかえって産児に顔をしかめているのは生活が苦しいからである。生活苦は国土の狭隘と天然資源の不足などが主たる原因」「日本人はこれ以上に節約はできないから働くより仕方はないが、ただ働くだけではつまらない、無方針に加勢でも貧乏人は追っつき追い越す。いわゆる働き貧乏とは現在の日本である。国も富み、家も豊かであれば産児制限というような不景気な悲鳴をあげるに及ばない」と述べ、問題を整理している。

※1 旧制小学校の国語の授業における作文のこと。
※2 押さえつけて殺すこと。圧殺。

産児調節

大信丸が激浪に舵を折られて海を漂うこと何十日、船員の食料が尽きて猫を食い鼠を食って、もはや腹を満たすべき何ものもないところから、最後の手段として船員の或るものを殺してその肉を食おうと計画していたところを米国の義船に救われた。

勇壮な光輝ある遭難談の中へ、同胞相食む一節を加えて情けない場面が想像せられる、人の肉を食うということそれは敵であっても味方であっても人道上から見て事実であってはならない。嘘であれ嘘になれ、だが架空のこととしてはマーチャンド・オブ・ヴェニスに類した冒険小説の構想にもなろう事がらである。

ジャバー・ローが大信丸の船員を乗せて築港へ着いた時、私も新聞記者として歓迎の中へ加わって、救ったものと救われたものを見た、そしてその時の立派な態度や沈着な言語から記憶を繰戻して、その後に起こった悪い噂は事実ではないと打ち消すに足る自分だけの心証を持っている。

長々しい遭難談、それがどうして惜しい紙面を埋める妊娠調節の材料になるのであるか。

人の肉を食おうとする、それは切羽つまった時に起こる悪い本能である。いま産児調節も切羽つまった国策から真剣に論議せられ始めた。人の肉を食おうとする積極的でなくして食料を減らすまいという消極的だけの差に過ぎない。商工業を盛んにせよといっても国内ばかりの小規模だけでは急場の間に合わない、北海道や東北の開墾事業も居食いの喰いべらしに過ぎない、鼠や猫の肉を食っても胃にコタえる程度は知れたもの、一升めしを食いながら開拓の努力で腹が空く程度を増収計画から差し引いたら、余すところ何ものもない、いやある、もうけ物は子宝ばかりである、救ってくれる義船なんかありようがない、国の方針は舵が損じている、カロリーの乏しい大食刻印が青い顔をして産児調節などとは人ぎきの悪い人肉の共喰いである、智恵のないそうして獰猛な野獣の叫びである、動物は生存苦に追いつめると善良な考えは消滅する、米櫃に残粒のない時は掃除に力を入れて腹を空らすのは愚策だ、しかし生存の方法さえあれば子の多きを厭わぬ、わが国の調節はフランスのように贅沢な考えから出るのでなくして、肉薄してくる飢餓から助かろうという必死の苦策だから、家計が豊かであれば産衣も作る、宮参りもする、小豆めしも炊こうが、それがそう行かない、生存苦から大大阪の真中を掘り返すと堕胎医が埋めた嬰児の屍体がチョイチョイ出てくるという情けないこと、知恵のないこと。

　どうすればいいか、人類生存には国境の縄張りは切ってしまわねばならぬ、縁日の夜店に自転車を走ろうという無茶なものなら車止めの立札も要ろうが、のっぴきならぬ用事で右側を通行するものを咎め立てては無理である。万国平和会議に持ち出した立派な聖題、熱のない提案の出しっぱなし、もう冷えかけている、記念デーでもつくって日本ばかりとはいないパン亜細亜の叫びを高調してはどうか。

解説

1926年『恋の潜航』（改善社）所収。

堕胎

「僕がどんなに、貴女を愛しているか、その心持ちが貴女に通じませんか」

「それはよく解っています、私だって同じ心なんですもの」

「じゃア接吻を許してくださるでしょうか」

「それはいいんですが、その前にちょっと伺っておきたいことがあるんです、お尋ねしてもかまわないでしょうか」

「お互いに心を許した仲なんですから、理解し合わねばいけません、何なりとも聞いてください、僕は喜んでお答えいたします」

「では貴郎（あなた）の収入はいくらなんです」

「月給が百円」

「その収入で、どんな風に愛の殿堂が建つでしょうか」

「五分が積立金に天引きせられますから、残りが九十五円、二十円が家賃で、十円が交際費、二十円が被服費、十円が享楽費、三十五円が生活費、それで計算が立つでしょう」

「生活費が少ないようです、家庭の切詰めたところには良人（おっと）の体が落ち着くものではありません、交際費を削ってしまってください」

「それはつらいが致し方がありません」

「臨時費がございません、病気だとか慶弔の場合にどういたしますの？」

「それは半季に百円の賞与があります」

「子ができたら、どうしますの」

「それまでに昇給しますから」

「それは楽観すぎます、昇給のことより失業の場合を考えなくては家庭が堅実ではございません」

「困りましたなア」

「子どもの養育費は大きくなるにつれて増してくるものです。私は貴郎を愛しますが、貴郎の収入に対して無条件で愛情を捧げることはできません」
「では恋の破綻ですか」
「破綻ではありませんが、しばらく接吻を延期してはどうでしょう」
「いつまで延ばすんです」
「堕胎が罪悪とならないように法律が改正せられるまで」

解説

1926年『恋の潜航』（改善社）所収。兼子は、当時の人口増問題や社会不安を背景にした「嬰児殺し」について、改善できない政府をしばしば非難した。本稿は、会話調で小気味よくその問題を示したものである。

兼子の堕胎罪の考え方には、師である京都帝国大学の刑法学者・滝川幸辰の影響がみられる。当時、法学者の間でも堕胎罪は議論になっており、滝川は1924年の論文「堕胎と露西亜刑法」（京都大学法学会『法学論叢』12巻4号、1924、92-105）にて、「胎児の生活力は母体の生活条件に繋がって」おり、「決して独立のものではない」とした。また、「更に今日の医学、衛生学の進歩は、一たび人として世に出でたる者には、その社会に対する価値を顧みず、その亡びゆくことを積極防止して居るが、これは果たして真に社会の利益といふべきであらうか。堕胎は社会の法益を害する犯罪であるといふ見解に対しては、往々その首長者を論理的に追及して、避妊の処罰をも是認せしめやうとする論者もあるが、そこまでゆかずとも、嬰児殺が堕胎に代わること、また犯人の卵ともいふべき私生児の増加は、まさに社会法益説の維持すべからざる所以を知るに十分であると思ふ。社会の発達はある程度まで構成員の量に関係あること疑ないが、同時により強き意味に於て、構成員の質の問題に関係あることを思はねばならぬ」とも述べており、兼子の「堕胎」や「優生学、ちょっと待って」（171頁）への影響が読み取れる。また兼子はこの頃、共産主義やレーニンについても調べを進めているが、ロシアの堕胎について滝川が高く評価したことも関係するかもしれない。滝川は同論文でロシアの堕胎について「広く生存のために許されることになった。ロシヤは『未来の国』である。それ故にロシヤにとっては、来るべき時代を形成すべき人々の保護は何より重大である。即ちこの国に於ては、母と幼児の保護、生殖に関する衛生等、今日優生学といふ名の下に包括されるところのものは、凡て慎重に考慮せられて居る」としている。

人口問題

産児制限の利害善悪は国家として結論を躊躇しているが、国家からみたものより個人的に実際の問題に突き当った方が刺激の程度が鋭いから、学者たちが遊戯的概念論を闘わしているうちに、個人的には命がけの事情に出逢うから結論の掲示を待っていられないで気の早いものは実行に取かかった。

貴族院で産児制限について質問があったときに首相は不得要領な否認をした。こんなことは政治的に大きく取扱わないがいい、産児調節というような政策的に招牌（しょうはい）[※1]価値のない題目で争うよりも、無解決のままで捨てておけば個人の間に何とか勝手に解決をつけて行くであろうという責任押しやり意思であいまいな答弁をしたものらしい、けれども性と口の兼合い問題は米価調節にも思想善導にも交渉が深い。

胎児は人間であるか人間でないか、人間でないとすれば民法に相続権がある。人間であるとすれば刑法で堕胎と殺人を同一に取扱っていない。さらに胎児は母の所有物であるか又は社会に帰属すべきものかというに、母の所有物でない証拠には母の勝手に処分することはできない。社会の共有物かと思うに、社会は扶養の連帯義務を負うてはいない。野蛮人は母の身体の一部として、その処分は他人に迷惑を及ぼさないから母の自由であると考える。一般に女性としては堕胎についての犯罪意義は薄いようである。現代の法律ではこれを個人の所有と認めないことになっているが、その罪を犯すに至る経路をたぐって行けば女性だけの罪でなくして男子にも間接に共犯関係があり時としては社会の共同責任ともなるから婦人が法廷で泣きくずれ、検事が眼をしばたたき、傍聴人がハンケチを噛み、判事が同情の宣告で、結局は起訴猶予になることが多い。

子を産むことは婦人の生死を賭する天賦の約束である。婦人は生まれた時から母性愛を享受しているようで七歳八歳にして人形を抱いて遊ぶものである。子のほしくない婦人はないのあるのに拘らず、産児を人工的に阻むことは女として堪えられない苦しみであらねばならぬ。性情的に堪えられなくとも生活苦がそれを示唆する。同じことでも堕胎といえば犯罪的に鋭く聞こえるが人口早産といえば医術的に柔らかく響くように、避妊と堕胎とは道徳も法律も区別をつけて取扱っているのは鶏卵を割った時と鶏の頸を締めた時とほど感じがちがうからである。

分配の不平等が増大すれば産児制限問題の解決をせき立てる、豪州や南米あたりでは、さほど重要性をもっていなくとも貧国多人の日本では生活緩和の冗分として尖鋭の楔を鋭く突っ込むのである。

次男三男が同居してくれては家族制度の維持ができない、次女三女が嫁入りしてくれては家蔵が傾く、それが悉く分家してくれては農村には耕地がなく都会では同業者が殖えて共倒れとなる、困ったものだと嘆息しながら、死亡率と清算率との為替関係があがったり下がったりする統計表をながめて、貧すれば鈍な考えしか出ない。

優生学の原則を無視してこのまま進むにおいては、人間の体質が劣化して不健康の悪貨が健康の良貨を駆逐して優良種は自然消滅となって社会は一大病院となるといって、産児制限の公けに認められているオランダの壮丁検査表を証拠に提出しているが、優生屋というものは人情味がなくて冷たいものである。婦人はこれに無条件で同意することを拒む。

国家は産児制限を認めなくとも内務省だけは認めているようである、花柳病予防法を施行するに予防薬と予防器具とを官許的に売らせて、かつその使用法を授業料なしに教えて廻った。花柳病予防と避妊とは不可離の関係にあるから近く文明都市においては人口が減退するであろうと思う。これは生殖力の機能的衰退ではなくして、内務省のある作用が人工的に加わったものとみることができる、ある作用とは花柳病予防の副効果である。

私が新聞記者として司法係を勤めていた時に女教員の堕胎事件があった。法廷から出てくる彼女を迎えて感想を叩いたら彼女は何もいわなかったが、ただ一言、「私は甘んじて罪人となります、何といっても裁判官は男ですから」と嘆息した。男では婦人がどんな情念で罪を犯したかの機微に触れることができないというのである。

新しい科学は起こっても新しい道徳は起こらぬ。文明人は科学の軌道について動いて行くであろう、ただ脱線したものだけが女性犯罪に引っかかる。

犯罪の裏面に女があると探偵小説は書くが棄児や堕胎の裏面には男が控えている。性犯罪には必ず男の裏うちがある、万引きなどの女性犯罪にも男との交渉がないでもない。睡眠不足が犯罪と関係がある。

生理上、男より女の方が長く眠る必要がある。サンガー夫人の説では月経時の摂生法は九時から十時に睡眠時間を延ばすがいいという。しかるに日本では女の方が睡眠時間が短い。一日に二時間づつ睡眠時間を削れば、どんな賢い人間でも――賢ければ賢いほど強い脳変質を起す。少しづつの寝不足が累積して制止神経を麻痺せしめ偶発性の罪を犯すようになる。

近世科学の力では睡眠に対する確かな学説はないが、しかし神経線の使用から疲労物質が堆積して殺しの犯人が法廷で無意識に扼殺したという陳述を聞く男性司法官は、ただ罪を逃れんがための詭弁としてこれを受取っているようだが、その心事に対してほんとうの理解ありやを私は疑うものである、男の判事によって裁かれた女性犯罪の記事を新聞でみて、天下の女性はみな胸を抱く、人ごとではないと思うのである。

棄てるくらいなら初めから産まなければいい、子を産む原因行為をしてその結果に厭くのは自業自得であるというのは理屈であって実際ではない。子というものは平和な夫婦間においてはこの上もない実であるが、破綻した恋愛には婦人の手荷物としてこれほど厄介なものはない。

近ごろ激増した悪行為の一つに棄児がある。舟の中でも汽車の中でも他人の門前にも手当たり次第に棄てる。母親に取っては手当たり次第でもあるまいが第三者からみればそう思われる。郊外を散歩しても突然道ばたの草むらから泣きだす、棄てられ児が拾ってくれと行人に呼びかけるのである。

社会の惨風悲雨に迷った行路病者は自己一身を持ち余す。まして貧しい婦人の身に嬰児をつれてどこに行けよう、児を棄てるどころか自分も死ぬ。維新の志士が子を棄てて国事に奔った一編の棄児行は感傷的に愛吟されるが、婦人として自己分裂の愛の塊を棄てるに苦みが伴わないで済むはずはない。

放縦で、ずるくて、やり放しの恋愛結果は棄児となることが多いが棄てっぱなしでは社会構成が許してくれない、だが避妊を考えながら恋をするようではその恋は水臭い。カルピスの醍醐味はなくして、さ湯のにおいしかしない、それでは天与の性を玩弄するもので婦人の意思に反する。女に恋愛整理の能力がなく男性に翻弄された結果は、現代悲劇となってスクリーンに映る。その大写しは棄児である。一部は母の罪であり半分は父の罪であり、教育者も政治家も宗教家も責任がないとはいえない、総括的には社会の罪である。

需要のあるところに供給がある、性の濫用は嬰児を商品化せしめ嬰児売買業者という有利な商売がどの都市にも開店した。
一般の商取引は原則として買手が金を支払うのだが、この商品は塵埃と同じように売る方が金を支払うのである。売買せられる嬰児に金がついている、少ないのは金五円也、普通は五十円、時としては二千円の五分利公債のついた嬰児が出て売買市場の相場を狂わせたこともある。それが鬼婆に売られると、約束は一時金のはずだが、毎月扶養料を母からむしり取る、金が切れたら食物も与えないで栄養不良で殺してしまう、十三人の貰い子を殺したものさえある。社会の実相は理屈ぬきにこんな悪性の職業人を横行させている。

警察へ引かれた嬰児殺しの女被告人は、言い合わせたように男の無情を愁訴して次に生活苦を述べる、除外例としては避妊の薬に信頼して男の誘惑を受け入れたが、その薬が無効かであったために嬰児殺しを余儀なくされたと告白した娘があった。性を利用して売り出すのは性薬媚薬ばかりではない、堂々たる婦人雑誌もそれをやる。

棄児と嬰児殺しと身投げは日本の名物である。そんな嫌やなものを名物にしたのは慣習と法律とである。日本の慣習は時代の進歩に伴って性だけを取残して進んでしまった。時代はさらに教育と法律とをよけて通過した。

近代法律観念はドイツの憲法とロシアの婚姻法とに現れた。特に恋愛の責任を男子に負わせる傾向がある。誘惑にかけた男性は詐欺犯人であり、だまされた婦人は被害者である。アメリカ州法のうちにも扶助料は優先支払となって離縁になったら夫が泣く、縁を切るぞとおどすのは夫ではなくして妻である。ロシアでは一歩を進めて離婚された妻の扶助料は夫のみならず家族連帯責任として刑法の連座制に似た条項を設けることになるコンミュニストの草案に定められた、ドイツでもチェコスロバキアでも離縁を恐れるものは夫であって妻ではない、だから妻は身を投げるに及ばない。

これが近代立法観念である。日本の民法第三章を読んでから結婚する女は余ほどの無謀である、まさかの時には身投げをするだけの度胸を据えて三々九度の苦杯を嘗めねばならぬ。威嚇主義なら男子に刑事上の責任を負わすがいい、温情主義なら社会連帯が嬰児扶養を引きうけるがいい、女には妊娠出産という苦痛があるから対等条件で男子の方が得をする、まして婦人ばかりに責任を負わすのは酷い、その外に日本では貞操蹂躙料が馬鹿に安い。これは値上げしてもらいたい。

男が行詰まったら強盗をやる、女が行詰まったら身投げをする。男の方は小づらにくい積極的罪悪だが女の方は気の毒な消極的解決法である。小づらにくいものを縛りあげて気の毒な方を救うのが法律の裏を流れる大精神である。身投げをするものは多くは人妻で、それが家庭の不和に原因する、その原因を遡って行けば法律と道徳との時代おくれである、解決すべき問題は起こった事実ではなくして起こるべき性質である。

解説

1931年『表皮は動く』（平凡社）所収。

※1　看板。

女性の睡眠権

一日に二時間づつ睡眠時間を削れば、どんな賢い人間でも——賢ければ賢いほど、強い神経衰弱になる。六時間では少し不足で、八時間ではやや多い。まず七時間が世界的に平均の睡眠時間といわれている。そこで男と女とはどちらがよく眠るべきかといえば、生理学上、男より女の方が長く眠る必要がある。サンガー夫人の説では月経時の摂生法は九時間から十時間に睡眠時間を延ばすがいいという、しかるに日本では女の方が睡眠時間が短い。[※1]少しづつの寝不足が累積して女を神経過敏にさせ、ついに智能において男より劣ったものにならしめたのではなかろうか。

といって私たちは女に朝寝を煽動するわけではないが、昔から婦徳の内に睡眠時間を少なくすべく教えこんだのが、婦人衛生に無理があったもののように思われる。特に授乳時においては脳の興奮性が失われて非常な、ほとんど抵抗すべからざる睡味を感じる。それを無理に辛抱し切ることは、酒に酔った時に起る痴呆と同じ気分を起させる。

近世科学の力では睡眠に対する確かな学理はない。しかし神経線の使用から疲労物質が堆積して、それを消化させるために無念無動の休養を要するため、私たちは睡眠を要するものと信ぜられている、そんな理論はどうでもいい、私たち女性は男性と同じく一定時間の睡眠権を持ち能わぬものであろうか。

婦人に対して睡眠時間を短縮させることは近代科学からみれば無意味なことであって、能率の上からみても却って不得策である。眠る時間を与え、そして働く効果を挙げさせることが必要ではなかろうか。私たちは眠る権利を獲て働く義務を尽したいと思う。

男性のように外に出て気分を変える必要が少なくして、家庭で刺激の少ない生活をしているから一そう眠たくなる、同一の光景が脳に停滞して気圧が動かないため鬱陶しさを感じる。それが病的となって制止神経作用が麻痺して小脳となりヒステリーとなる。私たちは自衛の一法として精神転換権をも要求したい。

睡眠の不足と気分の停滞とから自ら発酵させた毒素に当てられる。これが家庭の不幸となり延いて男性にも不快の感じを起させる。

近代の生活観念としては働くことと、遊ぶこととに、出来るだけ時間を短縮して効果的ならしめるようになってきた。働く時間も八時間から六時間につめられ、遊ぶ時間も芝居時間より映画時間に移ってきた。けれども睡眠時間だけは延長することはあっても、短縮することはできないというのは、働く時間と遊ぶ時間とを活かして使わなければならないからである。私たちは睡眠権と精神転換権とを要求することは必ずしも無理ではないように思う。

栄養の豊かなものを先ず男性に捧げ、滋養価の乏しいものを自ら摂取して睡眠時間に切込んで働かせるから女性を神経衰弱にする、妻をみよ、母をみよ、その栄養不良の姿をみよ、体組織から考えても女性は弱いものである、それに無理をさせることはどんなに人世を淋しくさせるか、薬を手放せない家庭は男性に取って幸福なものではない。

解説

1931年『表皮は動く』（平凡社）所収。

※1　これは現代でも変わらない。OECD（経済協力開発機構）2021年版の調査によると、33か国中で日本人の平均睡眠時間が最短（7時間22分）だった。また、日本を含む6か国のみの傾向として、男性より女性のほうが13分短かった。（「世界で最も寝ていないのは日本の女性？　睡眠時間のデータが示す実情」 https://www.asahi.com/articles/ASR325V6WR32DIFI00R.html）兼子が着目したジェンダー規範にもとづく女性のヘルスケアの課題はいまも残り、根深さに気づかされる。

◉論　考

人口政策や優生学と離れたところに立っていた

——堕胎の罪を無くすのはいつまで「時期尚早」か？

大橋由香子

北村兼子の書いたものを読んでいると、肉声が聞こえる気がする。

とくに女性の排除を正当化するウソくさい理屈への批判は、現代日本にもピッタリで、「我ガ意ヲ得タリ！」と漢字カナ混じりで１００年前の兼子さんに呼びけてしまう。そう感じられるのは、独特のユーモアや皮肉が散りばめられているからかもしれない。

女性（婦人）参政権の獲得が大前提で、「主義は鋭くあれ」がモットー、「婦人運動」には辛口のコメントをする。姦通罪で女性（妻）だけが罰せられるのが不公平だから男（夫）も罰せよ、という要求はおかしくないか？　配偶者以外を好きになったのなら離婚すればよいのであって、罰することないでしょ？　というのが（かなりの意訳）、兼子さんの感覚だ。彼女の言葉で言えばこうなる。

精神的結合を刑罰の威嚇によって維持しようということ自体が既に制度の精神に反しはすまいか。[※1]

婦人矯風会の人々が醸し出す、一夫一婦制の道徳観、性行為や性的な事がらへの羞恥心や嫌悪感（キリスト教の価値観からすれば当然だが）。これらとは異なる感性の持ち主である。

「婦人運動はヒステリー式間歇的……むしろ社会主義運動、鮮人運動、水平社運動に興味をもつ」とも書いている。この場合の婦人運動は、キリスト教以外のものも含まれる。「ヒステリー」という言葉を使うところをみると、男社会の価値観を内面化したエリート女性、名誉男性と思われるかもしれないが、違う。断ジテ否！なのだ。女性が愚かで感情的にさせられているのは、男性と同じ教育の機会を奪われ、良妻賢母教育によって「女は奴隷に甘んぜよ」と訓練されているから。つまり「人は女に生まれるのではない、女になるのだ」というシモーヌ・ド・ボーヴォワールと共通の見方だ。

かといって、社会主義者やアナキストとも違う。「招かれざる客」として、紅一点の教室で法律を学び優秀な成績をおさめるが、女性ゆえ卒業資格も得られず、新聞記者として活躍したバリバリのキャリアウーマンだ。

法学を学んだが、全国民の半分を占める女性の求めることが反映されておらず「男護ケ島にだけ通用する変な法律」だと批判し、「第一に癪（しゃく）にさわるのは法律の文章」だと指摘する。

> こんな文章は現代人の書いたり読んだりするものとは違う、むかしは法律の威厳を保たせるという間違った考えから故意に難解な術語を列べて喜んでいたものらしい、……モシ委員のうちに女が加っていたらそんなカ上にバを加えたようなことせぬであろう。※2

「カ上にバ」？　なるほど。こういうジョークがポンポンと出てくる。

当時の現代人も理解できない刑法の条文に、今の現代人が縛られているとは！

さて、女性だけが罰せられ、男はお咎め無しという法律は、姦通罪のほかに刑法堕胎罪も同じである。堕胎した女性と施術者は、１９０７年から刑法で罰せられる条文があり、今も存在している。

姦通罪や売買春問題（廃娼運動）のように法律論として正面から取り上げている文章は、堕胎罪に関してはないが、短い小説がある。「僕がどんなに、貴女を愛しているか、その心持ちが貴女に通じませんか」と接吻を求める男性との会話の形で、確実な避妊もなく堕胎が罪になる世の中で妊娠が当然になるお付き合い＝結婚の意味を浮き彫りにしている（→177頁「堕胎」）。「堕胎」に登場するのは性別役割意識にとらわれた保身的な女性とも思えるが、生まない自由・中絶の権利が保障されない限り、平等な結婚生活はあり得ないことを示している。まさか、堕胎罪はそのままにして、例外として中絶を許可する法律に、配偶者（相手男性）の同意が作られたこと、それも婦人参政権を獲得した国会で1948年に制定されたことを兼子さんが知ったら、なんというだろう？

ちなみに、女性の正当な要求の数々を男性が切り捨てる際に、「時期尚早」という4文字熟語が理由として使われることが、兼子さんの文章のあちこちに出てくる。この4文字、21世紀のリプロ・ライツをめぐる場面（緊急避妊薬＝アフターピルの薬局販売、経口中絶薬＝アボーションピルの承認）で、よく耳にする。他の課題でもそうかもしれない。ジキショウソウは、女たちの願いを打ち消す家父長制の「おまじない」のようだ。

産児調節も堕胎もセックスも取り締まれるものではない

自然に反する／富国強兵に逆行するものとして、当時は受け入れられていなかった産児調節（避妊）について、大信丸という難破船でネコもネズミも食べつくした船員たちを例に、こう書く。

人の肉を食おうとする、それは切羽つまった時に起こる悪い本能である。いま産児調節も切羽つまった国策から真剣に論議せられ始めた。人の肉を食おうとする積極的でなくして食料を減らすまいという消極的だけの差に過ぎない。商工業を盛んにせよといっても国内ばかりの小規模だけでは急場の間に合わない、北海道や東北の開墾事業も居食いの喰いべらしに過ぎない、鼠や猫の肉を食っても胃にコタえる程度は知れたもの、一升めしを食いながら開拓の努力で腹が空く程度を増収計画から差し引いたら、余すところ何ものもない、いやある、もうけ物は子宝ばかりである、救ってくれる義船なんかありようがない、国の方針は舵が損じている、カロリーの乏しい大食刻印が青い顔をして産児調節などとは人聞きの悪い人肉の共喰いである。智恵のないそうして獰猛な野獣の叫びである、動物は生存者に追いつめると善良な考えは消滅する、米櫃に残粒のない時は掃除に力を入れて腹を空らすのは愚策だ、しかし生存の方法さえあれば子の多きを厭わぬ、わが国の調節はフランスのように贅沢な考えから出るのでなくして、肉薄してくる飢餓から助かろうという必死の苦策だから、家計が豊かであれば産衣も作る、宮参りもする、小豆めしも炊こうが、それがそう行かない、生存苦から大大阪の真中を掘り返すと堕胎医が埋めた嬰児の死体がチョイチョイ出てくるという情けないこと、知恵のないこと。

　どうすればいいか、人類生存には国境の縄張りは切ってしまわねばならぬ、縁日の夜店に自転車を走ろうという無茶なものなら車止めの立札も要ろうが、のっぴきならぬ用事で右側を通行するものを咎め立てては無理である。※3

食べていける状況、産み育てることができない状況で、避妊や堕胎（中絶）を禁止しても取り締まっても無駄、そもそも人のセックスや産むことや産まないことを支配し管理しようとする発想への、根源的な疑問を兼子さんは持っていると思う。その感覚は、当時にあっては（少子化対策に邁進する現在でも？）珍しい。

　ユーモアあふれる一文を紹介しよう。

児を産むことが国家のお為だと信ぜられた軍国時代もあったが、国家の富強は必ずしも国民の数に比例しないから、今日のように人口問題に悩まされるようになりては児を産んだ方がいいのか児を産まないのが賢いのか、母親はお腹をかかえて迷わされるが、胎児にしても産まれるのが光栄なのか、流れる方が国益なのか、国論が一致しないから出るに出られず、出られずに出てもまた穀潰しの新加入者が割り込んできたかと社会からは以前のように歓迎してくれないから、桃太郎のように威勢よく飛び出すわけにもいかず、さりとて腹中へ退却することもできないで気兼ねしながら娑婆の空気に触れても産医さえも哀調を帯びている。※4

知識や経済力のある富裕階層は将来を案じて産児調節をするが、貧乏人は子だくさんになる、これでは大和民族の質が低下するという優生学の見地から、産児調節の必要性を訴える人たちは性別を問わずたくさんいた。その中で、マーガレット・サンガーも加藤シズエも、女たちが人生を選ぶための鍵として産児調節を実践したラディカルさをもちながら、運動への弾圧が強まる中、国や世間に「受け入れやすい」主張がしのびこんできた。そして、のみこまれ・のみこんでいった。

また、母性は宿命ではなく自主的に選ぶものという女性解放的な感覚と、自然にまかせるのではなく理想とする国民を増やし「そうでない者」は減らす優生学の発想とは、どこかで重なるところがある。どちらも「新しさ」をまとっていたのだ。

そんな時代にあって、すでに議論が始まっていた優生学や断種法（1940年に国民優生法として成立）に、兼子さんは「ちょっと待って」と言う。

今日の不徹底の科学をもって、いかに無謀な優生業者といえども、強制的に去勢または妊娠不能の手術をする勇気があるかしら。もしあらば私はちょっと待ってくださいという。それは人道的に危険な仕事であり、科学の進歩はまだメンデルの研究からあまり遠く踏み出していない幼稚なものであるからである。

資本無産の階級闘争は厭わしきものである。それの如く、無謀な優生運動は、健康者が病人に対する挑戦である多数の力によって少数の弱者を谷底に蹴落とそうとするものである。健康者は不健康者を厭殺(おうさつ)するだけの特権があるだろうか。亀の脚に継ぎ足して鶴と背くらべをさせようとしても、世の中は統一屋が希望しているように規格を揃えて調子よくおち二で進めるものではない。※5

もちろん、誰もが時代の空気と無縁ではいられないが、優生学的な感覚とは違うところに彼女は立っていた。「優劣」や「役に立つ／立たない」を懐疑的に捉える視点は、次のような文の端々からも窺える。

> 私どもの頭は二つの主義に打ちつけられた蝶番(ちょうつがい)である。飛車取り王手ではない、黒インキと赤インキと両方ともに必要な文房具である。（1926年『恋の潜航』所収「ムダ論」）
>
> 安っぽい感情の押し売りは、ようせぬ。基督も釈迦も天理王のなんとか婆も私の目からみて優劣はない。（1926年『ひげ』所収「法律を学ぶ私」↓26頁）
>
> 生きていられては迷惑だ、早く死んでくれとこころに念じつつ社会施設をして表面をつくろっているのは、あまりに情味がない。徴兵検査の時のように産まれた児を合格と不合格とにわけて、丙種を野犬式に撲殺してしまったならば、科学者の理想とする人間ばかりになるかというに決してそうではない。※5

野菜や果物の仕分け・選別や工場の品質管理のように、人間を優秀品、欠陥品に分類する愚かさ。そうした優劣が、あたかも遺伝学的に明確に区別できるかのように説く医師、科学者、政治家、役人たちの罪深さ。これら根拠なき優生学が法律になり強制力とともに実行され、人々を傷つけていくことを、兼子さんは予感していたのかもしれない。

２０２３年の春、その優生保護法という法律を相手に裁判を起こし、やっと出た勝訴判決に国がまた上告する様子を見ていると、兼子さんのような考えや感覚が法律や政策に生かされ、人々に浸透するにはどうしたらいいのかと途方にくれる。

そして、ある人々からは子どもを産むことを奪いつつ、出産＝善、子や孫に囲まれた人生が幸せ……という紋切り型の発想・偏見がメディアにあふれている今。「異次元の少子化対策」のもと、とにかく結婚して産んでいただきたいという「圧」が、じんわりと、ふんわりと女たちをしめつける。

亡くなる4か月前に出版された『子は寶なりや』では、次のような言葉も残している。

児を産むことは犯罪者を産むことである。文明人で罪を犯さないものは一人もない。ただ人間がつくった刑法の条項に該当するか該当しないかの点のみで、前科も後科もあったものではない。お互さまである。※6

そう、誰が犯罪者なのか、誰が不良な子孫なのか。誰もがそうなりうる。その概念も「呪われた悪法」によって作られた。人を犯罪へと追い込む貧困や暴力、社会環境は置き去りにされ、自己責任が強調されるばかり。

赤ちゃん歓迎か冷遇か、国家の大方針が立っていない。社会は文化の方面に向って長足の進歩を遂げたが産児だけが昔のままで残っている。児を産むことのそれが野蛮であるというではない。産れた児に対する策が定まっていないのを反文化というのである。※6

社会が文化の方向に進歩しているかどうかは怪しいが、２０２３年4月に発足した「こども家庭庁」が子どもの権利以上に少子化対策一色になっているのは、「反文化」あるいは、反婦人解放＝反フェミニズムだと言える。本当にホープレス、絶望的になってしまう。

そんな時は、「忘れた帽子」を読んでみよう。帰宅する電車の中で『科学世界』という小冊子を読んでいた兼子さんが、頭が痛いので帽子を網棚にあげ、絶対忘れまいとする。そして電車で自分の父親とばったり遭遇したことを書いたエッセイだ（初出「週刊朝日」。１９２６年『ひげ』所収）。人間の面白み、滑稽さに、あたたかい気持ちになれる。

刑法堕胎罪ができた年に生まれ、誕生日が私と同じ兼子さん（新暦なら）。あまりに遠い存在だけど、兼子さんが長生きしてくれたならともかく、１１６歳の堕胎罪にはもう死んでいただきたい。その思いだけは、似通っているはず。

※1　１９２８年『婦人記者廃業記』所収「夫婦の貞操義務」（↓57頁）。なお、引用文は、旧仮名づかいや旧漢字は、筆者が現代仮名づかいにしている。以下同様。
※2　１９２６年『ひげ』所収「私はわらう」（↓33頁）より。
※3　１９２６年『恋の潜航』所収「産児調節」（↓１７５頁）
※4　１９２８年『社会事業研究』所収「産児調節問題私見」。
※5　１９２９年『社会事業研究』所収「優生学、ちょっと待って」（↓１７１頁）
※6　１９３１年『子は寶なりや』（万里閣）所収「子は寶なりや」。

6章

政治を語り、運動を進める

国際婦人運動の大勢（抄録）

世界における婦人活躍の大勢から考えてみますれば日本でもここ三年と期限を切って婦人参政は必ず実現せられるという確信があります。地球を包むこの大潮流は日本だけをよけて通るものではありません、けれどもじっとしていては時機がおくれるから完全に人間権を獲得するまでは私たちは戦いぬかねばなりません。いま婦人運動の列は淋しい墓場を通っているのですが、私たちはそこで葬られるのではなくして、やがて向こうにみえる自由の国に行進しているのであります。わが国では婦人の政治結社は許されてはいませんが婦人の個々の心と心とが結びつけられ会員名簿にのらない暗黙の結社は十分に準備されている、ただ法令の改廃だけが残っているのみであります、もう点火すれば何時でも燃え上がるだけの薪は積まれているのであります。

欧州大戦は無茶に破壊した以外に何の意義をも人類の上に持ってこなかった、その荒廃した欧州の焼け土の上で万国婦人参政権大会が開かれました、私たちはこの焼け跡からせめてもの拾いものをしたのは、政治が全権独裁から大衆世論に変化したことでございます、これが三百億の金と二百万の生命とで購った遺産であります。この遺産のなかには婦人参政を含んでいることももちろんであります、戦争によって仮死状態に落ちていた良心が覚めてきたのであります、日本は戦争の禍を被ることが少なかっただけに、婦人参政の福を蒙ることも少なかったのであります。

婦人の運動が日本の現代に容れられるだけの準備ができていようが、いまいが、世界の大勢はそんなことは構ってはいない、婦人問題の解決は社会全体、それは男子を含む社会全体の進歩を促進するものでありますがゆえに、ただ従順一点張りが婦人の本領ではない、家庭は婦人の舞台として狭すぎるばかりではなく、今日の家庭は社会と切り離せない関係にありまするが故に、社会と家庭とは同時に改めてかからねばなりません。社会構成の基礎から掘りかえしてこなくてはなりません。私たちが将来の婦人に遺産として残しておこうとするものは婦人参政権以上に適当したものはないと信じるのであります。

家庭では家族制度の崩壊、社会では新旧思想の衝突、国家としては階級間の争い、国際では民族自決といったような解放非開放の争いから出発する問題の間をくぐって私たちの婦人運動が国際的に進展しております。

かような重大な問題が現代人の前に無秩序のまま積み上げられていますが、これがどう落ち着くか、またどう落ち着かせていいものか、この過渡期は苦しいものではあるが希望のある時代であります、なんとなく楽しいような煩悶が続き、喜ばしい驚きに接します。

新しい道徳、新しい生活、新しい家庭および社会が、やがて私たちの目の前に展開するにちがいはありません、長い幕のあとに楽しい華やかな舞台の現れるのを待つ気持ちであります。

時代を了解しない頑固な人は、新しい時代の展開するのを恐れかつ忌みますが、それは心得ちがいである、婦人を衰弱させることは男子を強めるものではなくして、かえって家庭全体社会全体国家全体を弱くするものでありますーー弱い強いというのは戦争や喧嘩のことではありませんがーー男子の主権が強くなれば強くなるほど、男女を含む家庭はそれに反比例して弱くなります。ただ現代ばかりではない、次の時代継承者たる子どもをも弱くします、男女平等観念を基礎として政治、法律、職業、社会に婦人を平等に参加させる時代が、いやおうなしに海の向こうから押し寄せてくる。現代のペルリは婦人参政権を黒船に乗せて解放を迫っております。鎖国国粋主義のつんぼうは浦賀の砲声が聞こえないのです。時代を解しない頑固な男性は、そのチョン髷を切られ大小を取りあげられるまで気がつかないのであります。

婦人運動も水のように低いところに流れる日本の婦人は位置が低いからアメリカからもロシアからも洪水のように日本の低地に流れこむのであります。

婦人運動は純然たる性対性の争いであります、階級闘争とは別ものであります。性別による差別待遇を撤廃して、男性に向かって水平運動を起こしているその中核をなすものは参政権であります、廃娼も廓清も児童愛護も家庭整理も緊縮政策も、これなくしては正しく行われるものではありません、金解禁だって消費経済をつかさどる婦人の了解を求めるのが第一歩であります。

私たちの運動は無産者運動とはまったく別種類のものであります。ただ無産運動が婦人の人格を認めてくださるため、ともに被圧迫階級であるところから婦人が相提携して行動することが便宜であり、効果があり、成功を促進させるところから、婦人運動家の一部がその運動に加わっているだけで、これは明らかにに分類さるべきものであります。

思想を基調として立っている私たちの運動も無産党の経済に立脚する理論を見落として進むのではありません、経済に根を張らない運動は空虚なものであります。

機械の力で人間の力を補うことになれば男も女も同一の効果をあげることができます、機械が精巧になるほど、婦人の指の先の細かい働きと頭の周到で綿密な働きとは、非常な成績をあげ得られるのであります。これまで機械の発達しなかった時代に、労働に「力」を必要としたもので力の強い男子には調製するだけの働きでいいことになれば、そこに力の強弱は能率の高い低いに関係がなくなって、労働価値は熟練しているか熟練していないかによって評価されるのであるから、労銀においても男女の性別が撤廃されるのであります。これまで賃金について欲の浅かった婦人も男女の賃金不平等に不満を感じるようになって、機械の発達した工場から男女機会均等の叫びが高まってきました。

アメリカ婦人は今日(こんにち)ではすべての男性の領分に突き入(い)って職業を競争しはじめました、教育、宗教、音楽、文学、社会、美術はすでに占領してしまいました。最も不得手といわれる商業でも、小売りはすでに婦人の手の中に入りました、一番遅れて政治に興味を持ち始めて、ここに婦人時代が開けました。

かように一年一年を婦人の領分が平面的に広がってくるが、また遺憾なことには立体的に政治に頭角を現さないことであります。イギリスでは女大臣を出し、アメリカでも軍縮会議に婦人委員をたくさんに出しております、今度の国際会議には各国ともこれまでに類例のない婦人委員を出しました、分類に長じている男子の間に総合に秀でている婦人が加わることはもっとも必要なことであります。

眼ざめた婦人と眼ざめない婦人との間に連絡がなくては婦人運動はさかんに行われません、少数の眼ざめた婦人に眼ざめない婦人大衆が容易についてこられるように悪習慣悪制度の障害物を取り片づけて進むべき路を平坦にせねばなりません。婦人運動の進展は有名なものばかりの功と思ってはなりません、多数の愚かな婦人の力を積み重ねて初めて高まっていくのであります。

私たちが行動や言論で悪い習慣を打ち破って進んで行けば、それがやがて新しい法律ともなり、新しい道徳ともなるのであります。先覚婦人が新社会を勇敢に建設して行けば遅ればせに法律がそれを条項に現すのであり、道徳もそれを追っかけてくるのであります。私たち運動の後からびっこのような法律も道徳もついてくるのであります。

私たちの運動は逃避ではあってはなりません、前進であります、一路前進であります、私たちの運動は、男子にも子どもにも父にも母にも老人にさえも又た私たちの子孫にも自由の光明を与えるものであるという信念がありますから私たちの運動は何の遠慮もいらない大踏歩（だいとうほ）であります。もう気運は熟しているのであります、気運は見えなくとも酸素のように空中に広がって私たちを包んでいるのであります、呼吸しながら肺病人の外は気がつかないのであります、婦人勃興の勢いは炎であります、それを抑圧しようとする手はきっと火傷（やけど）するということだけは念のために頑固なお方のために言い足しておきます。

普通選挙は人間理想の最後の目的ではありません、これは人間理想に到達する第一歩にすぎませんが、それが順序だから仕方がありません。政治は国民が同時に関与することができないから委員という代理者に委託するのであるが、選ばれた委員が、政務の都合で甲に愉快な仕事を与え乙には不愉快な仕事を配当し又はその人の意思に反して仕事を強請することがある、これは共産主義でも免れないところであります。

執行委員の命令に服従しない場合においては失業についで飢え死にするよりほかがないとならば専制時代のはりつけ、資本主義時代の失業と同じ結果になります。こんな例をあげたら際限もないことでありますが人間のすることは浅はかなことで大衆世論の望むところは矛盾が付属物であるから普通選挙といっても高（たか）の知れたものでありますが、その階段を経ることが事の順序であります。婦人運動も人間理想の設計図に過ぎません、新社会建設に要する足つぎであるから熟した林檎を取ったら、足つぎの必要はない林檎を食べてしまったら、尚更足つぎの必要はないのであります。

男子専制制度を撤廃して婦人に参政権を許したら家庭は引っくり返り子どもは漸次に棄てられ国家は危うくなるというようなおどしを婦人に吹き込むことをもって思想善導屋の副業としているものがあります、婦人参政権を危険だと思っているその頭が危険千万であります。

婦人が人間並みの生活をしようと考えるだけでも婦徳の冒涜であるというようなことを説教して、殺しもせず、活かしもせず、生活力をそいで自然に腐らせようとする、私たちは腐ってはなりません。

私たちの解放を叫ぶのは社会の習慣を無視して勝手気ままな振る舞いをしたいというのではない、私たちは社会の秩序を尊重する、法律に対して従順でありたい、家族制度も尊重したい、習慣に力に従うであろう、風俗にも反抗しない、道徳にも包まれよう……………とすればそこに開放の主義が消滅するようでありますが、私たちは自ら作った社会、法律、道徳、風俗によって束縛されたいのであります、これが純真な婦人運動のいうところの解放であります。

社会主義の理想として富の分配を平等ならしめたいという。私たちは先ず人格の平等を要求しているのであって、財産といったような小さな問題ではありません、私たちは権利ばかりを得たいのではない、義務もついでに引きうけたいというのであります、道路を拡張してくださるなら、受益税も払いましょうというのであります。

裏だなのおかみさんから、農村の娘さんから、貴夫人も深層の淑女も、村を離れたことのない山奥の原始的の樵婦も、ミスもミセスも女工も女官吏も女給も、あらゆる階級の人を婦人運動のなかに網羅したい。上流婦人の定見なきお方よりも近ごろ風紀問題で排斥せられている女給やダンサーの間から私たちの強い味方を見出すことが多いのであります。

私たちが無産運動宗教運動と別派に行動しているのは財産の多少や信仰の異同とで区別をつけることが婦人運動の包括範囲を狭くするものと考えるからであります。私たちは同志の多きを厭わぬ、婦人団体の構成がどんなに混合していようとも目的さえ一致しているならば相率いて一路参政権獲得に進みたいのであります。

婦人の権益はただ家庭内に限られているように偏見づけられてしまっているから頑固な人たちに婦人運動の根本義を理解していただくに骨が折れる、男性だけなら無理解も不思議ではないが、女性の仲間にさえ婦人運動の了解を得ることが困難であるというのは二世紀も三世紀にも渉って虐げられてきたものは、自身の悲しむべき運命をあきらめているからであります。

男性の現存勢力を維持する便宜のために学者、教育家、政治家、法律家、宗教家たちが自身によく知りぬいた意見と反対のことを発表して婦人を台所の隅へ押し込んだ形跡がありありと見えます。婦人の脳味噌が男より軽いから、重いほうが軽いほうを支配するのが当り前だと、まるでお薩をチギに掛けたようなことを言い出した科学者もあります、科学者を相手にして思想問題を相談するのは職業紹介所へ書留郵便をたのみに行くほど方角ちがいであります。

婦人の脳髄が絹のようで、男子のそれが木綿のように神経分子の細かいものを太くてあらいものとを同じ値打ちのものとして重味を調べるなら人間の脳髄より鯨の脳味噌のほうが大きくて重いから鯨を既成政党の党首に据えたら鰯のような婦人運動家を飲み込んでくれるかというのに、政友会も前内閣時代には婦人参政に反対であったし、反対どころではない私達が平和を唱え軍備拡張を痛撃すると中止を命じたものであったが、今度の民政内閣は演説に中止を命じない代わりに婦人参政権の進行に中止を命じるようなことがあったら内閣の人望はたちまちに軽くなるであろうと思います、内閣の頭が軽くなるのであります。（中略）

婦人の生きられる道は参政権の外にはない、それを獲得する途（みち）は「運動」であります。運動を除いて婦人を光明世界に導く道はありません。婦人運動に「希望」のないのはビルヂングに窓のないようなものであります、婦人運動のビルヂングは男女の政治的法律的無差別という大きな窓をあけます、ここから光がさします、政治の純真教育の健全な制度という窓もあけます、ここから涼しい風がはいってきます、公共生活の道徳化、戦争冒険の拒否、健康を保全する住宅、児童及び老人の扶助の窓もあけます、ここから晴れ晴れしい景色がみえます、母親を最大権威者とする純潔な世界を展開し家庭をして富士山上の雲より清からしめる努力は参政権を得ることから出発せねばなりません。

今日の状態では婦人は安心して結婚することも子を産むこともできません。権利なくして義務ばかりを背負わせる結婚は、無謀な冒険であり「乙女殺し」であり、完全な育児制度なくして子を産むことは「嬰児殺し」であり、生活難から主婦が男子と並立して街路で家事費を稼ぎ、しかも母性擁護の法律なきは「母親殺し」であり、婦人に参政権を与えないとは「婦人皆殺し」であります。

これは下等社会ばかりではありません。上流社会の婦人は、たくさんな下女下男を使って外観からみれば幸福なようではありますが、その華やかな中に淋しい陰を曳（ひ）いていることを見出されます、彼女自身も法律上では夫という主権者のもとに奴隷として使われているのであります、下女は使わなくてもいい夫人自身が先ず法律上政治上の奴隷の地位から解放されなければなりません。

独身婦人が主婦となって驚くことは家庭の用事が煩雑であって非常に無益の時間を費やさしめ、家庭の和楽を維持するに困難な悪習慣のこびりついていることであります。親族友人関係の累（わずらい）が主婦をして家庭の整理を不能ならしめる事情に置かれ子どもを愛撫することも読書することも静かに考えることもできないほど時間をかき乱されて、一生を能率のあがらない台所で埋めてしまわねばならぬ、その時になって始めて婦人運動の必要を痛感してもすでに遅い、捕虜になってから鉄砲を撃つ稽古がしたいようなもので、時期を失してはいるが、そういう婦人たちの戦う方法はただ一つ残されています。あなた方は愛する子に向かって「お前たちは圧迫されているこの母の悲惨な状態をみよ、人類愛はこの婦人解放から始まる」と注入していただかねばなりません。

婦人は自身の権利と位置とを自身で低く評価していた。婦人はそんな安っぽいものでないと気付いた時に、ちょうど女権拡張の大勢は海のかなたの文明国から非常な勢いで押し寄せてきて機会は刻々に近づいてきているのに気づかず婦人参政権はまだまだ遠い山の奥に閉じ込められているもののように無準備に落ち着いているが、もうすぐです、用意していただかねばなりません。

世界の大衆的婦人運動の動きが十分に日本婦人に理解されていないようです。日本婦人がたとい現在の鎖国状態に満足していようとも維新当時に外国から無理に門戸を開かせられて文明を躍進させたように――又た欧州戦争で無理に連合国に引き込まれて強国の列に入ったように、文明国の明るい空気に触れなければならない、暗いところにいつまでも隠れていることは世界の大勢が許しません。ヨーロッパもアメリカも光明に輝いています、私は万国婦人参政権大会で日本婦人のためにスイッチを切ってまいりました。

婦人の位置は西のほうが日当たりがよく発達し、西から東へくるにしたがって婦人の位置は風通しが悪くなっています、日本は悪い水の終点になっているようです。エジプトでも婦人の位置が変化しています。トルコのケマルパシャは婦人運動の勃興を待たないで自ら進んで婦人解放を断行して、婦人の位置は躍進しました、政治家はこれだけの雅量がなくてはなりません、リンカーンは奴隷の水平運動を待たないで黒人を解放しました、道徳はここまで進まなくてはなりません。

他人（ひとごと）ではありません、日本の婦人参政権拒否は頑固な人間によって投げられた、もっともたちの悪い目つぶしであります。婦人小児の権利を焼き捨てるためのガソリンは衆議院にも貴族院にも用意してあるようです、世界の婦人は、私たち日本婦人に向かってくやみの意を表しています、なぜならば文明国でこんな目に逢っているのは日本の外にないからであります。いま被告となっているのは「婦人運動家」ではありません、「頑固な政治家」であります、国際的な公平な裁きは必ずあります、私たちは唯一の証拠物として議会の速記録を提供します、これが動かすのことのできない甲第一号証であります。私たちの進むべき路は一路「婦人参政権獲得」であります、これは道しるべを要しない幸福の一筋道であります。

一方では倫理学者が間違った婦人道徳を教えること深く、他方では化学が知識を注入することが浅いのがこんにちの女子教育であるがため倫理が科学を圧倒して婦人を馬鹿なものにしてしまったが、もしこれを逆にしたら三年たたないうちに婦人は覚醒します、理屈にかなった科学は時代遅れの道徳より脳を刺激する度が強いから女学生は道徳と科学との撞着（どうちゃく）に気がつく。この撞着を見つけた女性によって叫ばれる婦人運動こそ何物にも負けない強い力を持っているのであります。女学校は婦人運動も埋める墓地の役割をつとめていますが、なかには埋め切られないで迷っている亡霊もあります。

男子には罪とならない行為でも、それを婦人が行えば罪となる、女に生まれたから詰まらない男に生まれたらよかったと、取り返しのつかない運命に泣いているよりも、むしろ進んで男性と同等の位置に婦人を突きあげることを運動するほうが賢い働きではないでしょうか。

学者よりも法律家よりも世界の大勢を知って、眼の前に提出される問題について直ちに誤らざる批判をなしうる人が代表として適任なものであることを知りました、これからのちも代表を選ぶにはそういうところに目をつけて選挙していただきたいものと思います。私は何の効果をもお土産として持って帰ることのできなかったことを恥じますが、日本の旧式政治家は、婦人がいかに世界の大勢を支配しているかを知らぬ。今私たちの行動を笑う人たちを笑いかえす時がきました。私たちは冥想し分析して、もはや動かすことのできない信念で運動を進めています、皆さまと共に微笑み、大に笑い、哄笑に破裂するときが、もう眼の前にきました。婦人運動ももう一と気張りです。

（読売講堂に於ける講演筆記）

解説

1931年刊『大空に飛ぶ』（改善社）所収。世界の婦人会議に出席してきた兼子は、婦人参政権獲得まであと一息と見ていた。兼子は国内の婦人団体と有機的に接触しながら、基本的には文筆をもって一匹狼的に活動してきたが、その功績は少なくないだろう。例えば、1928年の万国婦人参政権大会（ベルリン）の際は英語・ドイツ語で演説を行い、直後に議長から握手を求められるほど会場をわかせた。後日、大会から浜口雄幸首相あてに、婦人参政権を付与するよう勧告する書簡が届いている。また、各国代表者とともに平和示威運動に参加し、ラジオで放送演説も行っている。欧州を歴訪したのちに渡米し、さらに見聞を広げた。

絶筆とされる本稿は、末尾にあるように、講演録だけあって聞き手をかき立てるような熱気がこもっている。宿願だった政治参加の機運をとらえた、燃え立つような高揚感が読み取れる。

今日の不平人（抄録）

普選が実施せられた今日に、取残された不平人は婦人ばかりとなった。議会解散とともに更始一新の昭和新政に、昔ながらの旧套（きゅうとう）をまとって台所の隅で煤（すす）ぼって居れとは残酷な無理である。形式の変わった女大学を鵜呑みするほど無関心でない限りは男性に対する水平運動の起ることは当り前の超当り前である。人違いをして一時預けておいた荷物を奪還するだけのことで、婦人運動が到着すべき終極点は男性の現在点で、それ以上の欲求はない。標的とするところは平凡なもので、ただ権利の偏在を矯正しようというくらいが最大限度で女らしい小さい希望である。

女性の向上が、やがて男性の退下と見るのが抑（そもそ）も間違いの第一歩で、世の中は桔槔（きっこう）※1ではない。女性が上がったからといって男性は下がるものとはちがう。この上に女性を抑えて隠忍を強いるならば永久に水を汲みおける機会はあるまい。ただ合理的に男性の平準を低下せしめないで、他の向上によって両性の均衡を保たしめるだけのことであるに拘わらず、男性がその優越を永く享楽せんが為め主我的欲望によって今日の世界道徳と相容れない不道徳を継続しようとするが、国債の交通が頻繁となり思想が相接する近現代には、一国だけの国情はすでに一国だけの国情ではない。女は男の讐（かたき）ではなくして大きな味方であることを知らしめ、かつそれが平和の減速であることを納得させねばならぬ。どんな運動でもそれが成立すれば必ず一方に犠牲者ができるのだが婦人運動だけはそれがない。すなわち公明な天則の発動で無理のない証拠である。欠点の多い男性文明の暗黒面を補綴（ほてつ）※2する進行曲で、世界は両性人の統合体であるという概念的解釈だけでも植えつけける必要に迫られている。女性はこれ以上に圧迫に堪える思想上の余裕を持ち合わせていない。人間には個性があり国毎には国体があり男女には心理的特異性はあるにもせよ、その特異性は大きな集団という高所から見れば構成の細胞に過ぎない。男女が対立して相闘（せめ）ぎ合う利益は無知な人種のすべきことで文明国の為すべきことではない。とりわけ貧乏にして文明な国の為すべき争議ではない。

　治国平天下の要諦は政治をわかり易くして国民をして僻（ひが）み根性を持たざらしめるに在る。これまで貧乏人は僻んでいた。しかし普選はこれを一掃した。僻んでいるのは女ばかりとなった。金持ちも貧乏人も男も女も同等の権利を持たせておいて負けたものが弱者ときまれば負けても得心する。現在のままでは女が得心しない、馬の鼻梁を策って馬を走らそうとするのである。どうせ返還すべきものならば早く女権は返してもらいたいものである。女人の権利が平和によって談笑の間に獲得せられるか、はた革命によって睚（うら）み合わねば得られないかは男性が人道主義の原則を認めるか認めないかによって極（き）まる。男女争議をどの道に導くべきかは、その責めは男性のみにあって女性には何の責任もない。男性は我儘（わがまま）であるが賢いはずであるから、ここは考えてもらいたいのである。先ず帽子の上にかぶっているその兜（かぶと）を脱いで黙考してほしい。

　女は智識の泉源たる学校を持たぬ――賢母良妻教育は学校の中に数えぬ――、政治結社の自由を持たぬ――治安警察法――、立法府に参与し能わぬ――選挙法――、財産権は認められぬ――民法――、姦通その他に不平等がある――刑法――、だから教育の機会均等、政治的開放、参政権要求、法律の改廃等が婦人運動であり、そのうち参政権を獲得して婦人の手で革新を行いたいが最高の希望である。さらに傍系としては矯風、廃娼、禁酒等がある。だが傍系は間接射撃で却って正系をかき乱すおそれがある。婦人運動は百貨店の広告と違う。あまり支脈を延長しないで一路正系に向かって突進するがいい。

（中略）

　今日の婦人運動は集団的人格も政治的調練もないから、ややもすれば主張がボケかかる。絶えず感覚を新しくしてその緩んだ螺鋲（らびょう）を締め直しながら進むのがリーダーの手腕である。運動の目先を変えるErsetzingをせねばならぬに反して婦人運動のお題目は十年前も今も同じことである。それがいけない。

　運動の中に支配しているもの、または運動によって誘導されている主張についても方程を考えながら進む意識的運動家は、かかる運動の形式において展開し、かかる運動の形式をその働きに用いているところの流れに押されて行く無意識運動家を率いてともに進まねばならぬ。

　衣装競争や流行モデルの排列に過ぎない烏合は議論倒れ理屈倒れになって、仕事に経験のない閑人の空想となり折角の目的も戸惑いしてしまう。

それ女子は生まれて五年にして飴玉を恋い、十歳にして活動を恋い、十五歳にして衣装を恋い、二十歳にして恋を恋い、三十歳にして金を恋い、四十歳にして家屋敷を恋い、五十歳にしてお寺を恋うたなら学問知識を恋うている時がない、これに反して酒と女とは男性生活の中枢をなしている。小説でも詩でも歌でも宗教でも犯罪もこれから出発している。これで思想が低下し体質が悪化するから結局は女性に負ける運命をもっているようだ。女給や芸妓の頼むことは何でもよしよしだが婦人運動家がいうことは何でもいやいやで聴き入れてくれない。困ったことだ。

雄図のないところへは大希望は到来しない、これまで逃避から否定と破壊とへ進んできた運動が、これからが建設への歩を踏み出そうとする時に停頓状態に陥りかけている。しかし心配はいらぬ。停頓の底を流れる暗流はたしかに発達もし進歩もしている。ただ計量のできないほど漸進主義の漸進である。かように婦人を委縮させようとするのは保守退嬰を骨とする婦人常識である。この婦人常識を吃驚させるような衝動が次から次へと飛び出して常に清新な気流が交換しないでは新婦人の想像は遅くなる。婦人運動も小首をかしげる。

男性は交際または活動によって知識が流動するが女性は蟄居(ちっきょ)していて知識の消費を許されないから固まってしまう。女の脳味噌が量目不足なためでなくして知識が動かないのである。動かす機会が乏しく小さな局部に限定せられているからである。要するに賢いということは知恵の優越した消費で、消費量の多いほど賢いといわれる。

婦人団体と共産主義とは爆裂弾だと思われたものだが、共産主義のことは別の問題として婦人団体はただのゴム風船であって一向に爆発しそうにないから男性はその爆弾を枕にして眠っているが、当事者の一方にのみ除外例を認める不平等はいつまでも永続すべきものではない。ゴム風船は爆発させないで知識の消費によって平和に空気を抜くがいい。電車の中で婦人に籍を譲るというような見え透いたあやかしをやめて両性平等の根本義に於て席を譲るがいい。

婦人運動は平均への行程であって夫への嫉妬、舅からの圧迫といったような個々の不平を一定の場所へ持ち寄ることによって私的不平が公なる憤りとなって運動の機能を発揮する。そこに主義綱領が固められる。主たる役割を演ずるものは主義そのものであって、運動とはただこれを運搬するだけの動作である。ややもすれば動作が主義を圧迫して無産党が個々に分かれて争っているように婦人運動も集団的に活躍しないで個人取引を始める。抜がけの売名運動も始まれば女子特有の排斥をやる、嫉妬もやる。新しい意見を抱くものは異端者として追い出され国事犯で亡命した支那政客のように首に懸賞金をブラさげて逃げまわらねばならぬ。ロシヤ流に気に食わないものは氷の中へ流しものにあわせてしまう。これでは運動でない脈絡のない自主行為で、離合集散常ならず、縁談に手を握って、陰へ廻って悪口をいう。表には会を組織して楽屋裏へ廻ってカラクリをする。正気でないことも平気でやる。ここにアフリカの真中を旅しているような気分である。何の力もない。何の力はなくとも権利は認められてなくとも婦人は実在しているから厄介なのだ。しかも国民の半数というものが実際に存在しているのだから、その存在だけは認めないわけには行くまい。男性がこれを人間と認めないからといっても実際は人間同志であるから双方に交渉もある。通商条約の調印はなくとも相通商し合っている日露の関係のような具合である。

婦人運動は激流に分れているが思想的にこれを二大別することができる。その一は男性に縋(すが)ってその力によって女性の権利を認めてもらう嘆願性妥協運動、その二は男性の横暴に憤慨して大敵行動を取る反抗性攻撃運動で、その手段は議会へ肉薄すること、婦人会を組織すること、法制審議会を動かそうとすること、男女教育の均等を叫ぶもの、俸給の対等を希望するもの、任用令の改正を俟(ま)つもの、宗教を背景として世論を喚起せんとするもの、いろいろの経路に分かれているが、共通の欠点は軍式の欠乏である。欠乏というより皆無という方が適当する。どの派でも無銭運動である。したがって本陣もない。斥候(せっこう)と間者(かんじゃ)だけの集まりである。個々に手弁当で動く。統一のないのは当たり前である。装身具に万金を惜しまない奥様も五十銭の会費は滞納勝ちである。催促すれば入り違いに脱会届が出る。よって運動家は小遣銭のある時には走っても小遣の切れたときにはご飯たきでもしている。妙な具合の間歇(かんけつ)運動である。会合には女同志で気焔を吐いているが、その不平を男性に向かって呼びかけない。指揮者のない虚栄のぼやっとした蠢動(しゅんどう)である。スペア・タイムスの無益の消費である。その中で宗教によって勢いづけようとすることは、一番有力なようであるが、それは考えさせる問題である。もともと婦人は宗教の要求を借りねばならぬほど弱い基礎の上に立っているものではない。どの宗教にも臭みがある。甲の宗教家が唱えだしたら自個の宗教の臭さ味を婦人運動に交ぜるから乙の宗教家からみれば臭くて鼻もちがならぬ。味噌の中に交っては味噌の味噌臭きを知らぬ。政党や宗教を交ぜることによって普遍的な婦人の主張を臭い狭いものにしてしまい、宗教それ自身も狭いものになる。讃美歌は木魚の調子に合わないものだ。

婦人運動は婦人それ自身の覚醒を促せば足るのである。

自身の行動を書くのは気障味のあるものだが寡聞なもののよくすることである。その例に漏れない私は新聞記者をやめてからは何れの婦人会にも属せないで、婦人団体とは何の因果もないが絶えず新聞雑誌または著書で婦人を刺激する事を忘れない。理屈から実行の世界へ引っ張り出して、これによって社会組織に清新な空気を送り込んで風紀を振興し秩序を整したいと思っている。さき頃の府県会議員選挙にも民政党遊説部の一員として演壇に転戦した。それはただに民政党の政綱に共鳴したばかりではない。ここでちょっと内証話をして見ようならば、自分で演説会を開けば手数もかかり金も要るから、こういう時を利用して婦人の主張を開陳し、または婦人の意見を政治に吹き込んだつもりである。学問的に過剰な部分を一般の人に近接するようにして人類運動の客体たり得るように基礎づけるのが目的で、孫子の兵法にいうところの糧を敵に籍(おく)る戦法である。現にこの稿を草している日、二月十三日――にも代議士総選挙で第一区で婦選の機運を促進させんためである。選挙には浮浪者と婦人とは除けものにされていることをはっきりと意識せしめる、壇上から政見を述べているものが失格者であり、その説を聴きに集まっているものが総て有権者であるという珍象を認めさせる。候補者に対しては婦人参政権を考慮に入れることを謹告する。こんなことから歩一歩婦選に詰め寄せる。高い運動費をかけて血眼になっている中に無銭でこんな横着な火事泥を働くべく演壇に立つ女弁士、男の眼から見れば汝の名は不逞婦人である。

男いきれの演壇へ背丈の低い女性が一人飛び出すことは大阪では珍しいものと見られた。このごろは日労党などで女の闘士を養成しているが、まだものにならないそうだ。私が初めて政談演説に現われた時は千代萩の御殿場へ現れたほど市人は魂消(たまげ)た。遠いところからわざわざ演説を聴きにきてくれた人もあった。私の演説はいつも野次がなくて喝采があった。人はこれをもって婦人の徳だというが必ずしもそうではない。男の弁士が十人も二十人も並ぶ。同じような教育同じような経験から出発した意見であって聴衆は男に食傷している。そこへ違った観念、ちがった政策を述べる、それを聴衆は珍しく思う。その珍しく思って傾聴しているに乗じて女の心眼に映る政治、女の心から考え出した意見を男性に理解させる。どうせ今から総選挙の済むまでに一日五回として三十五、六回の演説をやらされるであろうが、その度毎に婦人運動の使命を序(ついで)に印象させ、婦人参政権問題の未来に予備基礎を築いておく。これが議会開放の機会利用である。

女に選挙権を与えたからといって男が水気を抜かれてペシャンコに踏みひしがれるものではない。煎餅とはちがう。イギリスのように女の数が男より多い国でも政治はやはり男のものである。婦人運動の演説でも女ばかりのところへ出たら野次もなければ拍手もない。これだと思う巨弾を射ち込んでもぷすっとも音がしない。こたえたのか、こたえないのか、見当がつかぬ、それでも陰へ廻ったら相当に反対もする。男子相手の政談演説をやっている身には処女会や婦人会の演説はとても堪えられるものではない。政治と法律には先天的に趣味のないように思われるが、これは日本だけではない。女天下の欧米でも女の陪審員は振るわない。法律も男のものである。しかし振るわないからといって女の権利を取りあげておくということが不当である。不当はどこまで延長しても正当にはならないから、これを正当にすることが女の権利で男の義務である。

私どもは遺憾ながら男性の見るところと処世の解釈を異にしている。借金してまでも軍備を拡張し、その利益を支払うにまた借金を重ねる。その行詰りは三角形の頂点に逆立ちする苦境に追いつめられるに極まっている。そんな基礎のない軍備や出兵は権威もなければ勝味もなく、近所に借金だらけで畳は破れ壁は落ち、しかも喧嘩に強い貧乏人の状態で、喧嘩に勝っても食べる米もない。人間と生まれては楽しんで暮らす方が喧嘩して暮らすより気が利いている。国家としても戦うて弱くなるより戦わないで強くなる方が得策である。男性は絶えず仮想敵の妄年に捉われて、いつもお化けに追跡せられているように慌ただしい生活をしているが、なぜ世の中をもっと幸福に送れないものだろうか。平和を基礎として正装を地盤とした上に財政経済策を樹立しないものであろうか。いま世界のどの国でも財政策が論議の重点になっているが、財政なら一家でも一国でも女性得意の土壇場である。お台所の賄いならこちらのものである。財界の整理をもって破けた着物の上に立派なコートを羽織るものと思うのが間違っている。権利は貴重なものだが、さてその権利も持ち余すほどあっても厄介なものだ。男性が持て余しているほど重い荷物なら政権の相棒を担いであげようという親切である。その親切なものに貞操上の難癖をつけて女性道徳を説いて自己の不品行を庇い、併せて婦人の主張を不利益に導こうとする。それは昔の御殿女中のやった遺策である。女が貞操を売れば男だって良心を売る。貞操蹂躙の慰籍料が平均五百円、良心売買は代議士で五千円、高いからえらいというのではない。相場の高い安いの議論とはちがう。公設市場と混同してはいけない。

婦人会も婦人参政権要求は時期尚早でいつでも否決せられていたが、参政権の尚早とは男子から拒否の口実としていうべきことで婦人の口からいうべきことではない。神様からからあらゆる美徳を賜って人間界に降りたのは女であるが途中で美徳を落としてしまった。美徳とともに権利までも落としてしまった。そんな狡猾な作り話はギリシヤだけにしか通用しない。それが現代でも女だましの神話を行っているのだから驚かされる。実のところ女はだましいいのかも知れない。経済上から見ても職業婦人の平均収入額は三十八円九十六銭に過ぎないのだから男性のつっぱりなくして立行かない。立行かないものには権能がない。安い外には芸のないのである。安あがりで下級の仕事をさせるに便利なだけである。なぜ安いかというに原価が安い為である。従って粗製品であるからである。修学費用は月給取りの投資額であり、売品としての原価である。故に婦人は安ものとなり勤め人の特価品となっているのである。これは婦人が悪いのかというに必ずしもそうではない。全く制度がいけないのである。智恵をつけることができないのである。運動が自転車なら智恵はハンドルの役目をつとめるものである。ハンドルなしに無理に押しているのが今の婦人運動である。七三空想の頭が昭和現実の自転車を取巻いて騒いでいるのだ。女学校の課程を見ても智恵のつきそうな科目は少ない。下駄の鼻緒をすげ換えることも教える。洗濯の仕方も御飯の炊き方も教える。そんなことは一ヶ月下女奉公をすれば大丈夫であるが。下女養成でもそれでも学校なのだ。短い授業時間にそんなことを教わって悦ぶものがあるものか。学問でないことに時間を費やして智恵の不足を責めるのは酷である。女学校を出ても高級の学校への連絡に乏しい。驢馬の養成は学校を煩わすに及ばない。この制度は根本から引っくりかえす必要がある。元来学問でも政治でも男と女とを区別するのが大きな間違いの根本である。参政権とは人間としての権利であって男でも女でも自由に空気を呼吸する権利のあるように人間には自治の義務がある。学術技能などの高低によって区別のあるべきものではない。参政権を辞退するのは即ち人間生活を辞退するものである。つつましいのもいいが他から激励を受けねば主張が現われてこないよういな女性は却ってよろしくない。性別を撤廃して人間として活きるということが婦人運動の立脚点である。

解説

1929年『情熱的論理』(平凡社)所収。

1927年、男子普通選挙法による初の府県会議員選挙があり、兼子は民政党遊説部のメンバーに選ばれ、応援演説を数十回務めている。それは、文中にもある通り女性参政権を訴えるためであり、参政権のない女性の演説を男性たちが聴いたのである。また翌年には男子普通選挙法による最初の衆議院議員総選挙が行われ、兼子は大阪を中心に北陸や山陽まで演説をしてまわった。さらに普選後に召集された第55回特別議会の「特別観戦記」を『新愛知』朝刊に連載。その際の兼子の紹介文には、「普選最初の帝国議会には、婦選はなくも婦人の見聞記はなからねばならぬ、記者はこれを文誉一世に嘖々たる北村兼子女史に属した。女史は清少納言以来一人の才筆にして観察の警抜、行文の軽妙、実に清少納言を凌駕するものがある」(1928年3月28日付)と書かれていた。選挙応援演説を終えた兼子は、「普選になったからここに青年時代が実現するかと思っていたが府県会議員の当選者は六十歳前後が過半数で、日本の政治はこの年頃の皺だらけの腕で運用せられて働きざかりの青年は意外に無気力であるのに驚いた」と述べた。

※1 はねつるべ(釣瓶)のこと。「けっこう」とも。
※2 不要と思われるところを削ったり、書き換えたりして再編成すること。

婦人運動の動き

婦人を除外して創造日本が生まれるか……私は問う。ただ今では男性に知識が一と渡り行き渡った。たといその知識が鍍金教育の所産であるにもせよ学制の上では燦然たる光輝を放っているが、法律でも道徳でも教育でも婦人の頭に大きな蓋をかぶせて男子だけで日本をかついで行き詰った路次に突き当たっている。神輿をかつぐように力づくで挙げて力づくで推し切ろうとする、汗をかいている姿を見ても御苦労さまと挨拶する気にもなれない。私は笑う。

日本は人種平等を高調して国際会議で欧米に向かって水平運動の口火を切った。これはいい。創造日本はここから世界へ動き出すのである。それのように婦人運動も男性に対する水平運動である。この運動は不平等打破から出発したものであるから水平社、社会主義の説くところと似通った点もあるが議論の基礎は全くちがう。ロシヤにおけるゼンアトデルとは似てもつかない婦人連盟である。

婦人運動の目的とするところは、むづかしい理屈をつけようとするから誤解されるのである。事は簡単明瞭である。「女なるがゆえに」の七字を法制と教育と習慣とから取り去ればそれでいいのである。性別を撤廃して自由競争に任せる、ただそれだけのことである。その外に何もない。女でも偉大なものは大きな仕事をする。男でも小さなものは才能に応じた業務に服する。不自然な状態を改めて人間を自然のままに置くのである。婦人の動きを止めておいて男性だけで社会を動かして行こうとするのは無理であるばかりでなく偏傾的になって半分しか光がささない。太陽の恵みを私照なく光被せしめたいのであろう。

原則がそうときまれば法律における技術的の改廃は小さな事務に過ぎない。いま婦人が男性に向かって挑んでいる一種の闘争は、やむことを得ずしている抗議に過ぎない。これは大局から見れば力の浪費である。男性の理解さえあれば即座に終息する愚運動である。

国民の半数を占めている婦人運動がなぜ割合に振るわないかというに、これは脱党者が続出するからである。脱党者というのは反対党である男性に嫁ぐことであって、勇敢に第一戦に立っていたものでも一たび結婚すれば、すぐ参ってしまう。家庭に囚人となって街頭の婦人運動からこぼれてしまい、せいぜい婦人会に出て、四辻に立ってメダルか花を売るくらいの程度に堕落して、その内に子どもを産んだら運動と縁が切れる。

婦人が今日のように忍従と抑圧との下に堪えてかろうじて生存しているのは無知が招いた不運である。しかしそれを左様にならしめたのは男子が設けた教育制度ではないか。

男子専制は既得権ではない。世の中は男女の乗合バスであるが、男子が先に座席を占領したからといって同一賃率で乗っていながら立ん坊にされて揺られ通しで進んで行くのは殺生というもの。たまには美しい女に席を譲ってくれるものはあっても参政権だけは確と握って渡さない。これでは女が盲腸化し扁桃腺化しても仕方がない。公民権などのケチなプレゼントは男子に返上する。

婦人問題はあっても男子問題のないのは不思議でも何でもない。問題は不平組より起るものであるから政権を握っている男子に内閣弾劾演説の必要はない。倒閣運動は在野党に限る。婦人は在野党であるが、嫉妬とお化粧とには先鋭をもっていても権利の伸張には鈍いあきらめを持っているから、婦人運動でヒットはうっても走塁ができない。創造日本の善とは遠い。ここしばらくは男子に専制をお願いしておくより仕方はあるまい。

解説

1929年『情熱的論理』(平凡社)所収。

一流の漫文

大阪朝日に記者を稼いでいた時分には婦人会にも臨席したり、雑誌『婦人』その他にも筆を執って婦人諸姉にもお近づきがあったが、記者をやめて浪人となってから一人ぽっちで婦人運動の邪道を踏んでいるためか、男性のお友だちが多くなって婦人がたとは縁が薄くなって、いまでは講談社の婦人倶楽部へ時々寄稿する程度で、私の身から女気が抜けてしまったように思う。もともと私は性別を超越してヒューマンとなりたい。男とか女とかいふ灰汁を人間から抜いた頭を持ちたいと思っていた。それが少しづつ実現するのではないかと思う。きょうも奥さんから『あなた一流の漫文』を書いてくれとのことで筆を執っているが、漫文は読んで字のように放漫な書きものであるから、筆が何処へ突きあたるやら知れたものではない。さきごろ単行本『婦人記者廃業記』を脱稿したところへ、ゆうべは大喧嘩をやったものだから、頭の中は空疎になって思索が時々中断するように感ぜられる。一身上のことに観察点を置いて書き始めるから漫文はほんとうの漫文になる。え？　その喧嘩の模様を話せって、いや詰らないことで……大阪で陪審法の模擬裁判が開かれて私も弁護士となって出廷した。何でもないことから喧嘩を売られて、衆人環視の中で荒くれた髭男大ぜいを相手に諍った。私は生れてから初めて喧嘩というものをやった。尤もすねたりじれたり所謂る女性らしいせり合いの経験はあるが、本当の手荒い喧嘩は今度が初めてで両親も驚いた。私自身も驚いた。どうも法律や政治に関連しては喧嘩も避けられない時もある。議会で殴り合ったり、泥を塗り合ったりすることは悪いにちがいはないが、時としては勢いここに脱線せねばならない時もあろう。これからの婦人運動も前途に喧嘩の雲影が見えるように思う。どうしても政治は荒ら仕事だから、ひげ面に怖けていては手も足も出ないように日本の現代が造られている。私は婦人運動の草開きをお手伝いするつもりで喧嘩もした。平和は理屈であって道理でない。道理であっても実際ではない。すべての改造は血と肉とを要求するほど社会組織が冷たくできている。立憲政治でも普通選挙でも、その制度を樹立するまで志士の生命は獄中に縮められたことは少ないことではなかった。ひとり婦人運動に至っては、これまで犠牲らしいものを少しも支払っていない。これで希望を達することができたなら海老もつけないで鯛を釣ったようなものである。しかし私の考えは間違っているかも知れない。自分でもそれを危ぶみながらいま進んでいる。

民政党の遊説部員として三十何回の演説をやった。その感想のようなものを書いてみる。府会議員選挙の応援演説に出掛けた時のこと向い合せに反対党の演説会が開かれている。『政敵は卑怯にも女の弁士を使って人気を取っている』とかいって私に向かって攻撃の矢を向けたものだから聴衆中の婦人たちが憤慨した。また聴衆は女の弁士は何を述べるであろうという好奇心から、すっかり私の出る演説会へ移ってしまって、お向いさんはがらんどうとなったことがあった。彼等の攻撃は誤っていた。一個の北村兼子を罵るがよかった。婦人を罵ったのが悪かった。そして婦人弁士に便宜を与えた結果を招来した。いま婦人が人格を認められかけてきたときに差別的の言葉を用いることは水平社でなくとも社会が容認しないのである。

大阪では婦人と政治とは全く因縁がなかったが、今度の選挙には婦人得意の戸別訪問や泣き付き運動ができなかったために婦人の出る機会は尚さらに失われてしまった。しかし演説会場にはこれまでにない婦人の聴衆を見かけた。とりわけ私の出るところにはそれが多かった。そして多くは職業婦人であった。私の演説の切れ目切れ目に音楽のような応援の声が、これら婦人の群から起った。その声が起るたびに混濁した野次気分の中に一味の清風が漂うかのように感ぜられた。私は婦人に背いた。しかし婦人は私を見すててはいなかった、官憲から中止や注意を食うたびに激励の声の起ったのも、やはり同じ群から高まり始めたのであった。

兵庫県で無産党を個人として応援した時には婦人会から歓迎してくだすった。まるで先覚者のように待遇されて恐縮した。恐縮しながら若い婦人の頭には政治が通うようになったことを喜んだ。これが婦人の候補者を応援しているのなら心から楽しかろうと、婦選時代が待ち遠しくてならなかった。

聴衆――殆んど男子――が婦人の意見に傾聴するような傾向になったことは悦ばしい。これは少くとも政治に婦人の意見を幾分かでも嗅わすことであって、やがて婦選時代の根底となるべきものと思う。これまで男が女よりも優越人種に思っていた角がとれたもので、私どもが吹き込んで置いた風の種が、いつかは嵐となってもらいたい。近く衆議院議員の総選挙も行われることであるから、また政治思想を鼓吹する機会が近づいたものである。婦人の演説に欠けるところは外形的には風采の揚がらざること、星稜の豊かならざることであり、内容的には熱のないこと、弾力不十分なことである。これらは婦人運動に携わる人たちの先ず研究せねばならないことと考えられる。

一身上のことを中心として書いたから、読者に対して気兼にもなるが、そこが私一流の漫文だと思って、読みつらかろうが、それでも『いつわらざる告白』という題名の下にかくれて嘘ばかり並べているよりは罪が軽い。もう一節だけ無邪気なところを書くから、我慢をしてもらって……大阪で民政党の大会があった時に私は入場徽章である赤バラを持って行くことを忘れた。忘れたのではなく他行していて時間の都合で帝国より後れて駆けつけたから赤バラを持たなかった。即ち忘れたと同じ結果ではあるが……入場しようとしたら警官が拒んで入れてくれない。押問答しているところへ幹部の人がきて、北村女史を知らないか、遊説部員だ、弁士だ、ごてくさなしに入場させろ。と頭の上から蛮声を落としたので、その権幕に警官が辟易した隙に私は入場したが徽章がなくてはいけないから取あえず、これを挿して置きたまえと白バラを衿につけてくれた。こぼれるほど推しつめた中に女性は只一人だけだから衆人の視線は私一人に集中せられた。あの婦人は何ものだろう。やはり役員だろう。徽章をつけているからね。あれは暴力団だ。あんな小さい女が強いのだろうか。そうだろう、体は小さくても撃剣や柔道を心得ているものもあるからね。どうしてそれを知っているのか。見ろ、白バラを挿している。あれは暴力団のしるしじゃないか。なるほどあの女は暴力団にちがいない。恐ろしい女だね。議会へでも飛び込んで暴れるのだろう。

暴力団とは恐れ入った。私は幹部室へ飛び込んで、ひどいことをなさるのね、白バラなんかをくれてさ。白バラなにがいけないのですか。暴力団じゃありませんか、赤面しましたよ。あはは北村さんが暴力団とは面白い。何が面白いことがありますか。わが党に暴力団の徽章なんかはありませんよ。白は院外団です。いやです。赤に変えてください。赤バラはもう残つていません。今日はそれで辛抱してください。

仕方がないので白のまま席にかえると、待ちうけていた群集が、またしても暴力団の女が戻っきた……おかげで永井柳太郎さんの演説を妨げた……漫文終り。

解説

1929年『情熱的論理』（平凡社）所収。

前半に「陪審法の模擬裁判」とあるのは、現在はない陪審審理のことである（1923年に刑事事件の陪審法を公布、1928年施行）。兼子は、1927年11月19日に大阪市天王寺町にて陪審模擬裁判にて弁護士役を務め、翌年9月16日には東京の明治大学講堂で同模擬裁判の証人役を務めている。しかし兼子は学生時代から陪審制には反対していた。法律的知識がない者の「常識」が裁判の混乱につながることを懸念したためで、ドイツで廃止された例などを挙げている。また『法律春秋』では「いやになる陪審法」と題して、陪審員が裁判所にいわば忖度するような事態も懸念している。そして、文中で兼子が初めて喧嘩をしたという模擬裁判では、次のように述べている。「筋書が芝居じみて、被告の犯行が傍聴者の涙をそそるようにできあがっていた。涙の結論は同情で、宣告は無罪か、少なくとも起訴猶予であった」（「いやになる陪審法」以下同）。また、明治大学講堂で行われた模擬裁判では、東海道の汽車内で30ほどの事項を丸暗記し、要点はメモ用紙を準備して臨んだ。――「放火犯人の女房となって貧にやつれた姿で出廷した。（中略）ところが大審院から天下りの宇野要三郎判事の裁判長ぶりは、この女をなぶってやろうとでも思ってか、予定のコースを進まないで突風や旋風で横転逆転木葉落とし、筋書が宙返りしてしまった。私は興奮してカンニングの紙片を破棄し、どうとなれ、他力の筋書きを通らないで自力で応急処置で進んだが、心の中ではあぶない無軌条電車だと思った。こんな酷い目にあったことは二千五百の聴衆も、臨席の原法相、徳川十六代も御存知あるまい」。陪審員は聞きかじりの法律知識で私語を始めた。兼子は、「陪審員になったら六法を持たなければならぬという勘ちがい」にあきれたのだった。

後半では選挙演説を振り返り、女性たちとのささやかな連帯があったことを喜んでいる。兼子は、セクシュアルハラスメントについて公然と怒るという、当時では考えられないほどの勇気を発揮したことで、女性からも距離を置かれるようになってしまった。もともと、法律を学び、政治活動をすることで周囲には自然と男性が多かったこともあり、「一匹狼」的な動きにつながったのだろう。なお、最後の白バラのエピソードで登場する「院外団」とは政治団体だが暴力団と同義であった。

7章

国境を越えて平和を叫ぶ

演説草案三つ

私が今度汎太平洋会議に臨むため大阪を出発するとき私の友だちは二つの期待をもって私を送り出してくだすった。その一つは英米と提携して赤化思想を排除するにつとめるであろうという反動的の考えと、他の一つは支那を支持して日本の出兵に反対の意志を表示するであろうというのであった。

この二つの本質的にちがった扉を白に閉じるか赤に開くか。私という小さな蝶つがいが、どう働くか。そんなことはいまの私自身にもわからない。私の働きは釘付けではない。

新聞記者であった経験から筆に載せて感興をひく問題と、惹かない問題とは明らかに見わけることができる。活きて反響のある問題を押さえて世界の動きを見たいと思うのである。ゆえにこの行は文字からしゃべるというよりも思想探検に重きを置くつもりであるが、五、六回は演説もしなければならないため多少の腹案は準備したが、十日間の航海中で英訳するつもりである。日本の婦人で経済学を専攻した人が少ないために私が幾分かお役に立つこともあるかも知れないと遊撃の役目をつとめます。次の二編は特急の中で組立てたものであるから動揺するのを免れないが、これを書き残しておいて、私は日本の土はアローハを告げます。アローハとはハワイ語で「左様なら」ということです。まだ上陸しないうちからハワイ語を知っているところは博言家でしょう。決して鶴見祐輔氏に教わったことを口外してはいけません。

其一

私ども日本の女は東洋流に躾けられてきた。この躾け方は私ども女性を家庭の人形となすべく型にはまることを強要したのでありますが、人形になったというよりもむしろミイラとなり剝製となって今日に及んできたので、これが日本の婦人史であります。歴史といえば大げさに響くから経路と訂正してもよろしい。

しかるに近代思潮の流れによって物事を知った女性はその知識を総合して、ただ今では誤らぬ批判力を得ることができた。そこへ新たに普通選挙法が行われて、これには婦人が除外せられてはいるが、女性も政治に参与し得られる光明世界とは薄皮一重のところまで接近してきた。ここにおいて剥製のものが生気を吹き込まれて動き始めました。

正しい方向へ動くについては脚もとに横たわっている障害物を取片付けてかからねばならぬ。いま日本の婦人運動はその「取片付け」が忙しい用事の重なるものとなっている。その障害物とはどんなものか少しくそれを探究してみたいと思います。

日本の家庭は父親本位になって母親は従属関係に置かれている。原則として婦人は遺産を相続することができない。やむことを得ない場合の外は女を戸主としない。女は結婚するとともに所有財産は夫の管理にうつる。たとい妻は財産を所有することができてもその行使には夫の許可を要する。戸主の承認を得ない以上は女は戸籍上の家から動くことができない。民法では妻をもって禁治産者、未成年者などと威喝して取り扱っている。妻が姦通した時には直ちに離婚し得られるが夫が同じことをしても、いろいろの条件が離婚を阻む。妻が夫を追出すことはできないが、夫が妻を追い出す機会は多く与えられている。こんな列挙した事項は少数の除外例はあっても家庭においては男の便利のための女である。これはただ法律がそう定めているばかりでなく、宗教も手伝ってている。習慣も手伝っている。経済上の理由も手伝っている。

教育が男性基調となって婦人が高等教育に進む。便利のないことも法律や習慣と調和させるためであって、妻の賢いことは夫にとって好ましいものではないとせられている。男女共学は公に許されていない。医師や美術家として世に立つ道は開けているが、裁判官や弁護士となることができない。公の席上で個人のことを述べるのは遠慮すべきことであろうが、一例として申しあげるならば私は大学の法科を出ている。同じように勉強して同じように試験をうけて、或いは評点において男性を抜いていても卒業後に到って女なるが故に学士の称号を許されていない。高等文官試験を出願したが、これは男子に限るという制度にはなっていないが中学を卒業したものでなくてはその資格がないという理由で願出は却下された。中学校というのは男子ばかりしか入学せしめないところであるがゆえに、結局は受験ができないことになる。

婦人は結社をゆるされていない。政党員にはなれないのであるが、議会の総選挙などには婦人の弁士が歓迎される。私どもが政見を述べるがため演壇に立つときに聴衆は殆ど男ばかりである。演説しているものは選挙欠格者であるに反して、これを聞いているものは選挙有権者である。選挙権に関しては婦人は浮浪者破産者とともに権利を抹消されている。

しからば婦人は働きがないかというに決してそうではない。日本には製鉄とか造船、機械といったような男性工業が進まないで、女性的の繊維工業が発達している結果は女工の数が男工より多い。しかるに高等官になることと代議士になることなどが教育と法律とで堅く閉ざされている。すべて女にとって不引合いな制度になっている。自由結婚は原則として許されていない。たとい法律である年齢に達して、ある手続きをとれば認められないこともないが、それは国の風俗が許さない。ゆえに貞操の所有権は父親にある。娘はただ貞操を保管しているだけで、行使権は戸主が握っている。

かように権利が偏在していることは不道徳であるという抗議は女性よりもむしろ男性の聡明なる一部から起った。先ず市町村の公民権を与えよとか、女の世帯主に限って国会の選挙権を試みに与えよとか、そんなことが議会において論議せられているうちに時勢は急激に進んで今ではそれ位では、婦人の温室を癒すに足らぬ。一滴の水に過ぎないそんなことで婦人が満足しようとは何人も思うものがないほど急速に婦人の位置が向上した。納税額で制限せられていた選挙権が撤廃せられて、過激な思想を抱いていたものも、その主義を合法的な投票によって表そうとするようになって、政治的に取残された不平人は婦人ばかりになった。

婦人には政治上の訓練がないから選挙権を与えるのは時期尚早であるというのが、婦人参政権のおくれた唯一の理由であった。これまでも無産者に向かって選挙権を与えることを躊躇したのも同じ理由であったが昨年の代議士総選挙に無産新有権者の取った態度は立派なものであったから、尚早という躊躇説は根本的に覆された。これまで政治上に趣味がなかったというのは政治上の権利を持たなかったがためで、これを与えたならばしばらくの間に政治思想が行渡って、代議士の後には明らかに正邪を見わけ得る選挙人の批判が厳然として控えていることを立証した。かくして日本の政治は暗い運動から明るい選挙に推移した。

婦人が政治に参与する必要のあることはいうまでもないことであるが、とりわけ日本において必要を痛感する。日本のように天恵の乏しく人口のつまっている国は、ただ努力によって生きねばならぬ戦争をしている時間をもたぬ。借金してまでも軍備を拡張し、その借金の利子を支払うにまた借金を重ねるというようなことは自滅の外はない。最も拙劣な政策であるばかりか、人道上から見て最も厭わしいことがらである。日本はたびたびの戦争に参加したから誤って好戦国と見られたこともあったが、その実は日本人ほど戦争を厭っている国民はない。日本の婦人は特に戦争嫌いである。ただ国の位置が戦わしめたのである。西のバルカン、アジアの極東、ともに国際間の紛議を挑発する危機をはらんでいる。ここに国を建てたものは運が悪い、けれども私共は戦争に宿命づけられたわけではないから、喇叭（らっぱ）の音に耳を覆いサーベルの光に目を瞑（つむ）りたいと思う。

いま日本の政界では普選によって無産党が台頭して婦人参政を叫ぶようになった。無産党は代議士数において一番無力ではあるが、第一等である政友会、第二党である民政党も、これに反対することが不道徳であり非人道であることに気がついて、これまで焦燥を固執していたものまで心を翻して婦人参政に先手をうつことを考えるようになって、今では各政党を通じて普選の機運が流れているから十年前までは革命によらねば得られないと嘆いていた政治上の権利が、談笑のうちに私どもの手に落ちてくる機会が目の前に浮いてきたのであります。しかしその機会のくるのは結構として、さて日本の女性は、これに対してどういう覚悟と抱負とがあるでしょう。

私どもの希望は率直である。旧式外交のように表裏がない。縦断的には日本の政治を経済の礎石の上においての国民の福祉を増進させたい。横断的には列国の婦人と手を引いて人類の平和を確保する。ただそれだけのことであるから、この二つの単純な希望の源から洋々たる幸福が湛えられる。平和を基礎とし財政を調理して行くことは日本婦人の最も得手とするところである。ゆえに日本で婦選が行われたならば好戦国民として誤解された。その誤解を平らかなそして明らかな鏡の上から拭い去ることができる。太平洋の上には日本海から戦争の風は決して吹かないことを保証します。

日本に婦選が行われたからといって婦人代議士で議席の過半を占め男性を排撃したいというわけではない。男性にばかり任せておけば政治が殺伐になって国家が暗くなる。いつも仮想敵を頭に描いて、不意打ちの妄念に悩まされているのは私どもに取って不可解な男性心理である。この男性心理は日本だけではない。御近所の大国にも、それがないとはいえない。これは共通の弱点らしい。この欠点の多い男性文明の醜悪な一面を削ってしまうことは、女性としての役目であり、また仁理としての義務を尽くすべき権力を婦選によって得たいと希望するのであります。

この精神の流露した政策としては婦人の力によって国際間の衝撃を緩和し国内の闘争の深刻化を阻止し、平和をもって超法律的のものとなし、他の領土を侵略する計画と、人を殺す研究とをやめさせる。軍艦を建造する費金で学校を建てる。毒ガスの工場を理化学研究所とする。すべてにおいて男性の悪癖を矯正して、角ばった争いを絶滅させたい。ただそれだけが、私どもの胸から溢れた純真な希望であります。この希望が空想に終わらぬよう神に祈り人に訴えるの外、私の言葉に何の裏うちもありません。

其二

私どもの国は人口の増加に悩まされています。人口問題を国際的会議に持出すことは遠慮を申し上げたいのですが、遠慮してさし控えてはいられないほど急迫した問題となっているのでございます。しかしいま私は皆さんのお嫌いな移民問題については申し述べるのでありません。移民以外にどうしてこの問題を緩和していいかということを考えて見たいと思うのであります。

資源の豊かな国に生まれた人たちは偶然の幸福であります。私共のように天恵の薄い国土に生を享けたものの眼には特にその感じを高めるのであります。奢侈品に課税して生活の不当な向上を矯めることは或いは必要であるかも知れないが、働くがために生きんがために必要な物資を税関によって偏在せしめて、天から与えられた資源の分配を国境によって不平等にすることは神の心に背くものではあるまいかと思うのであります。関税を不平等に高めることは争いを挑発するものであって、その争いの原因が累積したならば好ましからぬ感情を抱かしめないとも限りません。

私どもは戦によって勝つことが嫌いであると同時に負けることも嫌いであります。他国を征服したいという考えがないと同じ程度に戦敗を楽しむというほど徹底した悟りは開いて居りません。太平洋にも軍備の狂騒はありますが、どの程度まで軍艦数をせり上げたならば安心ができるかというのに、どの標準に求めても安心する程度というものは決してないはずであります。たとい軍艦で太平洋を埋める国があってもその国は不安の程度を増すだけのことであります。軍備を偏重した国は弾力を失って必ず亡滅の崕に傾くのであります。戦争の亡霊に追跡せられたものはいくら走っても走っても、亡霊の影を置き去りにして逃げ切ることはできないのであります。しかるに文明国といわれる国ほどこの錯覚に陥っているのは、堆積した利益を保護したい。更に利益を広げたいという欲望から眼がくらんでいるのであります。私どもはこの上に富の分配を覆そうとして正しくない行動に出づる誤った考えを除き去りたいと思うのであります。私どもは少なくとも現状維持の程度に忍耐したいとしても経済的に現状すら意地のできない境遇に置かれていることを述べて皆さまの了解を得たいと思うのであります。

貿易の一般状態として「商品を買うことはすなわち金銭を与えること」であるが、日本の商品を買うことだけは必ずしもそうではない。日本には原料がないから加工費だけを売っているのである。これが日本貿易の特殊の地位で原料国に向かっても利益を分配していることになっている。これに対して関税をもって日本品を拒むことはその国自身の売り込みを阻むものである。

日本では好ましくない労働をやっている。長時間労働、深夜業、婦人小児酷使というような問題もあります。これは文明国から指摘せられて私どもは慙愧に堪えないことがあります。しかし日本のような資源の乏しい国は働いて働いて働かなくては生存ができないのであります。

貿易は御承知の通り入超が続いています。貿易外の受取勘定と申しましても移民が各国から拒絶せられたために送金額も減少してくる傾きが現われています。もう働くより外に仕方がありません。挙国一致で働いている姿を天然の豊かな国人の眼から見れば酷使していると御覧になるのも至当なことであります。私どもは先進国の好意ある忠告に従って労働時を世界の水平線まで高めることに決しました。

日本には製鉄とか造船とか機械とかいう男性的工業よりも生糸、紡織、マッチなどという女性的工業が発達して、生糸を除く原料は多く太平洋沿岸諸国から仰いで賃仕事をしているに過ぎません。従ってこれに従事しているものは婦人が多数を占めているのでございます。然るに原料の輸出を制限して働くべき種を取りあげて日本の女性を苦しめるのみならず、一般的に工業の発展を妨げる結果は失業問題を生じて人口増加のハケ国を海外に求めなければならないが、それは皆さんの厭われるところであるから、勢い人間を養う資料である商品を代理として送り出したいが、その商品も関税で堰き止められているのである。すでに原料の高いために二割以上の過度労働によらねば製品の販売価線に到着しないものを、労働時間の短縮によって原価を高くし、さらに関税によって高められることは堪えられない苦しみであります。

かくいえば日本でも相当に保護政策を取っているではないかといわれるであろうが、対抗上余儀ない障壁を築いているだけであって、資源のない国の関税政策などは貧乏人が立派な財布をもっているようなもので何の権威もあるものではない。関税によって一部の工業を保護するが如きは、たちの悪い巨商に投機的または独占的の利益を与えることになって社会政策として穏やかでない結果を招来するものであります。

私は賢明なる皆さまに対して結論を申し述べません。私の訴えた天恵分配の平等ということについて日本——

特に日本の婦人労働に向かって理解をしていただきたいのに止まります。

其三

競争は進歩であるが多くは悪い方面に向かって進む。「これは悪い」と気のついた時分には正しい路へ後戻りすることを恥辱のように思ってますます悪い方向へ進み切ろうとする。体育の競争が勝負を目的とするようになり、取引所の悪用が賭博となり、当選の競争が主義を棄てて衆愚の煽となり、学問の競争が人類を不幸に導くべき新説を唱えるようになり、最もたちの悪い国力の競争は人を殺す方法に熱中するようになる。内省的に精神または生活の改善を考えないのが男性文明科学万能の欠点である。この欠点は婦人の力によって救われねばならぬ気運に直面している。しかも落ち着いてはいられないほど形成は急迫している。

このままで進んだならば、たとい平和条約によって軍艦を破棄してしまうことがあっても経済的侵略戦線の鋭角が突っ込んでくるから戦争は避くべからずと考えられるに無理はない。この調子ではいつまで待っても、どこまで行っても平和の終点につく気づかいは決してない。断じてないと思う。

日英同盟は日本の発言権を弱めた感はあったが、同盟によって国力を強めるという考えが、すでに大きな間違いであった。個々の利益のために提携して優越を誇ることは好ましからぬことである、と気づいたのは日本ばかりでなくイギリスも同じ時に同じように気付いたのである。すでに日英同盟を棄てた日本は、いま噂に上っている他のある国と同盟して、ある国に当たろうとするような過ちを繰返してはならない。私ども婦人は戦を挑発するような戦争同盟には敢然として反対する。そこには自国と他国の区別はない。

国際間の誤った競争を防止する手段として国際連盟が成立した。この連盟は或る国家が自己の利益を擁護する機関であるというものもあったが、日本は少しの疑いもなく欣然（きんぜん）として参加した。そして連盟の主旨において必ず受入れられるであろうと信じた人種平等の原則を提案したが、各国はこれについて要領を得ない返事をした。

世の中のことは要領を得ないながら通用していくことが多い。私どもの日常生活は必ずしも要領をつかみながら進んで行くものではないが、人種平和の概念だけは疑問のないようにきめて置きたかった。これをきめたからといって、すぐ後から移民が押しかけて行くというわけではないから安心して賛成してもらいたかった。

政治家は兎（と）もかくとして宗教家道徳家及び婦人は必ず人種平和説を支持するであろうと思われたが、意外にも冷淡の態度を取ったのは、人類よりも国家を重しとしたものか、または提案者の精神を自国の利害から判断したものかのどちらかである。或は提案者が黄色い人口で溢れている国だから、白人に対して割込み運動をする前提であろうと誤解されたのかも知れないが、この正しい原理は採算を超越した崇高なものである。

原則だけでも認められることによって私どもが黄色い顔で、かような国際的会合に臨んでも何の羞恥を感じない程度に人種の融和を図ることは悪いことではないと思う。硬貨は白いものより黄色を好むが皮膚の色だけは正反対であるという傾向があったならば人道的に好ましからぬことのようである。或は私たちが有色人種であるからそう強く感じるのかも知れないが、博愛を基調とする婦人の正しき批判を仰ぎたいと思う。

人種の平等すら認めないような国際会議に絶望の声を洩らすものもあるが、私はこれをもって忍耐の足らないものと思う。幾世紀にも渉った弱肉強食の世界が二度や三度の会議で、電燈のスイッチを切ったように暗がりから明るみへ飛び出すものではないからである。

男性文明は科学の文明であるから多く知っているには敬服するが、同時に知らなくともいいことまで知っている。それは戦争する手段を知っていることである。平和を維持するがために軍港を築き空軍を増すということは理屈になってはいない。法螺(ほら)にしても悪い。事実とすれば尚更怪しからぬ。こんなことは各国の恐怖心を戦争に導く素地をつくるものである。

不戦条約は名を聞いただけでも喜ばしいものであるが、条約は時として紙となってしまう。魂のない紙となってしまうことがある。ほんとうに平和を望むならば人種平等を認め経済独占を除くことから出発すべきものと思う。さすれば争う原因の大部分は消滅してしまうと思う。これ婦人の愛の心に向かって訴えるのである。

全世界の民族のあらゆる代表的成分が集団生活を営んでいるこのハワイにおいて、私はこれについて民族の代表意識の反響を開かんと欲するものである。ただ私は国際的の辞令になれないため円滑にいい廻すことのできなかった非礼を寛恕してもらいたいのである。

解説

1929年『情熱的論理』(平凡社)所収。

平和の使者

船が神戸のメリケン波止場を離れた時には私どもと共に乗った日本婦人はたくさんにあったが、紀淡海峡を通るころから一人消え、二人消え、だんだん姿をなくして遠州灘へさしかかった時には船室深く閉じこもって音楽室にも社交室にも舞踏室にも日本の美しい女性の姿が見られなくなりました。

食堂へ出ても婦人ばかりか子どもの姿さえ見えない。一等乗客でありながら御飯と福神漬とを船室へ運ばせるのはまだしものこと、胃袋へ鎮めることの反対をやっているものさえあります。

西洋婦人は甲板を愉快そうに散歩したり舞踏室でジャズに合せて踊ったり植物室の長椅子で読書をしたり談話室で面白く話したりしている。その話題も政治から経済へ、文学から音楽へ、それからそれへと種が豊富である。小供らしく遊んだり学者らしく話しています。無邪気であって趣味が高い。

小さな細長い島、ぐるりは海である。その国民が波を恐れているようでは何処へも延びることもできない。国粋という小さな船室へ閉じこもって青い顔をしているのです。シー・シック（船に酔わぬ薬）を飲んで縮んでいます。

何ごとも保守的で引っ込み思案で台所へ封ぜられて、それが婦人の美徳だと欺されてきた。これが日本婦人の歴史であります。したがって智識もせまく眼のつけどころも低く、文明国の女性と比べると生気がなく精神が萎びていることは、いま春洋丸の社交室に現われています。

私どもは汎太平洋婦人会議に臨むためにホノルルへ向けて船出をしている。その会議の主たる目的は世界の平和を図るのと婦人の位地を改善するためであるが、文明国の婦人はもったいないほど権利と幸福とをもっている。彼女らは学問の程度も享楽の程度も高い。それでもなお現状に満足しないで女性の進歩を図っている。その計画は日本におけるある婦人会のように形式の遊戯でなくして精神の真剣であります。

私どもは法律上からも習慣からも家庭から見ても女の人格はひしがれている。ただ愚痴をこぼしているが進んで地位改善しようともしないであきらめている。それが日本婦人のいいところかも知れないが、こんな低い地位に落とされたのも男性文明の犠牲となったものであり、軍国主義の埋草となったものであります。

しかし世界の勢は変りました。職場で働いて国に尽すよりも平和のために力を入れて人類のために働くのが根本的です。いまの調子で国力の競争に走っては行き詰った時には大砲の力で打ち破らねばならぬ。国と国との争いが両方から押しつまってきて、外交の力では引きとめることのできないところまで切迫した時に意外なところから争いを止めしめる力が働きかけるかも知れない。その力というのは平和を生命とする婦人の団結であります。

私どもはいかなる時でも、どんな理由があっても戦争には反対する。勝っても負けても双方とも損であることは欧州戦争でよく清算ができています。人類愛からみて損とか徳とか算盤で弾くわけ合いのものとはちがいます。

戦争に当って赤十字社の看護婦となって働いたり、不在を預って出征者をして後顧(こうこ)の患いなからしめたりした軍国の美談はたくさんにありますが、それはみな消極的であり退嬰的である。これから後はそんなことではいけない。進んで戦争をなからしめるように一致して努力するのが女の本分であって、人間としての尊い行為であります。

船室にばかり閉じこもって平和の街頭から姿を消す時ではない。日本の女性たち、しっかりしてください。お互に励みましょう、そして婦人の力による平和世界を展開したいと思います。

軍備を廃します。租税を減じます。生活を安楽にします。心の不安を去ります。面白く遊びたい。熱心に勉強したい。快よく働きたい。その楽土は平和に向って団結することによって現われます。

私はいまライチング・ルームで日本の諸姉に対してこの文を残して故郷を離れます、時は七月十九日。暴風雨で船が動揺して文字も書きにくいごとく、世界の思想も動揺して人心は不安の極度に陥っています。私どもは平和の使いであるとともに、暴力に対する抵抗者であります。切に皆さまの後援をお願いいたします。

解説

1929年『情熱的論理』（平凡社）所収。

台湾民族運動史（抄録）

大正十三年から今日にまで根よく係争を続けている台中の青果会社事件、それは殖産局長であった高田元治郎氏がバナナの取引改善販路の拡張等を目的として芭蕉栽培者を擁護するために会社を創立したものであるが、台中の有力者林階堂氏外千五百八十人の生産者が生産組合を代表して反対した。台中は文化協会の根拠地であるから会社対組合の紛擾は官僚対島民、内地資本対台湾生産者の争いとなり更に政治的係争となって一営利会社の事件を民族的に拡大した。

新しい産業ができると働くものは台農であり利益を中間で搾取するものは湾紳(わんしん)である、帽子と鳳梨(ほうり)とは新進の生産物であるが米国へ行く帽子は神戸で搾取され内地へ行くパイナップルは大阪で汁を吸われてしまう、神戸大阪へ着くまでにも五六の関門があって、それを潜るたびに利益を失い、高利貸までが介在してその損害は農民に降りかかる、同族のブローカーと搾取されるのは余り介意しないが内地人に搾取されるとすぐ激昂する。

台湾茶の共同販売所ができて販売制度も合理化しようとしているがその理事長が府特産課長であり理事に州勧業課長が就任して香気(こうき)のある茶が官僚臭くなったという が放任して置けば組合観念のない島人は組合を荒らしてしまうか又は湾紳の機関にされる、信用組合だって滞貨が理事者の縁辺に多いのが常に問題となっているが官吏が世話を焼けば官僚が民族運動の対照物にせられる。

ブローカーを鳶といわないで猿という。茶には茶猴(さこう)[※1]がかり帽子には帽猴(ぼっこう)、パイナップルには梨猴(りこう)というのが寄生して不合理な商売をする。

包種茶(ほうしゅちゃ)は支那人と台湾人との手にありウーロン茶は白人と三井の手に、米の商権は三井にある、三井は手を包種茶に延ばしかけたから又た問題の種を蒔く。

始めの苦しい中(うち)は台湾人にやらせて置いて盛んになる見込が付けば大資本組織で母国人が取あげてしまう、本島人の経済機構が極めて複雑であるから利益が細かく刻まれし消費者の手に渡る時は農園離れの三倍にも五倍にもなる、その暴利は何人の手に渡ったかというに中間の関所が多いから、少しづつ仲買や買弁が削り取ったのであって何人も大きい利益を取ってはいない。これが合理化した時は茶館の商権が大資本家に奪われた時である、

大資本家が金融業者運輸業者大地主と提携したら数百の茶館、茶楼、茶猴は薙ぎ倒される、現代の複雑な組織に悩まされている農民がその時になって苦痛が軽減すると思えば大当て違いで搾取者の代替りに過ぎない。バナナの争議は茶、帽子の生産者に取って他人ごとではない。

解説

1931年『大空に飛ぶ』（改善社）所収。兼子は台湾の農民が日本の植民地下で搾取されていることに関心を寄せ、その搾取構造がなくならない限りは台湾人の民族的「反感は止まない」として、しばしば批判した。

1930年、兼子は婦人文化講演会にて参加するため、林芙美子ら7人の女性とともに台湾に招かれ、婦人解放や国際平和などをテーマに講演。台湾人が内地に居住すれば参政権が得られるが「婦人はどこに住んでも得られない」と、帝国の立場を自認しつつ婦人参政権について語っている。また、台湾では民族運動指導者の林献堂の歓待を受け、親交を深めた。兼子が帰国後に台湾での見聞をまとめた著書『新台湾行進曲』には林が序文を寄せている。

台湾での講演会には、兼子の著書の愛読者だった台湾在住の日本人女性、坂本住枝も来ていた。台南病院の看護婦である住枝は、聴講後に兼子に手紙を送ろうとするも「余り何もかも隔りのある事を思い」ためらっていたが、新著『新台湾行進曲』を読んだ半年後に手紙を送った。手紙では、職業を持ちながらつねに「男子専制に苦しめられ」ていること、それゆえに自らの人生を悲しんでいるが、「私のいいたいと思います事は何もかもすっかりあなた様が世に向って仰って下さいます」「あなた様のような方が二代も三代もつづく内には必ず女にもいい世の中になります事を信じます」と思いの丈を綴った。

※1　「猴」は猿のこと。

爆弾事件と法の適用

私は、自分がいま法律を研究して居るから言うのではないが、裁判官に今少し漢学の力をあらしめたいものだと痛感する。漢学の素養のある人が二重橋爆弾事件を調べて呉れたならもっともっと法律を活かして運用する事が出来たろうと残念に思う。

試みに廿五日の東京毎夕新聞の船中口占に金の決意の詩を見る。

万里飄然一葉身　舟中皆敵有誰親
張椎荊剣臓胸久　魯海屈湘思人頻
今日腐心潜水客　昔年嘗胆臥薪人
此行已決平生忘　不向関門更間津

（勿論此詩はこの通り出ていたのではない。毎夕紙には随分誤植があった。）

恐らく諸賢はこの詩を見て、金の意が何処にあったかを知る事が出来ようと思う。金は自らを張良、荊軻に比し魯仲連、屈原に擬す。而して許し難き、われ斯の如き人を思う頻なりの言を吐いているのである。これ明かに一大不敬事を企てているのである。若し平山予審判事にして、十八史略の一と二とを精読せられたならば、この詩の意味は御了解になったであろうと思う。

金の行為は、実に不敬罪として刑法第七十三条に該当するものである。爆発物取締規則違反位なまやさしい問題ではない。私達が今日あるのは皆皇室の余慶である。変に輸入せられる外国学問は、人の心を飛んでもない方面に迄もって行く。そして人は自分が社会の一員である事を忘れ勝で実に勝手極まる熱を吹く。

日本皇室に対して不敬を犯した罪人は、極刑に処すべきである。あの詩の意味を解しない日本人の無知を、いま金は舌を出してわらっていよう。何故かならば、張良の鉄椎、荊軻の剣、皆殺を意味し、魯仲連東海を踏まん意気と湘陰より洞庭に入る水に亡びし屈原を思うにて、立派に不敬罪は成立しているのだから。まことに吾が皇室に不敬を企てた金こそ悪（にく）みても余りあるものである。が、私は彼が鮮人であるが為に殊更に言っているのではない。これが日本人であっても私の考えは変らない、否寧（むし）ろ鉛を脊に流せよというかも知れない。

平山予審判事に対する失言はお断りして置くが、希う事には等閑に付せられ勝ちな廃れゆく漢学の為に、又漢学の家に生まれた私は、敢てその使命の軽からざるをいうものである。

（上福島中一　北村兼子）

解説

兼子が関西大学在学中、1924年4月28日『大阪毎日新聞』夕刊1面「屋上庭園」欄に掲載された論考。兼子の文章が世に出た最初である。

爆弾事件とは、1924年1月4日、朝鮮の独立運動家である金祉燮（キムジソプ）が二重橋付近（現・皇居前広場あたり）で起こした爆破未遂事件のこと。警備員に見つかった金が逃走時に投げつけた手りゅう弾は不発だった。文中最終段落に登場する平山予審判事は、金や、金を日本へ手引きした日本人の秀島広二、小林開を爆発物取締罰則違反・船舶侵入罪に、黒島里経と小林を船舶侵入幇助罪とした。その後の公判で、金・秀島以外は親族らに預けて勾留執行を停止する処分とされた。これに対して兼子が書いたのが本稿である。

兼子は金による漢詩に着目し、その意志をくみ取って思想犯ととらえ、「不敬罪」とした。「金は自らを張良、荊軻に比し魯仲連、屈原に擬す」とあるように、金は自分を前漢擁立に功績のあった張良や刺客・荊軻、遊説家・魯仲連、政治家・屈原に重ねたと見たのだ。張良は秦の始皇帝暗殺を謀り、失敗して逃げのびた義侠の人であり、劉邦を前漢の皇帝に押し上げるストーリーもよく知られている。なお、「鉄椎（てっつい）」とは、張良の指示で力士が始皇帝めがけて投げた武器で、この事件では手りゅう弾にあたる。この漢詩に出てくる男たちは気骨ある反逆者であり、英雄譚として、当時の知識人、とくに政治家・法律家には知られていたはずだ。つまり兼子は、金が朝鮮を植民地とした日本を秦、天皇を始皇帝として爆弾を投げたと見て、彼を愛国主義者・思想犯として裁くべきだと主張したのである。文中にある刑法第七十三条とは大逆罪のことで、刑の確定前は不敬罪などと呼ばれた。

兼子は、「男子征服の大旗を樹てよ」（125頁）などにもみられるように、水平社の運動や朝鮮人の独立運動に共感していた。晩年に書いた「いま亜細亜を離れる」（1930年『地球一蹴』）では「徳をもって法律で縛ろうとする」日本の統治法を批判し、内地から渡鮮した日本人は「懐手の時間が多くて、働くことを厭い、搾取を図り、遊んでいてもうかる方法ばかりを考えて鮮人にいやがられる」と非難した。本稿の見解が、実際の罪状から見て大逆罪とするのは法律的には無理があると自覚したうえでの指摘だったのかは判別できないが、学生時代の兼子にとって、金の思想的背景がもっとも重要だったのだろう。ただ、彼を朝鮮の愛国主義者として位置づけること、そのうえで不敬罪に言及することは当時の言論においてきわどいことであり、兼子の文章は波紋を呼んだ。実際、事件に関する報道は4か月近く禁じられ、兼子の記事が載る4日前にようやく解禁されたのだった。なお、「鮮人」とは日本の植民地支配下の朝鮮人に対する差別語である。文中にみる兼子の皇室のとらえ方も、当時の一般的な感覚だったと思われる。

漢詩に意思を示した通り、金は捕縛当初、死刑を予測して自白を拒否したため拷問を受け、結果、独立運動家であることが判明した。裁判においても独立運動に殉じようと死刑か無罪を主張し、上告も拒否。実際の罪状では死刑は行き過ぎであったため、一審・二審ともに無期懲役が言い渡された。

8章

大空を飛ぶ

飛行機上から見た大阪

心持よく滑走している中に何時(いつ)の間にか大地を離れている、恐いと思ったのは瞬間で、土と縁を切ったが最後、度胸が据(すわ)って胸の中は広く大きくなって下界の小さな人たちを眼下に瞰(み)て、ただもうエライものになってしまう理屈ぬきにエライものだ。

地を潜るもの、土竜(もぐら)、蚯蚓(みみず)、それの対照物として、天を翔けるもの、鶴、鳳凰、低きものは醜で高いものは美、下駄と帽子、泥と雲、バルコニーと地下室、高く山を仰いだ心もちと深く谷に落ちた感じと、そんなことを思いながらシートにシガみついていると、虐げて抑へて拉(ひし)いで人民を脚下にふみにじつている暴君の気分、おおそれよ、こうして小さな人たちを見下げているところに暴君の傲りはある。

機は練兵場から立って大阪の上空に三たび大きなサークルを描いて飛ぶ、百万円の公会堂の小さいこと、九尺二間の倭屋(わいおく)などは数の外にある。煙の中で苦しさに喘ぎ、その喘いで吐く炭酸瓦斯に自己中毒して苦しんでいるのだ。そんな雰囲気の中に哲学も芽生えねば道徳も育たぬ、発達するものは科学ばかりで、その科学も小さなものばかり、地震にビクつき海嘯(つなみ)に恐れ、神経衰弱の眼は血走っている。どうです、一つここへ乗って見ては。

何でも大きいものを見たいと伸び上がって機の外を見る、マア大阪城、それも小さい、太閤さんはもっと大きな筈だが、これでは尊敬の念が薄い、一たび眼を高所に着けて見れば高いと思っていた六甲山も低く偉大と思っていた英雄も案外に小さい。

突風が下から吹き上げる、変な調子に機体が振う、暴君もコボれまいと機に喰い下がっている付けやいばの暴君だから、ちょっとの出来事にもギキにうろたえる、機が安定すると、プロペラーがバリ付いている中(うち)に生意気な感想が浮ぶ——人間は雑居するから俗化するのだ、社会から切離れて孤独の身となれば議論もなく競争もなく、虚飾もない自然の淡泊なものとなるのだが、足が一たび地上につくとともに、そこに利欲や希望や猜疑などの伏兵が一身を包囲する、いやなことだ、一生こうして高いところに居れば高潔な気分を継続していられるに……おや、気流が悪いらしい、墜落は願い下げだが。

今、造幣局の上だ、金を儲けようと世間の人は苦労するが、金を造るに骨折っている役目は結構なことだ……。いうことを忘れていたが、今日は朝日の訪欧二機がモスクワへ安着の吉報を全市へ報告すべくビラと共に積んでいるのだ。だれも見ていないからと云ってサボってはならぬ、撒いたり撒いたり、風の都合でその左の高等工業の方へ飛んで行く、もう天満の天神さまだ、お渡御の時は橋の上を歩いても罰があたる、無礼千万ながら一揖して撒く、堀川監獄の跡が今は公園になつて人権拘束の遺跡が自由恋愛の解放とはうれしいので思い切って赤と白との夫婦びらを撒きちらす、それから豊崎だが工場地帯の事だから煙に埋もれている中に豊崎神社と思われる付近へ一ト掴み、梅田駅では地を這う百足のような汽車の上へバラリ、西淀川区へ入って関大と商工二校の屋根を目掛けてバッと、野田では梅園の中へポイと、ここから先日の大雨でヘシ折れた西成大橋が見える、橋がなければ越えられない人間は禍だ、右岸から左岸へ飛びなさい、何でもなさそうだとは余計なお世話だ、それよりビラ撒きの職務に忠実であれと気が付いた時は立ちのきに取かかっている住友の伸銅所だ、安く土地を売ってもらって市民が助かるとお礼かわりに一ト撒き、安治川口の石炭黒き上へも撒いて天保山へ出る、糧秣廠と電車教習所の上を例の通り、市岡では商業、中学、高女の上へ、この辺から気流が変わって泉尾高女の上へ撒いたビラは鶴町と福崎とに分れて散る、どこへ落ちるか、どうせ風任せの尻無しだ。今宮では職業高校、今中を経て天王寺公園へ来てバラリバラリとヤリながら低空飛行で四天王寺の高塔へ擦れ擦れになった時、下には沢山な人が手をあげている、万歳を叫んでいてくれるらしいので、馬力をかけて矢つぎ早やにビラを射る。射るというのはおかしい形容だ、病院の屁では沢山に撒いた、それは特診療のつもりだ、東成区では弘済会と農学校、引きかえして騎兵第四連隊からこの辺の学校、途中で少しづつ滴しながら中之島公園に出る、社の軽気球が上がっている、大坊主のような頭の上に雨とふらす、坊主に雨は花カルタにあるそうな、中央郵便局の上では速達のつもりで税務監督局の上では納税告知書のつもりで、税関の上ではライセンスのつもり、九条の電車々庫の上では乗換切符のつもり、千日前では半額券のつもりで、それぞれふりまいて、船場の欲ばりが紙幣の雨と見ちがえても、こちらは関係がない、あまり気前よく散財したので懐が淋しくなって来た時に機は上げ舵を取つて何千米（マイル）かの高空へ中風のふるいをもって飛んで行って練兵場へ柔かに下ろしてもらう。

大和[※1]へお山をすると行者が参詣人の帯を捉へて崖から半身を突き出す。下は千尺の絶壁だ、「貴様は親に孝行するか」「へえ、致します」「不孝してはならんぞ」「へえ」これで元の位置に引きもどしてもらう、私の幼い時に孝行遊びが流行って、二階の欄干（てすり）から友だちの体を突出して「どうだ、親孝行するか」といって、その返事が「へえ、致します」といえば赦してやるが、そうでないと更に前へ強く突出して「これでも親孝行しないか」と来る、すると大抵な子供は参ってしまう、官紀紊乱（かんきびんらん）の癖ある政治家を飛行機に乗せて、舵の操り方でガブらせてやって「どうだ、これでも賄賂とるか」は私の妙案である。

初秋の風心地よくて　われ病めり

解説

1926年『ひげ』所収。1925年、第11回甲子園大会決勝戦が行われ、主催する朝日新聞社が球場上空から両チームに声援を贈ることになり、その役目を兼子が務めた。このとき、初めて飛行機に乗った。当時の兼子はまだロングヘア。1メートルほどもある長い髪を結いあげて頭に巻きつけ、飛行帽をかぶった。その時の興奮を綴った記事が『大阪朝日新聞』8月25日付朝刊に掲載され、単行本収録にあたり加筆したのが本稿である。

それから4年後、ベルリンで行われた万国婦人参政権会議の帰路、兼子は世界一周中であった飛行船ツェッペリン伯号にてドイツから霞ヶ浦へ向かおうとした。ところが、チケットの支払いを済ませたにもかかわらず、朝日新聞社と毎日新聞社の記者の妨害にあい、乗船できなかった。その悔しさと怒りを皮肉たっぷりにしたため、著書『表皮は動く』（1930年）に収録している。そして同年春、兼子は飛行機に関する評論を相次いで発表。欧州、アジア各地を見てまわり、すっかり飛行機のとりこになっていたのだ。評論では、飛行機をめぐる世界の経済や軍事利用の変化などについて述べ、将来的には飛行機が戦争に使われるだろうことを予見しつつそれを非難し、軍事費を平和事業や社会事業に使うべきだとも強調した。また、当時は世界で女性飛行士が話題を振りまき、兼子も自ら空を飛ぶという夢に心を奪われていた。早くも暮れには東京・立川の日本飛行学校に入学。飛行学校では、朝鮮から飛行士を目指して渡ってきた先輩飛行士の朴敬元と親しくなり、下宿を訪ねたり、ときに「銀ブラ」を楽しんだりもした。

兼子は評論活動を続けながら訪欧飛行をめざして猛特訓を重ね、ついに翌1931年春には単独飛行ができるまでになった。夏には2等飛行機操縦士の免状を取得し（女性は1等飛行機操縦士免許を取得できず、2等までしか取れない制度であった）、三菱航空機会社に飛行機の発注を済ませた。だが訪欧飛行を1か月後に控えた7月13日、盲腸炎を発症して慶応病院に入院。術後の経過が悪く、腹膜炎を併発してしまう。26日、27歳で世を去った。

葬儀では、兼子が乗るはずであった飛行機の模型「EUROPE ON BLUE BIRD」が供えられ、2000人もの会葬者が別れを告げた。また、臨終の枕の下からは絶筆「飛行機、燕、鉄砲ETC」が見つかり、死の1か月前に書かれたほかの原稿とともに父・北村佳逸がまとめ、遺著『大空に飛ぶ』を出版した。

つねに時代を鋭くとらえ、差別の構造を伝えてきた兼子は、『大空に飛ぶ』において飛行機技術が戦争に利用される未来を予想しつつ、女性が法的に無能力者とされた日本社会では「暗い極東の空から明るい外交の光を放つ」ことはできないとした。また、米中が航空開発で協力する一方で日本が中国と離れる現状について、「航空路の共同から親善は始まる」とも指摘している。

軍拡を非難しつづけた兼子の死からわずか1か月半後。関東軍が奉天（瀋陽）近くの柳条湖で南満州鉄道を爆破し、その後も作為的に軍事侵略を拡大。翌年「満州国」独立を宣言した。大日本帝国の日本人民衆はこの報道にわき、以後、戦争の時代へと入っていった。

※1　奈良県にある大峰山のこと。大峰山の山上ヶ岳では、修行の妨げになるとしていまも「女人禁制」を貫いている。険しい断崖に設置した板の上に乗り、下をのぞき込む修行があり、「男になる儀式」とも呼ばれる。兼子がここに書いた遊びはこの修行をパロディにしたものである。

1931年1月14日、立川の日本飛行学校にて。（日本電報通信社撮影／写真提供：共同通信社）

◉エッセイ

大阪フェミニスト群像②

メディアの暴力と闘った人見絹枝と北村兼子

北村兼子が最初の著書『ひげ』を出版し、関西大学の全科目聴講を修了した１９２６年。『婦人倶楽部』（講談社）の「吾等女性は何を一番痛切に要求するか」という企画に、さまざまな分野の女性たちが寄稿した。兼子はここに、婦人参政権、男女共学を挙げ、「女をことさらに馬鹿にする教育をやめて、男とか女とかいう性別を除き、ともに『人』としての知識を授けるがいい」と書いた。続けて、「なんですって？　風紀問題が？　タオルひとつの湯上り姿で群集の間をかきわけて通る勇敢な女選手さえあるのですもの」と、兼子式のユーモアで締めている。

この「勇敢な女選手」こと人見絹枝は、日本人女性初のオリンピックメダリスト。第9回アムステルダムオリンピックの陸上競技８００ｍ走で死闘を繰り広げ、銀メダルを獲得した世界的スプリンターだった。

それから5年後の同誌9月号には、兼子と絹枝の顔写真が並んだ記事が掲載された。「果敢なく逝った関西の二女性」と題した、ふたりの訃報記事だ。絹枝は、兼子の死から1週間後の１９３１年８月２日、24歳の若さで生涯を閉じた。

兼子と親しかった作家の三宅やす子は、絹枝の追悼文「逝ける人見絹枝嬢に就て」（教文社『朗らかな人生』）を綴った。やす子は、世界的に活躍する絹枝ですら「女性なるが故に」不当な扱いを受け、その結果、命を縮めたのだと哀惜と悔しさをにじませた。過労死と見られた死因については、「人見嬢ほどの大選手にして、なお、疲労を感じ、過労がもとで生命を果たすということは、女流選手のみならず、あらゆる仕事にたずさわる女性が、生理的に、一応の顧慮をすべきことである」と述べた。

実際に、ごく一握りだった女性の「成功者」の報道は過熱し、絹枝もデマや揶揄まじりのゴシップ記事に苦しめられた。やす子は同記事内でそのことも次のように指摘している。

一点の隙間があれば、必ず乗じて、その欠点を拾いあげようとする。これが、多少なりとも世間的に成功した女性に対する日本人の偏狭な根性である。（中略）

騒が人見嬢の場合、世間はうるさく、興味的に、何故結婚しないかとか、いつ結婚するかとか、しく書き立てた。日本の悪い習慣で、仕事をする女性が結婚するということは、其仕事の終末を意味して居るのだ。（中略）

男性の仕事に対し、家庭内の事は私事であるに反し、女性の仕事に対しては、彼女の結婚なり恋愛なりを、決して私事ですまそうとしないのが、女性の仕事を発達させない所以であるばかりでなく、そのために、勢い独身生活を送って、外に出て気をつかった頭を、家庭に入ってやすめるということの出来ないのが、彼女の健康に影響を及ぼし、ひいては仕事の発展を妨げられることになる。

これまで見てきたように、これは兼子にもあてはまることだった。兼子は晩年、26歳にして飛行学校に入学したが、結婚も、あるいは恋愛も興味がないがゆえの選択だったかもしれない。家制度を痛烈に批判し、知識や思想を求めたら女性は結婚や出産などできるものではないというのが持論だったし、自らそれを実践して自由に動き、学び、発言することを最期までやめなかった。

兼子の晩年とその死についても、やす子は書き残している。

飛行家を志した北村兼子嬢が同じく過労で永眠した。これも彼女の意気と彼女の体力とが伴わなかったことが誘因しては居まいか。人見嬢は出来上った女性であり、北村嬢は、これとは性質を異にして居るが、等しく女性である点で、壮年の女性が、事を志して倒れた点で、前述の事情に相ふれる事が多少ともありはしないかと思われるのである。

同時代に大阪の著名人だった兼子と絹枝には、共通点が多い。兼子が大阪朝日新聞社に入った翌年、絹枝は大阪毎日新聞社に記者として入社。兼子は大阪毎日からもスカウトを受けていたから、同僚になっていた可能性もある。また、短歌を好んだ点も同じだ。兼子は関西大学では短歌同好会に入り、著作にも多数、作品を収録している。絹枝は小学校の頃から短歌に親しみ、当時の教員が、スポーツの道に進まなければ歌人として名をなしていたはずだと語っている。そして岡山高等女学校では才能がますます開花した。歌会では誰よりも早く詠み、独自の表現法を獲得していった。また女学校ではテニスにも打ち込み、長時間の訓練で体を練り上げる研究熱心な選手であった。情熱的で涙もろく、感情が満ちてくると歌を詠んだ。それは終生変わらず、病床でしたためた辞世の句も残っている。

絹枝が勤務した頃の大阪毎日新聞社。（小泉幾太郎編、日本地史編纂所刊『日本之勝景　一名・帝国美観』より）

スポーツの才能は女学校時代に飛躍した。大阪朝日新聞岡山通信部主催の第2回岡山県女子体育大会に代表選手として出場すると、走り幅跳びで日本最高記録を出し、優勝。翌年には請われて二階堂体操塾に入学し、塾長の二階堂トクヨじきじきに指導を受けた。絹枝はめきめきと力を伸ばし、破竹の勢いで各種陸上競技の記録を更新していく。卒業後は体操教員を経て競技生活に戻り、1926年4月からは大阪毎日新聞社運動課に配属され、競技者兼記者となった。こうして、日夜練習や競技、講演などに明け暮れながら、夜は記事を執筆するという生活を、ろくに休めないまま続けていったのである。

　前述したように、メディアの注視にさらされていた絹枝はしばしばゴシップ交じりの記事を書き立てられていく。とくにメダル獲得後は、周囲から結婚をせかされるようになり、うんざりしていたらしいことが著作から伝わってくる。

　当時の女性アスリートへのメディアのまなざしは、性差別、偏見、好奇に満ちていた。「女性らしさが失われる」「激しい競技は女性には無理だ」「妊娠機能を失わせる」「人前で脚をさらすなどはしたない」……。絹枝が親しくしていた寺尾正(まさ)と文(ふみ)の双子スプリンターも、雑誌で小説の題材にされてゴシップ記事が増えたために選手生命を絶たれ、絹枝は「芽をちぎる様な聲(こえ)」(『最新女子陸上競技法』)と怒りをあらわにした。というのも、海の向こうにいる仲間の選手たちは、日本とはまるで違う選手生活を送っていて、絹枝は羨ましさとともに日本の現状に歯がゆさ、憤りを感じていたからだ。海外では結婚、出産後も競技を続けることは珍しくないし、記録に追われるだけでなく、日常的にスポーツを楽しめている。対して、日本の女子選手は心身が未熟な学生が多く、選手生命が終わるのも早い。卒業後は結婚して家に入ることが宿命づけられているからだ。絹枝はそうした違いを、「日本なんかであったら花嫁として家の奥深くはいっている時分なのに此の友の活躍の立派さ」(『女子スポーツを語る』)と、イギリスの盟友が結婚後も活躍できる土壌をうらやみつつ、「押せば凹むようなお嫁さんを欲する男の人は今の日本にないはずだ。女は奥様でもない。外様だ」(『最新女子陸上競技法』)と意気込んだ。しかし絹枝自身も、その生真面目な性格からナショナリズムを強く意識し、がんじがらめとなっていく。やがて、メディアの反応に動揺しては泣き、怒り、心身をすり減らしていった。海外では、追い込まれたあまり、38度の高熱を出しても薬を飲んで競技に出たこともある。晩年、プラハ大会を終えて帰国したとき、別人のようにやつれた姿に父をぎょっとさせている。その頃には、飲めなかった酒の味を覚えたようで「近頃面白きこと一向なし心もさらにさえず　ビールの味のみ生きる」という「短歌」を残している。それからほどなくして絹枝は喀血。肋膜炎を病み、入院先の大阪帝大病院で、同居していた藤村てふに看取られて旅立った。

もっともっと私の心が小さかったなら、私は決してスポーツの道にこうして長く、足を止めていなかったであろう。もっと私がよわく、スポーツに対する、ある信念がなかったら、私はこうしていなかったに違いない。――『炎のスプリンター』

絹枝は、躍動する身体を通して自分だけの言葉を編み出し、当時のジェンダー規範に抗った稀有なフェミニストともいえるだろう。女性が余暇に楽しめるスポーツの提言者としても画期的だった。女性がはめられた枷を自ら外そうともがき、自らの経験を通して世の女性たちのために主張した先駆者としても、兼子とよく似ている。

戦前から女性解放運動の理論的指導者だった山川菊栄は、
海外の潮流もとらえながら社会を鋭く分析し、
人間の平等を願って言葉を発し続けた。
20代の頃から、健康や経済状況、官憲からの抑圧など
ままならない状況が続いたものの、言論で運動を展開した
たしかな足取りは、いままた勇気をくれる。
現代のフェミニストたちが菊栄について書き、語ることで、
「運動を後世へ」という菊栄の意志をつないでいきたい。

戦後、労働省婦人少年局で局長を務めた頃の山川菊栄。
（写真提供：山川菊栄記念会）

◉論考

いま、菊栄に続きたい①

山川菊栄の思想を明日へつなぐ

山田（樋浦）敬子

1．はじめに

関東大震災直後の山川菊栄の横顔――避難先の垂水で「理智に輝く瞳を睜り虐ぐ者を仇敵として雄々しくも戦線に活躍　垂水海岸隠棲の菊栄夫人」。関東大震災後の混乱の中、東京から兵庫県垂水に避難してきた山川菊栄のインタビュー記事の見出しである。※1

1923年12月、垂水に山川菊栄を訪ねた記者の描く山川菊栄像は大変興味深い。「地味な着物を着ているのに、髪も無造作に束ねてあるのに（略）はっきりとした明るい感じを与へてゐる」「虐げられたる者に対する強い愛と虐げる者に対する雄々しい反抗の力とが在る。それが彼女を男まさりの気性にし、それが彼女の顔を輝く者としてゐるのではあるまいか」「然し夫人はどこまでも楽天的である。それは夫人に自信があるからだ。透徹明敏な頭の持主であると共に語学の力も確かなもの」、震災で出版社もつぶれ、収入は皆無であろうに「暮らしなんてどうにでもなります」と、「一向気にしていないような口ぶりから察するに、菊栄夫人は生活に対しても楽天的である」。垂水でも常時監視されている生活。「これだけは、他所の奥様が願ってもして貰へないことです」と「菊栄夫人は笑ってゐた」とある。

家族の描く菊栄

山川菊栄（以下、菊栄）の母・千世は「石のように黙んまりで、ひとりで静かに遊び、その上骨惜しみせずに働く」ので「忘れているうちにひとりで大きくなった」と述懐している。[※2]「外出すると、きっと何か一つぐらい持物を汽車や電車のなかに気前よく置いてくるが、いっこう惜しくもないらしい、たぶんあきらめのいい楽天家なのだろう」と夫の山川均（以下、均）はいう。[※3]

息子の山川振作（以下、振作）は、「困りましたね」「大変だ」「それどころではない」と連発しながら、本当に悲観したりクヨクヨしたりしない、シンの強さとでもいうようなものを持っており、いつも間の抜けた失敗ばかりしているのに、非常事態には、決断と実行が早い、思い切りが良い母という。「何かを考えはじめると自分の世界に入ってしまって周囲の話も物音も聞えなくなることがある」「話しはじめると相手が口をはさむこともできない調子で述べ立てる」、合理主義的に見えながら実はきわめて主観的で感覚的、父を科学的というなら、母は文学的、母にとってのムダは興味を持たないもの。だからこそ「純情でマトモで無粋なままでいられた」のではないかと述べる。[※4]

孫のみづほは「純粋で硬いのに、そこには冷たさやガツガツしたものがない。我が道を行くだけれど、周りをケ散らす訳ではなく、実にノンビリとおおらかである」と、思い出を語る。[※5]

社会主義者として生きてきたこと——特高の暴力

夫の均と共に社会主義者として、常に特高の監視下にあった菊栄の戦前の生活が過酷なものであったことは、想像に難くない。

戦後、労働省の婦人少年局長時代に、寺本広作（労働省の基準局長、事務次官となった元内務官僚。次官になった時、新聞は特高出身と書いた）と最初に出会った時のことを「家宅捜索、留置場、差し入れ、護送自動車、刑務所と一連の光景が浮かび、背筋を冷たいものが走った、目をそらしても氏の声が聞こえると、調べる者と調べられる者として対座している気分が胸を押さえます」「最初のただ一目、ただ一声だけで本能的に相手の正体を感じたのは、数十年来の特高相手の私の生活の体験の結果でしょう」と菊栄は書く。[※6] 特高の「暴力」にさらされ続けてきた経験が、寺本と出会い「フラッシュバック」したのだろう。労働省は旧内務省とつながる役所で、労働省時代の菊栄の闘いは、まさに「仇敵」との闘いでもあった。これも菊栄の一つの顔である。

2. 山川均との生活・2人の関係

菊栄と均夫妻は全集と選集をそれぞれが持つ。評論家、社会運動のリーダー、思想家の世界ではまれなケースだ。[※7] その背景には、双方の活動を可能にする生活、お互いのパートナーシップがあったに違いない。従来、菊栄の思想・活動の評価では、殊更、均の影響が説かれることが多かった。[※8]「婦人問題」解決を生涯の課題とした菊栄が「未来からきたフェミニスト」と称される思索、実践を重ねることができた背景を探ってみたい。

出会いから41年

菊栄が、いわゆる廃娼論争で論壇デビューしたのは1916年1月。社会主義者均と出会ったのはその年2月、平民講演会後に予防拘禁された警視庁の留置場。その後、均が菊栄に「公娼制度」についての原稿執筆を依頼、9月に婚約、11月3日には結婚している。その間、菊栄が「頭の毛から足のつまさきまで愛します」、終わりには、必ず「御火中下されたく」と書いてある手紙を、均の机の引き出しがいっぱいになるほど送っていたと、売文社の玄関番をしていた栗原光三は証言している。[※9]

一方、均は「自分が婦人に求めるものは聡明と温情とであって身の回りの世話ではない。（略）だからあなたを台所の道具や育児の道具にするつもりで結婚するのではない」と書いてよこし、「結婚生活41年余、この言葉もそのまま守られてきた」、均は「よい先輩、よい同志、そしてよい友、よい夫」であったと、菊栄は「四十年の同志 山川均の死」に書く。※10

雑誌『世界』の均の追悼特集号への寄稿では、「きょうは私ひとりで日食をみましたよ。(略)なぜせめて今日まででも一所にいて下さらなかったのか、なぜいつものようにその辺の木の間から、フラリと姿を見せないのか、何としてもやるせない気持です」と、日食を見せたかったと嘆き、さらにメーデーを愛した均、婚約中の最初のプレゼントに鉢で育てたきゅうりをくれた均、多趣味だった均を語り、「何としても私にはこの別れは早すぎました」と綴る。※11 いつもの菊栄と全く趣の異なる文章に驚かされる。

その後、菊栄は亡くなるまで『山川均全集』の編集に力を注ぎ、著作や原稿に目を通しながら、均と向き合う時間を過ごした。※12

2人の生活

菊栄は「私ども夫婦は原稿業者」でお互いに別室で仕事もすれば別室で銘々のお客に会う、社会主義者だから「運動に関係ある友人や同志諸君が、絶えずわが家のように出入りして、討論し談笑」する、だから私どもの家庭は「ごく小さな集会所または倶楽部」「小図書館ないしは教室の性質も備えて」いると書く。※13「女が仕事をするためには、ある時間、家族とも、すべてを断ち切って、自分一人になれる場所がなければできません」という発言もしている。※14「住」の優先だ。「食」は徹底して身体に良い食事の繰り返しだったようだ。「衣」は「衣類、装身具、その他おしゃれの部類にはいるものは、清潔と保温ということ以外、全く興味がないらしい」と、優先順位が低い。※15

2人の経済生活。「私たちのところは、その他の点ではかなり徹底した個人主義なのだが、経済上では、各人が能力に応じてかせぎ、必要に応じて使うという完全な共産主義で、私有財産制度は存在していない」「金庫は菊栄の版図内にある。（略）誰の収入でも、あり金は凡て、現金為替とりまぜて菊栄の机の引き出しのボール箱」「必要があれば勝手に取り出して使うのだが、それには誰の許可も必要ない。しかし金の在高という冷酷なものが、絶対の拒否権を持っている」と均は書く。※16

離れて暮らすことが多かった家族をつないだ書簡。残された膨大な書簡から浮かび上がる家族の関係は興味深い。例えば菊栄が1951年11月から翌年7月まで、イギリスを中心としてヨーロッパの国々を訪ねた時、拠点にしたロンドンのホテルに均が送ったエアーメールは30通以上。隅から隅まで小さな文字でびっしりと、2000字に及ぶものも多い。新聞の切り抜きなども同封されていたようだ。均は、季節の変化や自宅の花々の開花状況等を知らせると共に、菊栄の体調を案じ、日本からの送金やGHQのウイードへの餞別の相談もしている。それに加えて国内の情勢が詳しく解説されていることに驚く。サンフランシスコ講和条約、再軍備の声、血のメーデー事件、破壊活動防止法、労働運動の活発化、社会党左右対立など、均による政治、社会時評を読むようである。※17 菊栄はこの大転換期を留守にしながら、国内情勢を熟知することができた。パートナー均の面目躍如である。

2人の関係は「対等・平等」であるべきとの均の考えは、1951年秋に明らかになった「天野勅語」（当時の文部大臣天野貞祐が、教育勅語に代わる「国民実践要領」なるものを作成しようとした）の「夫は妻を愛し、妻は夫を敬愛する」にかみついたくだりによく表れている。夫であるからと言って権威があり「敬すべき」ものではない、我が家では「不等価物の交換」はしないと皮肉を込めて批判している。※18

3.「わが住む村」・藤沢と山川菊栄

「わが住む村」で暮らした山川菊栄

1936年、菊栄・均夫妻は神奈川県・鎌倉の稲村ケ崎（いなむらがさき）から鎌倉郡村岡村（むらおかむら）（現・藤沢市）に転居し、「湘南うずら園」を始めた。翌37年12月、均が「人民戦線事件」で捕らえられた後、飼料の値上がり等もあり、湘南うずら園は廃業。41年村岡村は鎌倉郡から分かれて藤沢市に編入され、山川夫妻の居住地域は藤沢市弥勒寺（みろくじ）となる。43年には、村岡の人々からの聞き書きを中心にした『わが住む村』が柳田國男の仲介で刊行された。

敗戦後間もなく弥勒寺地域で発行された「みろくじしんぶん」の1号から3号が残されている。発行は47年4月から6月。編集後記を息子の振作が書いている。「会員の山川菊栄さん」が「選挙と婦人」のテーマで話をしたとの記事もある。「草の根の民主化」に山川一家も「わが住む村」で関わっていた。菊栄は50年に人権擁護委員に任命され、自宅に掲げたであろう「無料にて人権の相談に応じます。人権擁護委員　山川菊栄　横浜地方法務局」の看板が残されている。

菊栄は均の没後も、亡くなる1980年まで弥勒寺で遠縁の岡部雅子（おかべつねこ）と生活を共にした。執筆活動を行い、また杖をつきながら東京に通った。婦人問題懇話会の会合での菊栄の様子を「いつまでも若々しい一学徒、一研究者のそれであり、私たちは先生を気づかいながらも、先生の卓越した理論の展開に引きこまれ、きたえられていった。」と大久保さわ子は書く。[※19]

歩くのが困難になってからは、労組婦人部の研究会や婦人組織の学習会から研究者の取材まで、たくさんの人々を弥勒寺の自宅に迎えた。調整役の岡部の苦労は大変なものであっただろう。写真や礼状が多数残されている。

また晩年まで次の世代にバトンを渡そうと、手紙・はがきによる交流も続けた。松井やより、沢村貞

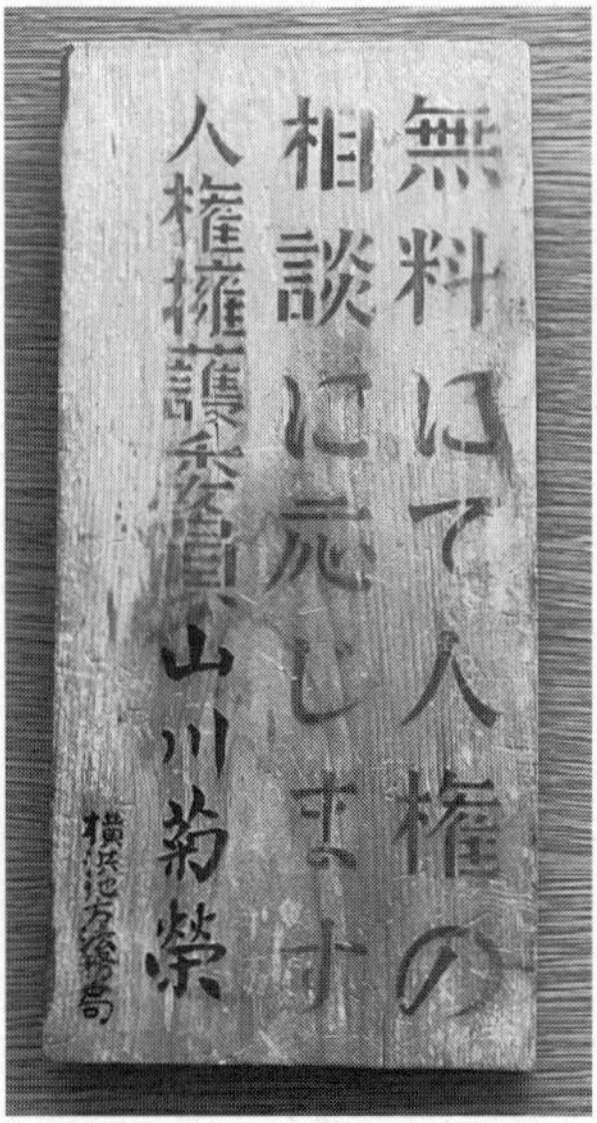

（写真提供：神奈川県立図書館）

「湘南うずら園」のリーフレット。中面には鶉卵と鶉肉の栄養価について解説文を掲載している。（写真提供：神奈川県立図書館）

子、田中寿美子、ドナルド・ドーア、村上信彦等の書簡を既に拙稿で紹介したが、作家、女性史家の村上は、菊栄が自分の書いたものを丁寧に読んで返信してくれることに感謝し、「わたしにとって、現在最大の教師であり指導者であるのはあなたをおいてほかにありません」と書いている。[※20]

「わが住む村」藤沢で山川菊栄を受けつぐ

大久保さわ子は1926年生まれ。小学校教員、労働基準監督官、山口婦人少年室長、本田技研社員、藤沢市議会議員、神奈川県会議員。それらの仕事と平行しながら、67年独身婦人連盟（どくふれん）を結成し、81年には「ホームヘルプ協会」を発会させた。菊栄との出会いは労働基準監督官時代、その後、近隣住民ともなる。菊栄のドキュメンタリー映画「姉妹よ、まずかく疑うことを習え　山川菊栄の思想と活動」[※21]の中で、「とにかく日本における独身女性の遇され方、そういうものに基本的に大きな怒りを持ってましたから、まさに職場も家庭生活も男社会なんだね、この国は。（略）山川先生とはあんなに近く付き合いができたということは私にとって色んな意味で、私の活動についての大きな励みになっていたと思います」と話している。

浮田久子は１９１８年生まれ。菊栄の著作に感銘を受け、戦後弥勒寺を訪ねている。その後、浮田は日本平和学会など活動の場を広げ、地元藤沢でも核兵器廃絶平和都市宣言、藤沢市非核平和条例採択の運動、女性を政治の場へ送る活動に力を入れてきた。２００１年、アメリカの報復戦争に反対する若者に連帯して「白いリボン行動・ふじさわ」の活動開始。戦争をさせない１０００人委員会呼びかけ人。菊栄の弥勒寺の家を解体した時、浮田の家の庭に藤の花が移植されたという。

浮田は「先生（菊栄）のお考えが私の中に今でも生きております。（略）山川先生にひかれたのは、彼女の論文の遠慮・会釈のない辛辣な口調です。それに比べてお目にかかったときの先生は、全く穏やかです。いろいろな忠告も穏やかにしてくださって、それをよく聞いて、今日まで生きることができました」と語った。[※22]この時、浮田93歳。

２０２２年11月、菊栄のドキュメンタリー映画上映会を藤沢で開催した。地元のタウン誌が大きく取り上げてくれたこともあり、追加上映会を含めて延べ１００名が参加し、「わが住む村」の菊栄への関心の高さを再認識した。今に通ずる菊栄の思想・生き方を改めて学びたい、若い世代に伝えたい、旧居跡の看板や菊栄を学ぶ場設置要望などが参加者アンケートに書かれている。

江の島（藤沢市）の県立女性センターから山川菊栄文庫が横浜の県立図書館に移管され、現在藤沢市に関連施設はない。

4. 明日をよりよくするために

『婦人のこえ』「婦人問題懇話会」と、菊栄の活動を支えた菅谷直子は、若いころ、「人生問題」を考えたことがあるかと菊栄に問うた時「そんな抽象的なことを考えて何になりますか。人間、生まれたからにはよりよく生きるために努力するしかないじゃありませんか」と言われたというエピソードを紹介している。[※23]

岡部雅子は、菊栄の訪問者が、いつの時代が一番よかったかと問うと「それは今に決まっているではないですか」と即答することを紹介し、菊栄を「人々誰もが生き合える社会を次の世代に手渡そうとした人、「人権をも脅かす戦争を忌み嫌い、平和な世界を、人知を尽くして創ろうと訴え続けていた」人とする。[※24]

息子の振作も、菊栄を「いつも過去よりも進歩した現在を讃え、前向きの未来肯定」の人と書く。[※25]

今、平和憲法の根幹を揺るがす方向へ日本が舵を切ろうとしている。貧困・格差問題は深刻で、女性たちの未来を肯定的にとらえることに懐疑的になりがちだ。でも菊栄没後40年、遅々としてではあっても、菊栄の示した課題が可視化され、女性たちのネットワーク作りも進んでいる。次の世代により良い社会を残すために、山川菊栄の足跡をたどり、いまバトンを受け継ぐことの意味を考え、残された課題にとりくんでいかねばなるまい。

※1　この記事のコピーが、現在整理中の山川菊栄文庫資料に残されていた。記事内容からインタビューは１９２３年12月に行われたことがわかる。掲載元は現在調査中である。
※2　山川均「わが愛妻物語―出雲の神様は警視庁―」(『文芸春秋』１９５２年２月号　後掲※7のＡ17巻所収)
※3　山川均「妻の大望」(『週刊朝日』１９５１年10月７日号　後掲※7のＡ17巻所収)
※4　山川振作「山川均と共に歩んだ半生―母　菊栄をかたる―」(『婦人之友』１９６２年12月)。振作は、病弱であった自分を慈し

み育ててくれた母への思いを語るこの文章を「母は何をおいても第一義的には山川均の妻であったという思いが深い」と結ぶ。東大教員（生物学）の「息子」が均と菊栄の関係を語る際のジェンダーバイアスの分析は今後の課題である。

※5　山川みづほ「祖母としての山川菊栄」（『家庭科教育』１９８１年２月号）

※6　山川菊栄「自由党下の労働官僚」（『社会主義』１９５１年８月　後掲※7のB・C第7巻所収）

※7　『山川均全集』全20巻（勁草書房）――A、『山川菊栄集』全10巻別巻（岩波書店）――B、『新編増補山川菊栄集』全8巻別巻1（岩波書店）――Cとし、出典表記にABCを用いる）

※8　林葉子「山川菊栄研究にみるジェンダーバイアス」（『女性学年報』１９９９年）

※9　栗原光三「題なし」（※7のA第3巻　月報4　１９６７年1月）

※10　『婦人公論』１９５８年5月号（※7のB第8巻所収）

※11　山川菊栄「かへらぬ夫へ」（『世界』１９５８年6月号　※7のB第8巻所収）

※12　佐藤礼次「山川菊栄の横顔」（山川菊栄記念会編『いま、山川菊栄が新しい！―山川菊栄生誕１３０年記念シンポジウム記録』（２０２１年）』に詳しい。

※13　山川菊栄「家庭は小さな仕事場―同時に集会所、倶楽部、図書館、病院でもある」（『女性』１９２３年6月号。※7のB・C第3巻所収。

※14　秋山ちえ子のインタビュー（『主婦の友』１９５６年5月号）、秋山『お勝手口からごめんなさい』（１９５７年 春陽堂）に収録。

※15　※2に同じ。菊栄が飾るための衣に関心が薄かったエピソードを均はこの論考で、多数紹介している。

※16　※2に同じ。

※17　この時期の均の評論家としての活躍を、振作は「おじいちゃん（均）」の論考が5月も7月も『世界』（岩波書店）の巻頭を飾り評判が良い、『世界』発行部数が15万と聞いていると、経由地ローマの菊栄に書き送っている。

※18　※2に同じ。

※19　大久保さわ子『攻めの人生を生きる』（２００６年）教育史料出版会

※20　『守り抜かれた』もの〈書簡〉」（※12と出典は同じ）。村上信彦宛の菊栄の書簡35通が村上の遺族により日本近代文学館に寄贈されている。

※21　ドキュメンタリー映画　監督・山上千恵子（ワーク・イン：女たちの歴史プロジェクト）、２０１１年作品。山川菊栄記念会が生誕１２０年記念事業として、山川菊栄を「社会主義婦人論の論客」という紋切り型のイメージから解放し、飄々とした実像を多面的に紹介したいと企画した（井上輝子）。

※22　２０１１年12月、ドキュメンタリー映画藤沢上映会での浮田の発言。

※23　菅谷直子『来し方に思う―山川菊栄と出会って』（２００５年 同書編集室発行）

※24　岡部雅子『山川菊栄と過ごして』（２００８年）ドメス出版

※25　※4に同じ

座談会

「山川菊栄文庫」に見る思想と横顔

山田（樋浦）敬子×佐藤礼次×山口順子

いま、山川菊栄の言葉や思想に触れることができるのは、その意志を継いだ人たちが著作や書簡など膨大な数の資料を受け継ぎ、「山川菊栄文庫」として公的な機関に伝えてきたから。資料整理や調査は、山川菊栄記念会の山田（樋浦）敬子さん、佐藤礼次さん、山口順子さんが中心となって継続中。資料と向き合うなかで感じた菊栄の人柄や思想について語っていただきました。

バトンを受け取って

——資料整理の現状について教えて下さい。

山田（樋浦）敬子（以下、山田）：山川菊栄記念会と岡部雅子さん※1が、県立かながわ女性センター図書館や神奈川県立図書館に通って資料整理を進めてきました。山川菊栄文庫には当初かなりまとまった数の資料が寄贈され、その後も追加で何回か寄贈されました。最後の段階の、段ボール20箱ほどの資料をいま整理しています。

佐藤礼次（以下、佐藤）：山川均さんの資料は東京・町田市の法政大学大原社会問題研究所に保存されていますから、（資料が）「夫婦別れ」したんです。

山田：菊栄のお母さんの森田千世の資料もかなりの量でした。菊栄の最後の仕事が『覚書　幕末の水戸藩』（岩波書店）だったので、引用されたくずし字史料が多い水戸関係が一番の難関でしたが、山口さんが古文書の扱いに慣れているので強力なメインメンバーです。

山口順子（以下、山口）：ほとんど岡部さんが整理されているのですが、亡くなった井上輝子さん※2から資料整理のことを聞いていたので、お手伝いをしたいとずっと思っていました。

——岡部さんの著書でも、菊栄の晩年に資料収集の委員会に入るくだりがとても印象的で、菊栄の仕事を後世につなごうという意志を強く感じました。

山田：岡部さんが菊栄・均の著作物、関連資料、書簡の内容を含む細かいリストを約60冊のノートに書き残してくれています。この私たちが「岡部ノート」と呼んでいる岡部さんの仕事には、菊栄・均の仕事を正確に伝えねばという強い思い、使命感があふれています。

佐藤：菊栄さんのもとに届いた手紙も約2千通という数ですが、岡部さんのおかげで親戚筋がわかったので助かりました。また、山川菊栄と息子の振作が進めた、『山川均全集』に関係した資料も豊富です。

書簡から伝わる後進への思い

――書簡から伝わる菊栄の姿や、資料整理をするなかで気づいたことがあれば教えて下さい。

山田：書簡の大半は菊栄さんのもとに届いた手紙やはがきですが、人を「育てる」ことに心を砕いた人だということがすごく伝わってきますね。書簡はたくさんありますが、将来的には、送り主の名前で検索して閲覧できるように整理したいと考えています。

佐藤：届いた手紙に「ご丁寧な手紙をいただきまして…」とあるのを見ると、伝わってくるものはありますよね。（労働運動などに関する）機関誌やパンフレットを出したときに、誰に送ろうとかどう届けていこうとか考える、オルガナイザー的な立場だったのかな？ということもよく感じます。普段つき合う人たちだけじゃなくて、送るものに応じたリストを頭の中から引き出して、人をつなげていったりしていたんだろうなと思います。

――後進を育てる意志、面倒見がよい人柄が浮かび上がります。

佐藤：中学生ぐらいの女の子が、山川さんの本の感想文を送ってきてくれたこともあるんですよ。「こういうお母さんだといいなと思いました」といったことが書いてあったかな。だから、菊栄さんの子どもは振作さんひとりだけれど、あちこちにそういう子たちがいて、「育てて」いたんじゃないでしょうか。

山口：人を育てる、筆まめということでは、儒学者で教育者の家に育ったから当たり前のように身につけていたと思います。水戸の藩校の弘道館で教えていたお爺さんの青山延寿（あおやまのぶとし）は、維新後も修史局※3という部署に勤めて、そこを辞めたあとは家で私塾を開いていました。延寿は、近世木活（きんせいもっかつ）という木活字による私家版の本をたくさん出版したことでもかなり有名で、メディアへのこだわりが強かった。それが山川菊栄にも引き継がれたのではないかと思います。

――世の中を歴史的に見ていく、運動を歴史として残そうとしたことは、水戸をルーツとする菊栄の本質だったように思います。水戸藩が歴史を残す中枢としての役目を果たしていたということは、菊栄の中で大きかったということでしょうか。

※1　岡部雅子は山川菊栄の遠縁にあたり、均の没後、菊栄が亡くなるまで22年あまり同居した。著書『山川菊栄と過ごして』（ドメス出版）には菊栄との生活を中心に、菊栄の著作や関連資料の収集・整理についても綴られている。

※2　井上輝子は、山川菊栄記念会の代表、山川菊栄記念婦人問題研究奨励金贈呈対象者の選考委員長を長く務めた。「女性学」を提唱し発展させた和光大学名誉教授。２０２１年逝去。

※3　明治政府が新たに始めた正史編纂のための部署。

山口：まさにそうです。水戸藩が編纂した『大日本史』は青山家が深く関わりますが、あまりに大部なので延寿の父・延于（のぶゆき）が『皇朝史略』という普及版を出すのです。それが明治半ばまで歴史の教科書のようになっていました。幕末の水戸藩で、青山家は儒学者として中立的に藩内の抗争と距離を保っていました。そうした冷徹な視点を引き継ぎながら最後に『覚書　幕末の水戸藩』を書いたのは、彼女の真骨頂だったんじゃないでしょうか。だから、その反響もすごかった。それから、山川菊栄の国際的な視点ということでも青山延寿は関係したと思います。幕末、水戸藩が蘭学を軽視したので本人が学びたくてもできなかったから、孫たちにはやりたい方面の勉強をやらせたいという思いが伝わってきます。延寿がかたみわけで菊栄に古新聞を渡したというのも印象的です。千世さんはいまのお茶大出身だったけれど、娘ふたり（菊栄と姉の松栄）が両方とも女子英学塾（現・津田塾大学）に入ったのは、国際性を意識したのかなと。女性が仕事で自立していくという設計図があったのかなと思いますし、「枠」にはめようというのが全然感じられないんですね。[※4]

――青山延寿からの出版の影響という面では、菊栄は婦人運動のために雑誌をたくさん発行したことが思い出されます。

山口：労働省婦人少年局では月報を、そのあとの『婦人のこえ』[※5]（写真①）、また婦人問題懇話会でも会報を出しています。戦前の言論弾圧経験をもつ菊栄さんは、女性が自分たちのメディアを持って自由に発言するということにすごくこだわっていたようで、懇話会会報が冊子の形になったときにとても喜んでいたんですって。山川均とも、戦前に『社会主義研究』などを出し続けましたよね。

山田：『婦人のこえ』の発行を最初から担い、婦人問題懇話会の事務局、会報編集を一手に引き受けていたのが菅谷直子さんです。山川菊栄の活動を支え、山川菊栄の仕事を世に広め、次の世代に引き継いでいくことに生涯を捧げたと言ってもいい方です。私は20代で婦人問題懇話会に入って、女性史分科会で菅谷さんに導かれて山川菊栄について学びました。山川菊栄記念会の事務局を鈴木裕子[※6]さんから引き継いだのも、菅谷さんに強く頼まれたからでした。

江の島から横浜へと引き継がれた「財産」

佐藤：先日、旧・女性と仕事の未来館の資料譲渡会[※7]のときに、初版のガリ版刷り（謄写版）の『職工事情』が出てきたんです。工場法をつくる際に労働者の実態を調べ上げて書いた本で、出版は1903年。エンゲルスがイギリス労働者階級の状態を書いた本の日本版のような本で、日本の官吏が労働者のことを調べています。初版が出るとすぐに配布停止になったので、一般向けに出版されたのは戦後のことで、いまは岩波文庫で読めます。だから、初版がどのくらい部数印刷されて、どこに渡ったのかよくわかっていない。謄写版は3冊出ていますが、すべて別の筆耕者なんです。ということは、分担してばーっと書いて印刷、出版したのだと思われます。そして、菊栄さんがそれを読んでいたことが、『おんな二代の記』にも少し書かれています。政府としては、国内でもですが海外に流出したら大ごとだと考えた節があり、女性で読んでいた人がほかにいたのかな？と僕は思っています。クリスマスに女工さんの慰問に行ったときの話※8があるでしょう？『職工事情』のような本を読むときも、女工さんたちの実態を腹に据えているんだ、という自覚があったんでしょうね。

山田：やはり、江の島の神奈川県立婦人総合センター（1991年にかながわ女性センターに改称）は本当にいい仕事をしたと思います。女性図書館として専門司書も配置していたし、女性労働関係の資料を集め、山川菊栄文庫も設置した。かながわ女性センターの整理縮小の話が起こった時、山川菊栄記念会も井上輝子代表を中心に山川菊栄文庫の管理や公開について何度も県に申し入れを行いました。そのなかで県立図書館に移管が決まってからも、受け入れ側との齟齬もあっ

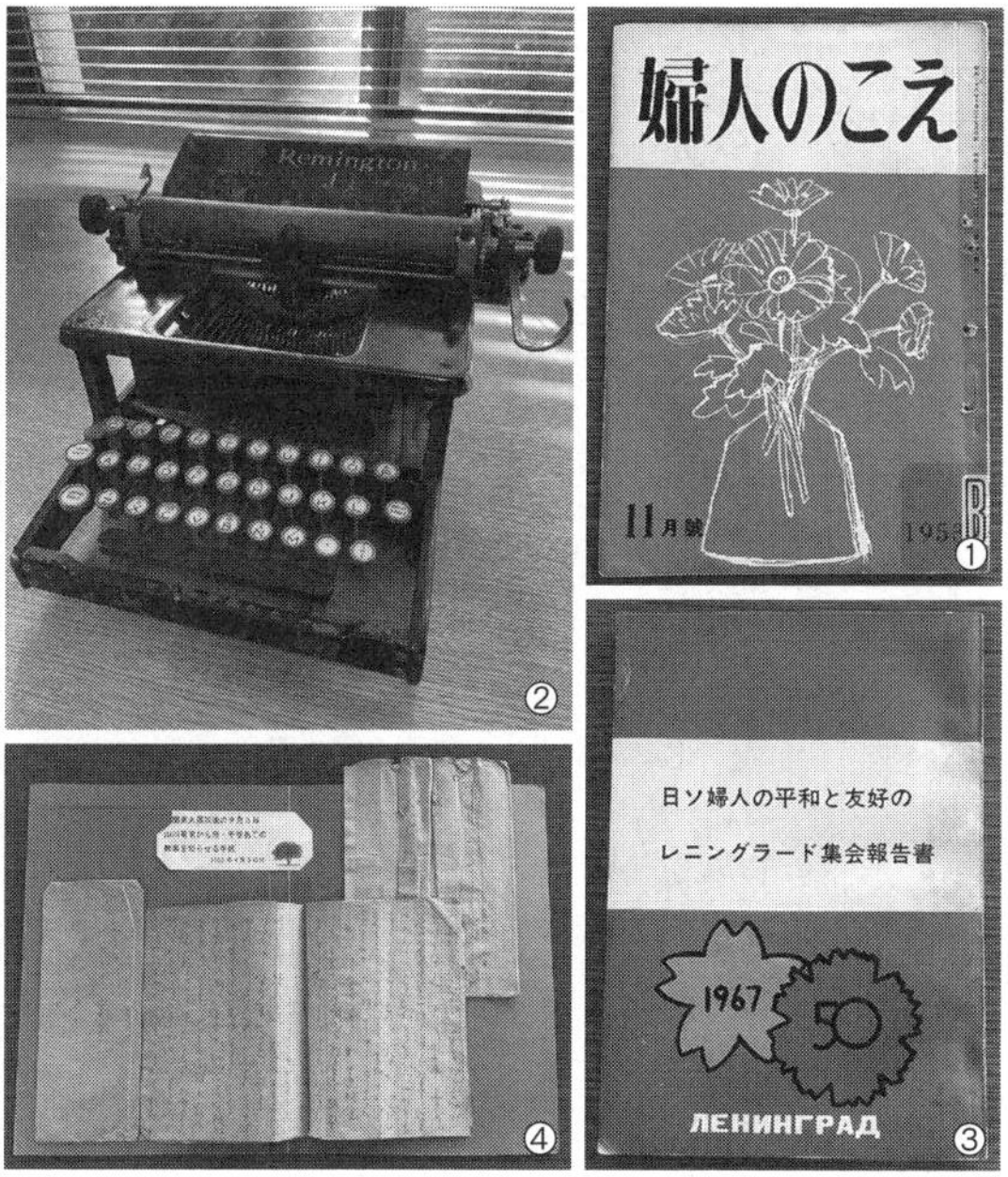

『婦人のこえ』1953年11月号。表紙カットは女性洋画家の草分けである小川マリ（①）／菊栄が愛用していたタイプライターは米レミントン社製（②）／『日ソ婦人の平和と友好のレニングラード集会報告書』1967年（③）／関東大震災の発生２日後、母・千世に無事を知らせた手紙。東京・三田の札の辻（現・港区）の洋食屋で幼い振作と食事をとっていたところ地震が起きて逃げのびたこと、「鮮人襲来説」や抜刀し竹やりを持った自警団が見回っていたことなどが生々しく綴られている（④）（所蔵：すべて神奈川県立図書館）

※4　菊栄の教養に、延寿・千世という水戸側の影響があることは「テニスと古典」（岩波書店『おんな二代の記』）、「舶来と国産と」（同『山川菊栄集4』※6参照）など複数の著作でうかがえる。

※5　1962年、広く婦人問題について議論するための場として発足。菊栄以外には石井雪枝、伊東すみ子、菅谷直子、田中寿美子、渡辺恵美が参加。家庭婦人、婦人労働、農村婦人、婦人運動・女性史、社会福祉・社会保障の5分科会をもうけ、代表はおかずに幹事8名で運営し、さまざまな分野の会員47名が加わった。2002年閉会。

※6　鈴木裕子は、岩波書店から2回にわたり刊行された『山川菊栄集』の編集にあたり、「著作目録」「年譜」「参考文献目録」（『新装編増補山川菊栄集評論篇』別巻所収）を作成するなど山川菊栄研究を牽引してきた。現在、早稲田大学ジェンダー研究所招聘研究員、山川菊栄記念会世話人。

※7　旧女性と仕事の未来館所蔵の資料の譲渡が2022年6月に公表され、同11月に譲渡会が実施された。譲渡対象となった労働省婦人少年局作成のポスターや調査資料について、山川菊栄記念会では行政資料として国立公文書館への一括移管を厚生労働省に申し入れたが実現しなかった。

※8　女子英学塾時代、菊栄は教師の河井道や救世軍の山室軍平とクリスマス慰問として東京・押上の富士瓦斯紡績工場を訪れ、女工たちのやつれた姿に衝撃を受けた。その翌年、のちに同級生の夫となる藤井悌から工場法などについて聞き、社会問題への関心を深めた。数年後、工場法の起草にあたった藤井悌から「秘」の印が押された『職工事情』を借りて読んだという。

て悩んだ時期もありましたが、いまとなっては、県立図書館に移管できてよかったと思います。

山口：県立図書館本館の山川菊栄コーナーは、神奈川県立図書館の担当司書の方がつくってくれました。みなさんの愛情を感じるんですよ。最近は女性関連施設も予算が削られて、女性史で収集した資料が宙に浮いているという話も聞きますが、こちらは首尾一貫して公の責任を果たしていただいていると思います。

山田：本当に素晴らしい人たちがつないでくださって、大事にしてくれています。公の施設が、山川菊栄文庫のような資料群を維持・管理・公開するということはすごく大切ですよね。

待たれる次の再開

2022年9月、神奈川県立図書館にオープンした新本館の1階に設けられた「共生」の棚の中にある山川菊栄コーナーでは、山川菊栄の著作や「山川菊栄賞」受賞作などを手に取ることができる。「共生」棚では、ジェンダーやセクシュアリティ、障がいや民族など、日本社会でともに生きるためのヒントをくれそうな本がジャンルごとに並び、菊栄コーナーとのつながりを感じさせる。

同館ではこれ以外にも、菊栄の蔵書（和書約4300冊、洋書約880冊）や書簡、直筆原稿、写真アルバム、雑誌や新聞に寄稿した記事、タイプライターなどの愛用品、奉職辞令など膨大な数の資料を収蔵。それが、1988年に開設された「山川菊栄文庫」（以下「山川文庫」）だ。さらに山川文庫以外にも、菊栄が戦後、局長を務めた旧労働省婦人少年局の「旧労働省婦人少年局資料」約2300点、「旧国鉄労働組合婦人部資料」約400点も特別コレクションとして収蔵し、山川文庫とともにインターネット検索のうえ館内利用できる。

これほどの資料が後世に残されたのは、菊栄が運動の未来のために収集に熱意を注いできたからにほかならない。労働問題を含む女性運動のあゆみを刻んだ史資料は、さまざまな機関や個人のもとに保存していてはいずれ散逸、紛失してしまう。そこで菊栄は、資料を収集し、広く利用できるように整理を呼びかけてきた。この意志のもと、菊栄が世を去る前年の1979年7月、「婦人関係等資料収集委員会」が発足。菊栄を名誉会長に、第3代労働省婦人少年局長谷野セツ（会長）、大羽綾子（副会長）、照井愛子、塩沢美代子、岡部雅子らメンバーは、図書館開設をめざして本格始動した。

一方、81年には菊栄の仕事や思想を後世に伝え、その志を活かすための「山川菊栄記念会」が石井幸枝、菅谷直子、田中寿美子を世話人として立ち上がった。今回、お話をうかがった記念会の山田敬子さんは事務局長を務め、同じく古くからのメンバーである佐藤礼次さんは事務局次長。雑誌『まなぶ』（労働大学出版センター）の編集者時代には菊栄の原稿を何度か掲載したこともあり、菊栄の生誕125周年記念に山田さんと写真集『犬とカラスとうずらとペンと　山川菊栄・山川均写真集』を編集した。山口順子さんは近代メディア史の研究者であり、記念会のホームページの作成・管理にもあたっている。

82年には、神奈川県藤沢市江の島に全国初の婦人総合センターが開設、その一部として婦人図書館が設けられ、図書・資料が収められた。そして88年11月、菊栄の息子振作、美代夫妻が寄贈した旧蔵書などからなる「山川菊栄文庫」が開設。その後も追加で寄贈され、菊栄・均の孫である山川しげみ・友子夫妻、記念会らによる継続的な整理が続いている。なお、「婦人関係等資料収集委員会」メンバーであり、晩年、菊栄と同居していた岡部雅子さんがノート約60冊に整理した菊栄の著述、書簡、諸資料をまとめたリストは、神奈川県立図書館にてデータ化作業を継続中だ。江の島時代から引き続き、現在は県立図書館で勤務する司書が資料を活用し、菊栄の生誕130年にあたる2020年に「山川菊栄とその時代」を企画・展示した。

かながわ女性センターは2015年4月、藤沢合同庁舎に移転。「かながわ男女共同参画センター（かなテラス）」と改称し、図書館の書籍・資料類は神奈川県立図書館に移管されていまにいたっている。

神奈川県立図書館

https://www.klnet.pref.kanagawa.jp/yokohama/

住所：〒220-8585　神奈川県横浜市西区紅葉ケ丘9-2

開館：火～金曜日9～19時、土・日・祝休日9～17時

休館日：月曜日（ただし祝日、休日にあたる日は開館）、第2木曜日、年末年始、資料総点検期間

アクセス：JR・市営地下鉄桜木町駅より徒歩10分

※山川菊栄文庫は2023～24年度まで収蔵館の改修工事に入るため、供用開始は25年度以降の予定です。

◉論考

いま、菊栄に続きたい②

恋愛の自由を売らずに生きていくために

――廃娼論者としての山川菊栄が主張していたこと

林 葉子

はじめに――廃娼論者としての山川菊栄

おそらくあまり知られていないことだが、山川菊栄は、徹底した公娼制度廃止論者（廃娼論者）だった。私が考えるに、日本で最も優れた廃娼論者は、山川菊栄である。

戦前の日本の近代公娼制度は、いわば、諸悪の根源みたいなもので、その制度のもとで、女性たちの性の決定権は奪われ、女性と男性の関係は歪(いびつ)なものとなり、女性と男性は分断され、女性たちも分断され、性的マイノリティの人々は貶(おとし)められ、女性を物のように売買することや娼婦と見なした女性たちに暴力をふるうことを当然視する風潮が広まり、性感染症が蔓延した。そして、その制度が最も酷く痛めつけたのは、貧しく若い女性たちだった。

山川は、日本の主要な廃娼運動団体の活動には飽き足らず、廓清会(かくせいかい)や矯風会(きょうふうかい)の人たちと共に行動することはほとんどなかったが、一匹狼的に、粘り強く、近代公娼制度を批判し続けた。その彼女の主張の数々は、すでに公娼廃止の実現から長く経った現在においても、いまだに色褪せることがない。

廃娼運動家には様々なタイプの人がいたが、論壇で廃娼を論じ続けた人たちの多くは、男性だった。

当時の女性たちは、男性たちよりも教育の機会を得ることが難しかったので、法や政治の知識が乏しくなりがちで、たとえ公娼制度を批判的に捉えていても、言論の場でそれを表明できる人は少なかった。そんな中で、山川菊栄が、女性としての経験に基づきながら、深い教養と、海外事情に通じ得る語学力と、並はずれた文章力によって、言論界で自らの近代公娼制度批判を展開できたのは、稀有なことだったと言える。しかも彼女は、評論家として活動し始めた最初の頃から、一貫して性売買問題や性暴力問題に強いこだわりを持ち続け、その解決のために、長い時間をかけて議論を深めていったのである。

本稿では、山川が、どのように近代公娼制度とそれに代わる新しい未来の社会のあるべき姿について論じていたのかを紹介し、その主張が、当時から現在に至るまで未解決のままの女性の人権問題について何を示唆しているのかを考察したい。

子ども時代から身近にあった近代公娼制度問題

山川は、子どもの頃から近代公娼制度に関心を持ち、それに対する批判的考察を徐々に深めていった。全国の新聞で娼妓の自由廃業が頻繁に報じられるようになったのは1900年のことだが、その時、彼女は10歳だった。新聞好きだった彼女は、それらの自由廃業運動の記事を読み、娼妓らが自らの意思で廃業しようとする時に遊廓の楼主がなかなかそれを認めず、警察までもが楼主と結託してその廃業を妨害することもあるという過酷な日本社会の現実を知ることになった。[※1]

12歳の頃には、娼婦となることを余儀なくされた人々を描いた樋口一葉の作品と出会っている。家の近所に新しく図書館が開館した時、彼女が最初に借りたのは『一葉全集』だった。その巻頭には、貧困と性の売買の残酷な結びつきをリアルに描いた『にごりえ』が掲載されており、それが彼女に「一生忘れられない印象を残した」。[※2] 山川菊栄はその後、晩年まで、作家としての樋口一葉を高く評価し続けた。

山川が住んでいた東京・麹町の近辺には複数の遊廓があり、友達の案内でこっそり自ら洲崎遊廓へ見学に行ったこともあった。そして、張見世の中の娼妓の姿を見て、「生きながらの獄門、さらし首のよう」だと感じたのだという。そうした経験が、彼女に近代公娼制度を強く意識させ、その存続を「絶対に許すべきでない」という考えを抱かせることになった。[※3]

伊藤野枝との「廃娼論争」

山川菊栄が日本社会で最初に広く知られるようになったきっかけは、『青鞜』における伊藤野枝との「廃娼論争」（1915～1916年）である。

論争相手の伊藤は、公娼廃止を最初から諦め、公娼制度は、男性の性欲の強さという、その制度が「存在する丈けの理由を持つて」いるがゆえに「長い歴史」があるから、そんなものを廃止することなどできないと、まるで公娼制度の既得権者に媚びるかのような発言をした。[※4] その弱腰の伊藤に対して、山川（当時は旧姓の青山）は、そのような男性の性欲のあり方は生来的なものではなく「不自然な社会制度に応じて出来たもの」であって、その制度を変えて廃娼を実現することは可能だし、そうしなければならないと主張したのだった。[※5]

この論争の中で、伊藤が、男女の身体の差に固執し、性差を固定的に捉えて、女性差別的制度の現状維持を主張したのに対して、山川が、性差が歴史的に構築された側面に着目し、その可変性のうちに女性解放の可能性を見出そうとしたという点に、山川がいかに先見の明のある人物であったかが示されている。

山川は、伊藤と同じく、矯風会の廃娼運動家たちの娼妓に対する「傲慢な」姿勢に反感を抱きつつ、公娼制度の存廃という最も重要な論点については、伊藤の存娼論ではなく、矯風会の廃娼論の方を支持した。その独特な立ち位置から、山川菊栄は、廃娼運動の主流の人々と群れることなく、彼女独自の廃娼論を展開していくことになったのである。

山川菊栄の公娼制度批判と結婚制度批判

山川の廃娼論と廃娼運動団体の人々のそれとの間には、決定的な違いがある。それは、公娼制度と結婚制度の関係性の捉え方の違いである。山川は、他の廃娼運動家とは異なり、公娼制度と結婚制度を、表裏一体の悪政と捉えていた。

他方で、廃娼運動団体に集った人々は、どこか結婚を美化しているところがあった。矯風会を率いた矢嶋楫子（やじまかじこ）が、廃娼運動の一環として、太政官に一夫一婦制度の確立を求める建白書を出したのは、その象徴的な出来事である。[※6]矢嶋に限らず、廃娼論者の多くは、結婚制度と公娼制度を対極にあるものと捉えて、前者を良きものと見なし、後者を悪と捉えた。それゆえに、既婚者の多かった廃娼運動家たちは、自らを高みに置きながら、娼婦たちを憐れむ姿勢をとった。前述の自由廃業運動においても、遊廓から脱出した女性たちが結婚しさえすれば、あたかも全ての問題が解決したかのように論じられることが多かった。

他方で、山川菊栄は、公娼制度だけでなく、結婚制度に対する批判的視点も併せ持っていた。公娼制度と結婚制度は、双方ともに「男性支配」の制度になってしまっているというのが、彼女の主張である。結婚制度は、公娼制度と同じく、または場合によっては公娼制度以上に、女性を物品として売買させるかのような人格無視の結果につながる場合があると、山川は、たびたび指摘した。

この点についての山川の追及は、容赦ない。当時、一般的には、女性解放を進める側の人々と見なされていた「女子教育家」に対してさえも、その女子教育が、実質的には玉の輿結婚の手段にされることが多く、「その生徒にほとんど例外なくパンのために、愛情を売ることを貞操や道徳の名において奨励」し、「卒業生を金持に売りつけることを公然の内職としている」のだと、痛烈に批判した。[※7]

娼婦差別を超えて

このような山川の結婚制度批判の中で興味深い点は、玉の輿の結婚をねらう女性たちの心性を、彼女が「売淫根性」と呼んでいることである。[※8]「売淫」、すなわち売春は、当時の女性たちの一般的な感覚からすれば、結婚から最も遠く、最も忌避すべき行為だと捉えられていた。しかし山川は、金持ちとの結婚をねらう心性を、その「売淫」に例えた。女性たちが美貌を磨き、着飾ることによって自らを売り込み、男性の経済力に頼って生活を成り立たしめようとするのは、それが芸妓や娼妓になることであれ、貴婦人になることであれ、「媚によって生きる」点で同じだと評したのである。[※9]

しかも山川は、芸妓や娼妓と貴婦人とを比較した場合、前者の方が「まだしも人間らしい、上品なところが残っている」と論じた。[※10] 貧しさゆえに性を売って生きることを強いられた女性たちは、「資本主義の無抵抗の犠牲者」であり「最も虐げられた弱者」であるが、貴婦人たちは「他人の汗、他人の涙の結晶である富を占有し、それを最も不生産的な方法で浪費」し、男性に気に入られようとする「恥知らず」な者たちだからだというのである。[※11]

当時、女性たちは一般に、良き者としての妻と悪しき者としての娼婦とに分断され、後者が差別されていた。しかし山川は、前者も後者も同じく「売物の女」となりうるのであり、むしろ一方的に搾取されるばかりの後者の方が「上品」なのだと、価値を反転させたのである。

そして、そのような主張によって彼女は、結局のところ、全ての女性が何らかの形で「売物の女」にならねば生きていけない醜悪な社会状況を暴露した。女性たちの一部が娼婦なのではなく、全ての人々の内に「売淫根性」は忍び込みうる。それは、その人が生来的に娼婦的な人だからではなく、社会の制度に応じて生じた現象なのである。

山川は一貫して、性の売買を人身売買と捉え、それを「人間の尊厳」に関わる問題として批判した。[※12]しかし、その批判の矛先は、娼婦的と見なした個人ではなく、あくまで社会の制度に向けられていた。公娼制度はそのような人身売買を国家が公認する悪しき制度として、当然に批判し、その廃止を求めたが、山川の廃娼論の優れた点は、彼女が性の売買を論じる時、その視線を向ける先を、遊廓やその周辺だけに限定しなかったことである。公娼や私娼だけが性を売っているのではなく、女性たち皆が、多かれ少なかれ「売淫」的に生きざるをえない状況に置かれていることを彼女は喝破した。職業的に娼婦として生きる人々だけを問題化する旧来の廃娼論の枠組みを超えて、山川は、女性たちを「売物」にする社会制度を、より広い文脈から問題化しようとしていたのである。

自由に恋愛ができる社会へ

山川が、女性たちを「売物」にする社会を批判する時、彼女は、女性たちの何を売ってはいけないと論じていたのだろうか？——その答えは、身体そのものではなく、ましてや女性にだけ押し付けられる貞操などでもなく、「恋愛の自由」である。

山川は、センチメンタリズムを批判していたし、いわゆる恋愛至上主義も批判していたが、彼女が目指した社会のゴールは、ただ単に皆が飢えずに生きられればいいというものではなかった。彼女が特に関心を向けていたのは、人間同士の親密な関係性における自由平等と愛である。それゆえに彼女は、恋愛論や結婚論を、数多く書き残した。

山川が描き出す理想の「将来の社会」において、女性たちは「特定の夫をもつと否とにかかわらず、その天職の権能として母の本能を満たしうるにいたる」。そこで生まれた子どもは、「父母の結合の形式如何を問わず、すべて各自の生得の権利によって、平等に愛し尊重せられる。ゆえに嫡子、庶子、私生児の区別は撤廃せられ（中略）一様に同じ人類の子として、平等の撫育を受ける」。離婚しても、それによって誰からも責められることがない。[※13] 彼女の理想は、そんな社会である。

もしも女性たちが、恋愛の渦中に冷静な判断を失って、相手選びに失敗したらどうなるのか、という自ら立てた問いに対して、山川は次のように答える。「将来の女子は、いかなる恋愛をしようとも、決してその恋愛のゆえに卑しまるることなく、ただ恋愛を他の目的の犠牲としたとき、社会の当然な軽蔑を蒙るにいたるであろう[※14]」。つまり山川は、どんなに恋愛に失敗しても、そのようなことで誰かから馬鹿にされる筋合いはないのだと主張した。ただ、金銭や見栄など他の目的のために自分の本当の思いを売り渡すようなことだけは、はっきりと否定したのである。

人が、誰にも隷属することなく、大切にされ、自由に思いをめぐらし、敬愛する人たちと共に歩んでいくという一見シンプルなことが、なかなか実現しえない社会に、今も私たちは生きている。山川菊栄が思い描いた理想の未来は、まだ手が届かない場所にある。どのように社会の制度を変えていけば、全ての人が、愛し愛され、尊重される社会になっていくのかという問いに、これからも私たちは、向き合い続けていかなければならない。

※1　山川菊栄『おんな二代の記』（1972年）平凡社東洋文庫、167頁。
※2　同『二十世紀をあゆむ　ある女の足あと』（1978年）、大和書房、159頁。
※3　前掲注1。
※4　伊藤野枝「傲慢狭量にして不徹底なる日本婦人の公共事業に就て」『青鞜』第5巻第11号、1915年12月、11～12頁。
※5　青山（山川）菊栄「日本婦人の社会事業に就て伊藤野枝氏に與ふ」『青鞜』第6巻第1号、1916年1月、147～149頁。
※6　『日本基督教婦人矯風会五十年史』（1936年）日本基督教婦人矯風会、5頁。

※7　山川菊栄「女子教育家と恋愛事件の責任」『山川菊栄集』第3巻、（1982年）岩波書店、221〜222頁。
※8　同前。
※9　山川菊栄「現代の婦人雑誌と貴女と売笑婦　現代の婦人は何故に腐敗堕落せる婦人雑誌を手にするか」『山川菊栄集』第2巻、（1982年）岩波書店、294〜298頁。
※10　同、296頁。
※11　同、297頁。
※12　山川菊栄『日本婦人運動小史』（1981年）大和書房、110頁。
※13　同「男性よりの解放　恋愛の自由―相互的の貞操」前掲『山川菊栄集』第2巻、177〜179頁。
※14　同前、178〜179頁。

※本研究は、JSPS科研費 JP22K12655 の助成を受けたものである。

◉論　考

いま、菊栄に続きたい③

山川菊栄の生理休暇論

豊田真穂

はじめに

生理休暇は、1947年に制定された労働基準法に初めて規定され、現在では生理日の就業が困難な女性の休暇請求権として残されている。日本に古くから存在する「血の穢れ」に基づく生理のタブー視を乗り越える契機になったとも言われた生理休暇だが、その法制化から75年を経た現在でも、生理は「隠すべきもの」「恥ずかしいもの」との考えは残り、若い世代を中心に生理経験はいまだスティグマ化されている。

その一方で、近年になり「生理」は一種のブームになったとさえ言えるほど、注目を集めている。例えば、「生理の貧困」が問題化された2021年前後から、学校や企業、地方自治体における生理用品無償配布の動きや、内閣府の取組みや厚生労働省の実態調査も行われている。しかし「生理の貧困」とは、一般的に理解されているように単に経済的な理由で生理用品を入手できないことに留まらない。生理をはじめとする性教育の不足もまた、「生理の貧困」と言えるだろう。生理教育を含めた性教育の拡充は、フェムテック市場の広がりとともに、ここ数年で急激に目につくようになった。こうした生理のタブー視を乗り越える動きは、わたしたちに、改めて生理休暇をどのように理解すべきかについて問いかけているように思える。
生理休暇が初めて施行された時期に、それを管轄する労働省婦人少年局の初代局長として就任したのが山川菊栄である。しかし生理休暇は、山川が局長時代にとった言動において「誤解や疑問をよんだ問題」のひとつに挙げられている。[※1] 例えば、繊維女性労働運動家の岩瀬ふみ子は、生理休暇に関する山川の態度に接して「アレッ、ていう気持ち」になり、労働運動のなかで「最後には何か山川先生は、本当に女性の味方なんだろうか」とまで言われたと回顧している。[※2]
しかし山川菊栄の生理休暇に関する議論を読んでみると、戦前には女性労働運動を支持していた山川が、戦後に婦人少年局長に就任したために態度を変えたというわけではなく、戦前から一貫して生理休暇の一律取得に反対していたことがわかる。では、なぜ山川は生理休暇に反対していたのだろうか。以下では、戦前からの生理休暇要求の歴史を概観しつつ、山川が生理休暇に関してどのような考えを持っていたのかについてまとめ、この問題を考えてみたい。

1. 戦前の生理休暇要求

「生理的障害」が労働問題として提起されたのは１９１７年の女教師集会であったが、生理休暇が初めて明文で示されたのは、日本労働組合評議会（評議会）婦人部が１９２７年6月に作成した「婦人部当面の任務」のなかの「日常的要求」である。産前産後休業や同一労働同一賃金、深夜業の禁止などに並んで、10点目の要求項目として「月経時における特別保護の獲得」があった。[※3]
この婦人部の要求項目が参考にされ、多くの組合スローガンには、生理休暇の要求がかかげられた。初の要求は、１９２７年8月、東京の丸の内ビル地下にある花月食堂における不当解雇に抵抗して起きた争議の際に、復職要求の一項目にみられる。その他、全協の産業別統一スローガンにも、「月経時３

日間の休養、その日給全額支給」（繊維、出版、製紙、運輸など）、「生理休暇7日間獲得」（日本交通総連盟行動綱領）などの要求項目があげられている。[※4]

一方、この時期の山川は、生理休暇に関してややわかりにくい主張をしている。1937年5月号の『婦人公論』には「職業婦人に生理休暇を！」という特集が組まれ、例えば「立法的手段によって保護を実現せよ」（加藤勘十）など他の論者のタイトルとは異なり、山川のタイトルは「生理休暇の問題」とあって、積極的な生理休暇の獲得をすすめているようには読めない。内容も、「職業婦人に生理休暇を！大賛成です。当然すぎる要求です」（金子しげり）との議論とは対照的に、山川は「生理休暇が、婦人労働に及ぼす不利な影響を防止する点を十分考慮に加えなければならぬ」と述べている。その理由として山川は、職業上の機会均等や同一労働同一賃金などの平等の権利を要求していく際に、「職業婦人の欠勤の多いこと、殊に妊娠出産のための休暇まで問題にされて」いることを挙げている。そして最終的な結論としては、男性も他人事にせず、「国民的な問題として大局から考えて、生理休暇獲得のために協力すべきであろう」とまとめている。[※5] ここでは、女性は産休など「婦人労働に対する特殊の保護」によって休むことが多いので、これに加えて生理休暇を主張すると女性労働者は不利益を被る可能性があり、女性だけでなく男性も含めてこの問題について慎重に検討すべきとの主張がみられる。

2. 戦時下の国策化から戦後の生理休暇法制化へ

その後の戦時体制下では、労働運動は徹底的な弾圧のもとにおかれたが、それとは対照的に、人口増加イデオロギーが強まるなかで、政府が生理と女性労働者の関係について検討するようになった。例えば、1940年11月に開かれた第4回人口問題全国協議会では、「労務婦人に関する調査」が報告され、女性400名（立ち業135、座業265）に対する聞き取り調査の結果から、就職後に疾患者が増えるが「何といっても一番障害を受けますのは、月経に関するもの」で、約84％が苦痛を訴えていると指摘された。[※6]当時の調査においても、工場生活のなかで月経中の労務に関して「困難を伴ふ」と回答した女性労働者が１１３４名中７１４名（63％）を占めたものや、就業後に何らかの月経症状に変化があらわれた者が55・９％、就業してから無月経の状態になる者が３・３％といった統計や調査がある。また、生理休暇が制度的に保障されていたわけではないものの、戦時下では、生理中の女性には特別の配慮がなされていたという。特に、「良家の子女」を軍需工場の作業に就かせる際に、さまざまな配慮をすることを定めた「女子挺身隊受入側措置要綱」では、「婦人衛生に関し配意する」とされ、生理中の女性に一定程度の配慮を与えるべきことが指示されていた。[※7]こうして、生理休暇は労働組合の関心事から国家の政策にまで高まっていった。

戦後になると、ＧＨＱ占領政策の後押しによって制定された労働組合法のもとで、組合運動が盛んになり、要求事項のなかには必ずと言ってよいほど生理休暇があった。共産党発表の「婦人行動綱領草案」（１９４５年12月）にも、産別労働組合会議の「団体協約基準案」（１９４６年11月）にも、総同盟の第一回大会（１９４６年８月）にも、戦後初のメーデーにも掲げられていた。１９４６年８月までに厚生省に提出された労働協約７３９件のうち、生理休暇の規定をもつ協約は70件であった。[※8]

こうした労働運動の動きをみて、山川菊栄は「生理休暇は必要か」という長文を『女性改造』（１９４６年９－10月合併号）に寄せている。山川は、産休の場合と同様に、あらゆる職業のすべての女性に共通で特定の日数の生理休暇を義務化すべきなのか、という問いをたて検討している。海外にはこの規定がないことを受け、海外の状況に日本が合わせる必要はまったくないものの、こうした要求が発生する背景には何らかの日本の特殊事情があるとして、３つ挙げている。第１に、労働現場の設備、労働時間、労働条件などが諸外国に比べて劣悪であるため、生理中の労働に堪えない場合が多いこと。第２に、日本の男尊女卑が原因で女性の体力や健康状態が海外に比べて劣っていること。第３に、生理期間とは無関係に、そもそも女性の自然に不適切な職場での労働が多いこと。これらの解決のためには、必ずしも生理休暇が必要となるわけではなく、まず第1に労働条件の改善を交渉する労働組合に力をつける必要があり、そのためには女性に技術と教育、衛生知識に基づく健康で強壮な身体が必要で、その結果として第2、第3の問題も解決されると述べている。[※9]

そして山川は、これらの問題が解決され、将来的に女性が、真に自由に職業選択ができるようになった時に、生理休暇がすべての職場において一律に義務化されていると、女性の職業的進出に悪影響がもたらされると主張する。もし生理休暇が必要な職種があるのだとすれば、それぞれの労働組合の責任で要求すべきであって、「あらゆる職場を通じて原則的に、一律に」生理休暇は必要ではないと断言している。また、当時は海外においても一般的だった深夜業や危険有害業務の女性限定の禁止は、将来的には男性にも拡大すべきだという山川の主張は、女性のみに適用される休業規定を最小限にし、職業の機会均等を求める姿勢に通底している。[※10]

生理休暇は戦前の労働運動の遺産を継承するもので、戦時下の労働医学がその必要性を強調したこともあって、戦後の早い時期から法制化を望む声が高まっていた。法制化に貢献したのは、労働基準法案を作成していた厚生省労政局労働保護課で唯一の女性労働監督官であった谷野せつだった。もともと谷野は「それほどなくてはならないと考えたわけではなかった」が、日本労働組合総同盟の婦人部長であった赤松常子が「バスの車掌さんを大勢お連れになって、何度も陳情」にきたという。そこで谷野は、戦時下の女性労働調査を探しだし、女性たちの「苦痛を和げることができるなら」との考えと、「最低の人が利益にあずかれるような法律を作る」という信条で、法制化に取り組んだ。[※11]生理休暇は、草案段階から労働保護課内でも公聴会でも批判され、GHQからも理解を得られず、国会での審議においても非難の的となり、数度にわたる削除の可能性を乗り越えて法制化された。[※12]

3. 局長時代の生理休暇論

山川菊栄が婦人少年局の初代局長に就任したのは、労働基準法施行と同時の1947年9月だった。婦人少年局は、GHQの指示を受け多くの啓蒙パンフレットを作成したが、1948年には、リーフレットNo.6として「働く婦人に生理休暇は必要か」が刊行された（左図）。谷野せつ課長のもとで婦人労働課に配属された田中寿美子によると、このリーフレットの刊行は「山川さんの命令によるもの」だったが、「これがまたひどく共産党系の婦人たちをはじめとして生[理]休[暇]を既得権と考えていた労働組合の婦人たちを刺激した」という。※13

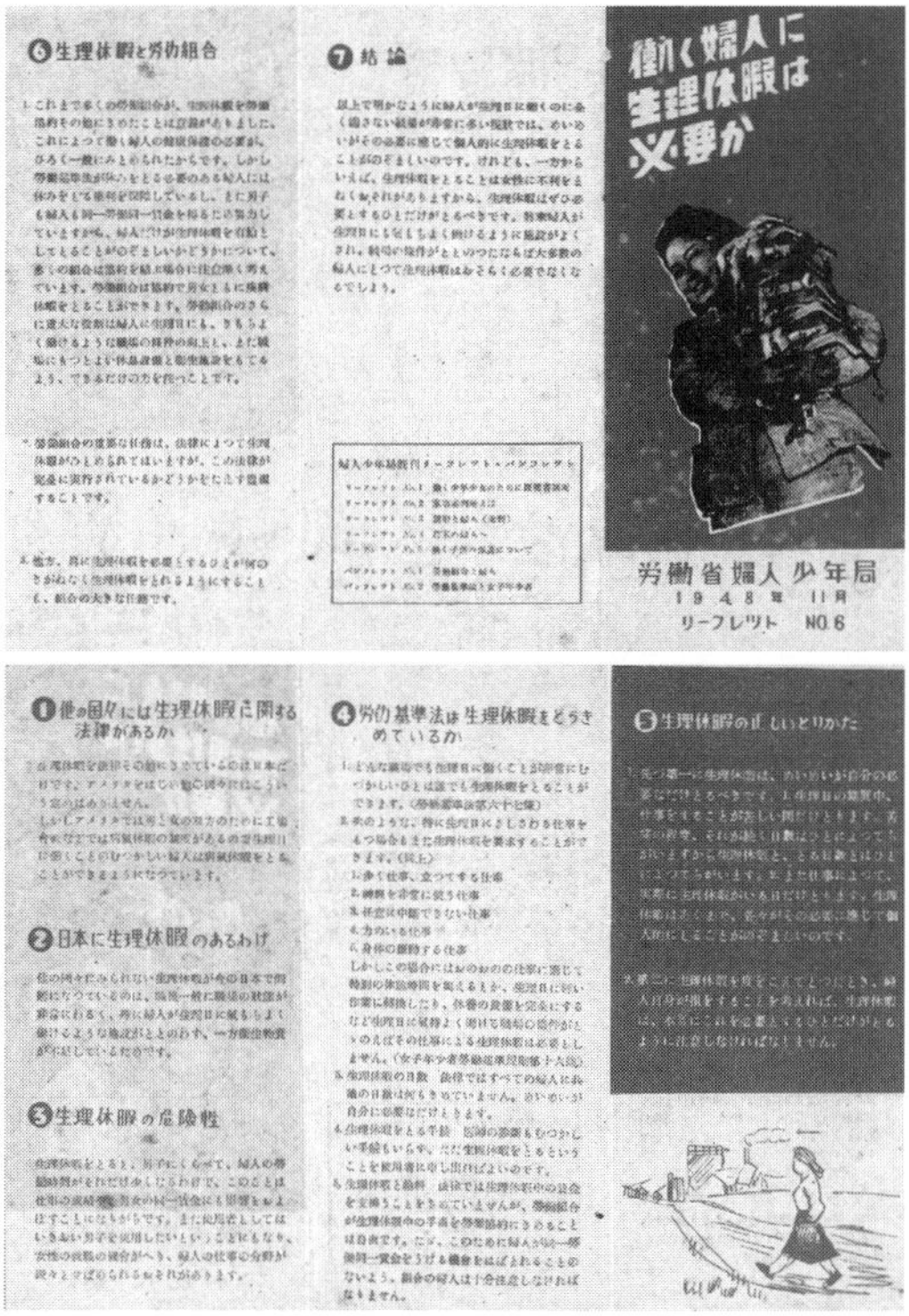

「働く婦人に生理休暇は必要か」労働省婦人少年局リーフレットNo.6（1948年）。（提供：厚生労働省）

「働く婦人に生理休暇は必要か」には、先にみた「生理休暇は必要か」（1946年）にみられた立場が示されている。労働基準法制定後のため、より具体的に、女性限定の生理休暇を有給にする労働協約が、男女同一賃金の原則や女性の就労機会を妨げる可能性があるという趣旨だった。そして労働組合は、生理休暇を必要とするような職場条件を改善し、休息設備と衛生施設を導入するよう力を注ぐべきで、加えて、例えばアメリカで設けられている男女ともに適用される病気休暇などを参考に、男女ともにとれる疾病休暇を労働協約に入れることを提案している。そして最終的には、施設と労働条件の改善によって「大多数の婦人にとって生理休暇はおそらく必要ではなくなるでしょう」との観測で締めくくられている。GHQの指示を受けた文面の修正もあったとはいえ、戦前来の山川の趣旨とも一致している。[※14]

実際、劣悪な労働環境や衛生用品などの物資不足といった当時の日本に特殊な状況が生理休暇を必要としているという理解は、一部の労働組合婦人部も示していた。例えば、全官公労婦人部座談会や全逓信労働組合中央委員会は、生理休暇は「ほんの初歩的なやむを得ない間にあわせのもの」で、衛生施設等が完備されれば段階的に「自然にいらなく」なると論じていた。[※15] このような考えは、山川の主張とも重なる。山川による面接を経て、山川局長のもとで働いた経験をもつ石井はたは、山川の考えは「生理休暇を取らなきゃいけないような職場に男も女も働いちゃいけない」、つまり「生理休暇なんか考えなくてもいいような労働条件のいい職場にしなきゃいけない」ということだと理解している。[※16]

おわりに

1948年10月の調査によると、生理休暇が必要と答えた人が80%で、月経痛のある人は77%だが、横になって休むほどの苦痛を訴える女性は11%ほどであった。[※17] 2004年の女性労働協会の調査でも、月経痛のある人は76・5%だが、服薬すれば仕事ができる人が25・8%、服薬しても仕事を休まなければならない人（月経困難症）は2・8%である。なお若年層ほど月経痛がひどい人の割合が高くなり、25歳未満では、服薬しても仕事を休む人が5・3%、服薬すれば仕事ができる人は37・8%である。[※18] たしかに服用が必要なほどに強い月経痛を訴える人が3〜4割いるとはいえ、それでもすべての女性が必ずしも生理休暇を必要としているわけではない。

２０２０年に厚生労働省が行った調査では、生理休暇を請求した人の割合は全女性労働者の０・９％（２０１５年同％）と非常に少ない。[※19]その背景には、「生理休暇だと言いづらい」「周囲の目が気になる」「ほかに取っている人がいない」などの生理休暇に特有の理由もあれば、「無給だから」という経済的な理由で取得できない人も多い（なお、生理休暇を有給としている事業所は29・０％）。しかし、そもそも年次有給休暇の取得でさえ約5割が10日以内であることを踏まえれば、「休みにくい」「評価が下がる」「人員不足」という休暇制度そのものが利用しづらい日本企業の「文化」も、休暇取得率の低さと関係ありそうだ。いくつかのウェブ記事を読むと、生理休暇は、せっかくの制度だから有効活用すべきとの主張もみられたが、傷病休暇やケア休暇などのように男性も取得できる男女共通の休業制度をつくって休む選択を増やす方が良いのではとの見解もみられた。[※20]

山川菊栄は、あらゆる職業ですべての女性に生理休暇を義務化すべきではないと主張し、有給化についても懐疑的であった。すべての女性が必ずしも必要としているわけではない生理休暇を女性であるという理由だけで取得することが、労働条件における男女平等を損なう危険を訴えていた。そして、生理休暇を要求するのではなく、むしろ、男女共通に取得できる病気休暇を求めるよう促した。それはすなわち、女性であるという理由で女性だけが特権的になることに警戒し、できる限り男女共通の基盤を築いていくべきだとする姿勢と言える。

「生理」に注目が集まる今こそ、山川の生理休暇論を再読する価値はあるだろう。

※1　田中寿美子「婦人少年局長時代の山川菊栄先生」（１９８１年）『婦人問題懇話会会報』５－７頁：中大路まき子［発言］山川菊栄生誕百年を記念する会編『現代フェミニズムと山川菊栄――連続講座「山川菊栄と現代」の記録』（１９９０年）山本書房、32頁。

※2　岩瀬ふみ子［発言］『現代フェミニズムと山川菊栄』（１９９０年）29頁。

※3　田口亜紗『生理休暇の誕生』（２００３年）青弓社、２０３頁：豊田真穂２００６『占領下の女性労働改革』（２００６年）勁草

書房、46–47頁。

※4 女子労働問題研究所「合理化と母性保護運動」『労働運動史研究』第29号 1–3頁；浅倉むつ子『男女雇用平等法論—イギリスと日本』（1991年）ドメス出版 316、337頁；桜井絹江『母性保護運動史』（1987年）ドメス出版 58–61頁。

※5 「職業婦人に生理休暇を！」『婦人公論』第22年5月号（1937年5月）418–424頁、現代仮名遣いに改めた。

※6 佐藤美実「労務婦人に関する調査」人口問題研究会『人口・民族・国土—紀元二千六百年記念第四回人口問題全国協議会報告書』（1940年）

※7 桐原葆見『月経と作業能力：女子の生理的週期と作業能の波動に関する実験並びに統計的研究—女子勤労と健民運動への一資料—』（1943年）東洋書館、復刻版、中島邦監修「女と戦争」第17巻（近代女性文献資料業書 17）（1992年）大空社、347–358頁；谷野せつ「最近五カ年間に於ける女子労働者の進出状況」『産業福利』（1933年9月）、再録、北野編（上）144頁；「座談会 労働基準法制定をめぐって」『労働基準』（1967年9月）10–11頁；松本岩吉「労働基準法が世に出るまで」（1981年）労政行政研究所、239頁；浅倉、317–318頁。

※8 大羽綾子『男女雇用機会均等法前史—戦後婦人労働史ノート』（1988年）未来社、99–101頁；浅倉、318–319頁；桜井、72–76頁。

※9 山川菊栄「生理休暇は必要か」『女性改造』（1946年9–10月合併号）再録、『山川菊栄集 第7巻 明日の女性のために 1946–1970年』（1982年）岩波書店、40–54頁。

※10 山川「生理休暇は必要か」

※11 谷野せつ［証言］西清子『占領下の日本婦人政策—その歴史と証言』（1985年）ドメス出版、141–142頁；谷野せつ［発言］『現代フェミニズムと山川菊栄』38–39頁；松本岩吉『労働基準法が世に出るまで』（1981年）労務行政研究所、238–243頁。

※12 労働基準法制定過程の詳細は、拙著『占領下の女性労働改革』第3章を参照。

※13 田中、1981, 6頁。田中は1950年から婦人少年局婦人課長となる。

※14 「働く婦人に生理休暇は必要か」"Is the Menstruation Leave Necessary for Working Women?" June, 1948. GHQ/SCAP Records, ESS(H)02456.

※15 『週刊教育新聞』（日本教職員組合機関誌）第92号（1948年3月4日）；全逓信労働組合中央委員会「教育宣伝週報」No.9（1949年5月30日）、大原資料『1201逓信 1949 Ⅳ』D20: 6-2.

※16 石井はた［発言］『現代フェミニズムと山川菊栄』29頁。

※17 Yutaka Moriyama, "Survey on Menstruation Leave," October, 1948, GHQ/SCAP Records, ESS(H) 02486-02490.

※18 安達知子「月経困難症」『日産婦誌』第59巻9号（2007年9月）454–460頁。

※19 厚生労働省「令和2年度雇用均等基本調査」（2021年7月）、25–26頁。
<https://www.mhlw.go.jp/toukei/list/dl/71-r02/07.pdf>

※20 米川瑞穂「生理休暇の利用率は1割未満 女性社員が企業に求めているのは「治療支援」と「生理について理解する研修」」日経BP総合研究所 <https://project.nikkeibp.co.jp/bpi/atcl/column/19/021700278/>；「「生理休暇」取得率1%なぜ低い 国の最新調査 労組アンケ、職場の理解「ない」6割」『神戸新聞』Next 2022年9月13日 <https://www.kobe-np.co.jp/news/sougou/202209/0015637337.shtml>；anan編集部「取得率は1割未満…「生理休暇」の現状&今後のあり方を考える」anan web

２０２２年10月23日 <https://news.yahoo.co.jp/articles/0a6827472928b5eb464f1140cce6e9521d44cebf>；冨田すみれ子「生理休暇、なぜ取得率低い？取りにくい理由を聞いた」BuzzFeed Japan ２０２２年12月６日 <https://news.yahoo.co.jp/articles/f2d5a153b65452d192348cd8fed7bcf0cf4a51b6>；労働政策研究・研究機構調査部「生理休暇を取得していない割合が８割超に――日本医労連女性協議会「３休（年休・生休・連休）アンケート」結果」『ビジネス・レーバー・トレンド』（２０２２年12月号）

◉論　考

現代の課題にそのまま使える山川菊栄のリプロ論

――堕胎を禁じるより、必要なる者には安全な方法を

大橋由香子

産児調節（産児制限）とは、その名の通り、児を産むことをコントロールないし制限すること。今の言葉である「避妊」が「妊娠を避ける」であることに比べると、産むことが前提になっていたのかも、などと屁理屈をこねくりまわしたくなる。

避妊方法自体があまり開発されておらず、サック（コンドーム）は性感染（主に梅毒）を防ぐために性売買の場で使われていた。アジア太平洋戦争のとき、兵隊たちが使ったコンドームのパッケージには「突撃一番」という名称もあったという。家庭内でのセックスは生殖のため、コンドームは滅多に使われず、妊娠したら産むのが当たり前。労働力、兵力を増やすことが至上命題の時代、産児調節は「危険思想」であり1930年には有害避妊用器具取締規則もできた。

江戸時代から、間引きや堕胎（人工妊娠中絶）、通経薬や流産薬、植物や薬草などが使われ、精子が入らないように薄紙を膣の奥に詰めるミス紙、鍼や灸……避妊や流産の知恵も興味深いテーマだが、女性（婦人）解放を求める人たちが妊娠や出産をどう捉えていたのか、山川菊栄を中心に見てみよう。

当時、産児制限は次のような理由で反対されていた。国民的自殺を促す、宗教的・道徳的に許されない、風俗を乱し離婚や秘密の両性関係を容易にする、不妊症や病気を招く等々、つまり、とんでもない

ことと認識されていた。そんな時代に産児調節の必要性を主張したのは、まずは新マルサス主義者だった。食糧の生産に人口が追いつかない、だから人口を減らすべき＝避妊が必要という考えである。菊栄は、避妊には賛成だが、その理由は新マルサス主義とは異なっていた。

どこにおいても悲惨と欠乏とを作っているのは、人口の過剰ではなくて、社会制度――生産物の生産分配の方法――である。（1921年「産児制限論と社会主義」『山川菊栄集2』279頁）

では、何を根拠に避妊を認めるのかというと、女性の自由意思だった。

私は産児制限の是非については、まずこの女子の自由意思を認むるか否やの一事が、……先決問題だと考えます。今後の婦人は、自分がそれを欲するからという理由以外に、……子供を生んでもなりません。個人の進退を左右するものは、その人自身の意思でなければならない。工場が労働を要求するから、国家が兵士を要求するから、支配階級が奴隷を要求するから、というような、一切の外的理由による懐胎と分娩は、罪の罪なるものであり、不道徳の中の最大の不道徳であります。（1921年「産児制限問題」『山川菊栄集2』236頁）

1917年のロシア革命に憧れや夢を抱くことができた時代。労働者が主人公になり、搾取や貧困、格差がなくなる社会主義によって生活程度が高くなり、母親と児童の保護、育児機関が発達すれば、産児調節は必要なくなるという社会主義者が多かった。

けれどもいかなる社会においても、男女を通じて、親となるべきや否や決定する権利、ならびに親となるべき時機を選択する権利は、失われるはずがありません。……ことに妊娠、分娩、保育の期間を通じて、婦人の負担は男子のそれをはるかに凌いでいる以上、この点についてとくに婦人の意思が尊重せられねばならぬことはいうまでもありません。（1921年「産児制限論と社会主義」『山川菊栄集2』285頁）

これは、1970年代初頭のウーマンリブのスローガンでいえば「産める社会、産みたい社会」が実現したとしても、産まない女性もいるという応用も可能だ。

そして、水道の蛇口から水が出て、家電製品でご飯が炊けて洗濯ができて、布オムツが紙オムツに進化した現代でも、家事や育児が大変なことに変わりない。とは言え負担の大きさと過酷さは今以上、婦人解放運動をしている多くの女性も「お手伝いさん」がいることで生活が回っていた。それに対して「男子」の負担の軽さはどうだろう。100年が経過したいまも、それほど変わっていないという驚くべき事態。

菊栄は海外の文献資料を読み込み翻訳もするため、マーガレット・サンガーの書いたもの、ハヴェロック・エリス著『結婚の目的』、オランダやニュージーランドの乳児死亡率の数字などを紹介しながら、産児制限の必要性を説く。「生む自由」とともに「生まざる自由」を、妊娠・出産・育児を主に担う女性という当事者が選択するのは当然であることも。（前掲「産児制限論と社会主義」ほか参照）

今では違和感のない（と言いきれるとよいのだが）菊栄の主張は、当時は受け入れられにくいものだった。人口増強をめざす支配者層にとってはもちろんのこと、女性解放を唱える仲間たちの間でも意見の違いがあった。例えば、雑誌『青鞜』1915年6月号には、原田皐月が「獄中の女より男に」と題する小説で、堕胎した女性を罰するのは不条理だという法廷でのやりとりを描いた。「私は月々沢山な卵細胞を捨てています。受胎したと云うだけではまだ命も人格も感じ得ません。…そして私は腕一本を切って罰となった人をきいたことはありません」という台詞も登場する。同じ号に次の文も掲載された。

「私は皐月さんが仰云るように親になる資格のないものが子供を生むと云うことは、これは本当に考えものだと思います。……私は未成熟のものでないかぎりまた或る欠陥を持っている者とか無能力者、白痴、狂者など、或る種の疾病をもつもの以外に即ち普通の生活に耐え得るものであって生理的にも充分発育を遂げたものならば資格は先づあるものにちがいはないと思います。どうしても子供の出来ると云うことが苦痛であったり、恐ろしいと思う念を払い退けることが出来ない時には、その場合避妊をするのもいいでしょうけれど一旦妊娠してからの堕胎と云うことになって来ればそうはいかないと思います。私はそれは非常に不自然なことだと云うことが第一に感ぜられます。……『生命』と云うものを軽視した行為ではないでしょうか」

「腕を一本他人のを切って御覧なさい、それこそ大変ですわ、直ぐ刑事問題になるでしょう。それと同じですわ、たとえ、お腹を借りていたって、別に生命をもっているのですもの」

避妊は必要だとしても、中絶は命の芽を摘むこと、赤ちゃんを殺すこと、身勝手なこと、という意見は、今の日本でもよく耳にする。刑法堕胎罪がモロに生きていて、女性は嫁ぎ先の家の跡取りたる男子を産むことが義務とされた時代であれば、このような生命を尊重する意見は自然なものだったのだろう。むしろ驚くのは、奔放なアナキストとして知られる伊藤野枝が書いたものだということ（「私信―野上弥生様へ」『青鞜』１９１６年６月号）。欠陥をもつ者は親になる資格がないといったような記述も、当時の常識であったことを表している。

およそ半世紀後の１９６２年に菊栄はこの堕胎論争を振り返って整理している。

野枝は胎児を処置することは人情において忍びない、という感情論一点ばりで反対し、山田わかはいかなる場合にも避妊も中絶も共に絶対非とし、らいてうは九月号で共に是としました。ついでアナキスト宮島麗子が『近代思想』にこれをとりあげ、「食べることのほか考えない労働婦人」はともかくも、私たちインテリ婦人には仕事も知的欲求もあるから、どちらも是とすべきだと述べたらいてうの言葉をとらえ、インテリ婦人だけがそういう欲求を持つものではない、と反ばくしたのはよいとして、結局こういう悩みが起こるのは、社会組織の罪だというだけで、当面是か非か決定を迫られている問題には、どちらとも答えていません。（１９６２年『思想』11月号）

さて、堕胎罪に反対する意見が当時まったくなかったわけではない。刑法学者の橋本勘三郎は１９０６年にこう書いている。

…堕胎の目的たる胎児は殆ど、処女又は寡婦の隠れたる行為の結果である。この場合、合法の強制により胎児を生みたりとすれば、この処女、寡婦は大いなる汚辱を蒙るため甚だしきは、胎児と共に自殺し、或は秘かに堕胎し、而も陰かに之を行なうために方法よろしきを得ず、誤って生命を失い、若しくは終生不治の痼疾に陥いるものも少しとしない。かくて法律は胎児を保護しないのみならず、母に生命身体を害する結果を生ずる。……

かく論じ来れば堕胎罪廃止により犠牲となるのは道徳感情のみに過ぎるに反し利益は極めて大なるものがある。（橋本勘三郎「堕胎罪と遺棄罪に付いて」『内外論叢』五巻一、太田典礼『堕胎禁止と優生保護法』経営者科学協会、１９０６より）

処女、寡婦だけでなく既婚者の中絶もあったと思われるが、結婚していたら中絶はありえないという前提があったのだろう。

いずれにしても、菊栄や原田皐月、橋本勘三郎の主張は、ほんの一握りの少数異見だと言える。そうだとしても、中絶を禁じることは女性の健康を害する結果を招くことを、時を超えて主張する人たちもずっと存在している。

「避妊と堕胎」で菊栄は次のように記している。まず冒頭で、胎児の遺棄事件（これも現在と共通している）などに対して内務省が出した見解を引用する。

> 一．堕胎は犯罪を構成するも避妊は犯罪にあらず、したがって国家としては放任行為である。
> 一．避妊は国家の放任行為といえども、国政の大局から見れば消極的に優生学上悪質遺伝者の産児制限は現時の社会事情に適合しているが、人口問題とか経済問題等から産児を制限することは不可であり、人口の増殖は国富の増進によって消化すべきである。（1930年「避妊と堕胎」『山川菊栄集5』286頁）

悪質遺伝者の産児制限は認めるという点は、この10年後に成立する国民優生法の下地となる国家の考え方である。そして、菊栄は自説を展開する。

> 内務省が産児調節を公認しても、しなくても、資本主義が貧困と、失業と、過剰人口とを必要とする限り、そういう事実に変化は起らない。
> 産児調節を公認しつつ、堕胎禁止を固執する政府の態度は不徹底である。堕胎禁止法令の撤廃が、各国無産婦人の伝統的な運動の一部分であるのは、なにもこの階級のみがそれを要求するわけでなく、この階級だけが、この種の問題について偽善的な態度を擲（なげう）っているからにすぎない。上流婦人

は高価な技術家を利用することにより、この種の行為の秘密と安全とを共に得ている。無産婦人のみが、同じ行為に対して危険と刑罰とにさらされているのである。

これを禁ずるよりはむしろ一定の条件の下に許し、その必要なる者には安全な方法を示すべきである。「現在慣行のごとく、身体弱く、妊婦が胎児に堪え得られない場合に限り、堕胎は法律上認められ得る」という内務省の意見をもう一歩進めて、生理的理由以外にも同一手段を望む者に対して、いっそう合理的な道を開くことは、保健衛生の上から見て、社会的にも、個人的にも何らの損害はないのである。(同前、287~288頁)

中絶が非合法な社会でも、「上流婦人」のようにお金と情報があれば、少しはマシな闇堕胎を受けたり、合法的に中絶できる海外に出かけたりできる。つい最近まで中絶が禁止されていたアイルランドでは中絶をするためイギリスに行く女性がいた。2022年、中絶のプライバシー権が否定されたアメリカ合州国では、遠距離移動して中絶できる州までいかなければならなくなっている。

また、堕胎罪があった当時でも、身体が弱い生理的理由がある場合は中絶が許されていた。そのため、堕胎罪で起訴され執行猶予となった俳優・志賀暁子も、最初は結核の診断をしてもらおうと病院に行ったが、健康と言われ絶望する。一方、菊栄は妊娠したとき結核と言われ、妊娠を継続できるかという不安のなかで過ごし、生まれたらすぐ赤ん坊と別れて住むよう医師に言われていた。

なお、堕胎罪で捕まった志賀暁子について、相手男性(映画監督、独身)にもっと強く主張すべきだったと菊栄は書いている。[※1] 女性の自己決定「自主的母性」とともに、男性の親としての責任を求めているのだ。

私生児の出生を防止する意味での産児制限はきわめて消極的な意味のものではある。われわれは

> 嫡否（ちゃくひ）を問わず、すべて生まれた限りの者に安全幸福な生活を保障する必要を認める。だから生むと生まぬとはどの場合にも最も利害関係の深い母の意思によって決定せらるべきだと考える。また幼児虐待、虐殺のごとき犯罪は、他の積極的な方法によって防止せらるべきで、断じてこれを産児調節のような個人的な方法に委（ゆだ）ぬべきではなく、またそれによって効果も上がるものでないと考える。しかし少なくとも、母にとって生まない自由だけは与えられてよいはずである。生みたくない者には生ますな。生まれただけの者には幸福な生活を保障せよ。生まれた者を安全に育てる能力のない社会、すでに生まれた者をさえ、みすみす［四字伏字］［一〇字伏字］、まだ生まれぬ生命をそれ以上にねぶみすることが許されるだろうか、母性を忌避させるような不自然な環境を放置して、その結果だけを責めても効果は期待されまい。（同前）

伏字にはどんな言葉が入っていたのだろうか。

児童虐待も少子化も、個人、とりわけ女性の責任にしがちな今の風潮に対して、そして国民優生法や優生保護法（1948〜1996年）、胎児に障害や病気がないかを調べる現在の出生前診断がはらむ優生思想に対しても、抵抗・対抗する何かを感じさせる。

> 日大生殺しの妹の手記によれば、自分ら一家は、父と同じく、母方にも乱行の祖父があり「メンデルの法則により」悪質遺伝を恐れて自分も結婚を断念し、兄を殺すのも正義のためと信じたとある。……誰から、どんな血が伝わっているか分らないのがわれわれの現実で、先天的には、あらゆる系統のあらゆる血を亨（う）け、後天的には、あらゆる社会的影響の下に成長する人間のことで、どこの家にも賢愚、良不良いろいろの子ができる。また祖先近親の中に悪癖乱行の者が一人もいないという家はある筈がない。それを一々問題にしていたら、誰しも結婚もできず、生かしてもおけぬこ

とになるだろう。……

こうして不詳な事件に対する社会的責任が個人、とくにその血統の責任にすり換えられるに好都合な、大衆の心理的準備がここに営まれるのである。科学者はこれに対して警戒を与える必要はないか。（１９３６年「血統詮議」『山川菊栄集６』１１８～１１９頁）

「良不良いろいろの子がいる」という当たり前のことが忘れられ、菊栄がこれを書いた約10年後、婦人参政権を獲得し日本国憲法ができたのに、「不良な子孫の出生防止」を目的とする優生保護法が成立した。その優生保護法に、刑法堕胎罪はそのまま存続させ例外として中絶が許可された。２０２３年4月時点では、「必要なる者には安全な方法を」とはならず、中絶は母体保護法の許可条件にあてはまる場合に限定され、男性（配偶者）の同意が必要。90か国以上で使われている経口中絶薬は、まだ認可されていない。

生む自由、生まない自由を、この国の女たちはまだ手にできていない。菊栄さんが生きていたら、彼女の昔の職場である厚生労働省や法務省への交渉に一緒に行けたのに！って、嬉しいような、哀しいような。

※1　「暁子とその子を振り捨てて、あくまで父親としての責任を回避した男の態度は責められなければならぬ。しかし暁子にしても、子供のために、あくまで男の責任を追求しなかった点は、……監督と女優という特殊な関係によって生じた利害」だとしても「子を育てながら自活する能力のない母親は法律に訴えても子供のために父親の経済的協力を求めるべきであり、……恥なき男だけが儲けるのである」と男性の責任を問いつつ、もっと「職業婦人としての女優」の自覚をもつよう叱咤激励している。そして婚外子を育てる母たちを支援する必要も訴えている。（１９３７年「暁子の場合」『山川菊栄集６』１４４、１４５頁

◉論　考

国際的視点①

カーペンター『中性論』の翻訳と『番紅花(サフラン)』同人との交流

趙書心(チョウショシン)

エドワード・カーペンターの『中性論』

山川菊栄の初期の仕事には、英語文献の翻訳が多く認められる。1920年代に発表されたベーベルやコロンタイの翻訳がよく知られているが、それ以前のものについての研究はまだ手薄である。本稿では、菊栄の多くの翻訳のうち、最も初期に発表されたエドワード・カーペンター（Edward Carpenter）の『中性論』を取り上げたい。『中性論』が注目に値するのは、それが菊栄の活字になった初の翻訳であるだけではなく、他の翻訳と比べて掲載誌もテーマも特殊だったからだ。『中性論』が翻訳された経緯と歴史的背景を追うことで、菊栄の翻訳者としての一面と彼女の国際的視野に光を当てることになるだろう。

カーペンターの「中性論」の翻訳は、菊栄が山川均と結婚する以前の1914年に、青山菊栄の名で発表されたもので、尾竹紅吉の創刊した雑誌『番紅花(サフラン)』の5・6・7月号に掲載されている。「中性論」はエドワード・カーペンターによる論著 *The Intermediate Sex: A Study of Some Transitional Types of Men and Women*（1908）の抄訳であり、原作は同性愛の社会的意義を主張する先駆的な性科学著作である。同作において、カーペンターは男性の同性愛行為を犯罪化するイギリスの法律を批判の対象とし、同性愛の社会的承認を求めるようにと論を展開した。同性愛の歴史、教育上における同性愛の意義や、同性愛者の社会的価値など多方面から論拠をあげたうえで、カーペンターは、同性愛が一般に思われるより遥かに精神的であり、当の人も病的ではなく男女両性の資性を兼備し、人類の発展に大いに貢献できると結論づける。

「中性論」の著者であるエドワード・カーペンターは、イギリスの著名な社会主義者であるが、同性愛を擁護する言論活動をも行い、20世紀初頭の同性愛解放運動の担い手としても知られている。「中性論」が訳出される前、カーペンターはすでに石川三四郎によって日本に紹介され[※1]、主著『文明之弊及其救治』(1893年、民友社)も翻訳出版されている。しかし、彼の思想家、社会主義者としての一面だけに関心が向けられ、同性愛的側面はほとんど注目されていなかった。カーペンターの同性愛に関する論著を最初に手がけた翻訳者として、菊栄の仕事は意義が大きい。

菊栄がどのように「中性論」に出会ったのかについては、彼女が自叙伝において、「(1912年:筆者注)大杉、荒畑両氏の、『近代思想』というささやかな月刊誌が出[※2]て、「私は馬場先生のところで見てからずっと読みつづけ、『パンの略取』や、ベーベル、カーペンターなどもこの雑誌で知って読んだ[※3]」と書いているので、おそらくこの時期に「中性論」に接したと推測される。だが、翻訳にいたる背景には、菊栄と『番紅花』の同人たちとの交流、および同時代の社会的状況が深く関係している。

『番紅花』での翻訳

『番紅花』は、青鞜社同人であった紅吉こと尾竹一枝が、青鞜社を退社した1年後の1914年3月に、神近市子、八木麗など6名の女性同人を募って創刊した文芸雑誌である。発行部数の少ない同人誌的規模であり、同年の8月に通算6号で自然廃刊となった。内容は小説、詩、随筆、翻訳と広く文学領域にわたるが、海外の女性事情の紹介にも積極的に誌面を割いており、女性解放誌としての側面がある。編集と執筆陣の中心となったのは、小林哥津、松井須磨子ら女性であるという点から、『青鞜』と同じく「女性の手による雑誌」[※4]として評価されている。

　女性雑誌としての側面のほかにも、『番紅花』は同性愛の問題への高い関心によって特徴づけられている。周知の通り、「同性愛」という近代的概念は西洋の性科学に由来したもので、1911年、女学生同士の心中事件をきっかけに日本に導入された。『番紅花』の発行期間は、ちょうど女性の同性愛問題が社会的な関心を集めている時であった。当時、女学生だけではなく、『青鞜』同人に代表される「新しい女」も同性愛の当事者として議論の対象になっていた。創刊者の尾竹紅吉が『青鞜』時期に平塚らいてうと同性愛的関係にあり、彼女が青鞜社をやめた直接の理由もらいてうとの「同性恋愛」に端を発したと指摘されてきたが[※5]、女性同性愛を「堕落」「性的倒錯」と問題視する言説が、『番紅花』同人をはじめとする女性知識人の周りにも現れはじめたのである[※6]。

　このような背景で出された『番紅花』は、セクシュアリティの問題に、とりわけ女性同性愛に強い問題意識を持っており、同時代の言説と対抗する方向で、女性同性愛を肯定的に表象していく。尾竹紅吉の「自分の生活」「Cの競争者」をはじめ、菅原初「動揺」、八木麗「C夫人のある朝」など、女同士の同性愛的関係を扱うエッセイ、小説が多く載せられており、それらの作品では同性愛が女性の解放と自己実現に寄与しうる重要な関係として位置づけられている。

　菊栄がどのような経緯で『番紅花』に関わったかについては伝記的資料が見当たらないが、女子英学塾（現・津田塾大学）の後輩で親交のある神近市子が編集に参加していることから、神近市子の誘いに依ったと推測される。菊栄は「中性論」のほか、コロレンコの「マカールの夢」、「盲楽士」という二つの小説の翻訳を寄稿している。

菊栄が「中性論」を翻訳したのも神近市子の依頼があったためだ。具体的な経緯については、神近市子が『番紅花』の編集後記で以下のように書いている。

何時か青山さんとお逢ひした時に同性恋愛の話が出た。その時にカアペンターの説によると同性恋愛は異性間のそれよりはもつと精神的なものでそれを善い方面に導けば一方がほかをどんなに感化誘導してゆけるものだなど云ふことが有つて、大変面白い見解があるとのことであつた。(中略)殊に中性の男女は近頃日本にもボツボツ表面に現はれて来て一部の人々の間に一問題となつて居る。今カアペンターのそれについての研究を見せて貰ふことは可成興味のあること々思ふ。※7

ここから見て取れるように、菊栄は『番紅花』の同人たちに劣らないほど同性愛の問題に関心をむけている。カーペンターの同性愛論も熟読しているだけではなく、同性愛をめぐる当時の社会的議論にも注目している。「中性論」を翻訳したのも同性愛をめぐる同時代の議論に触発されたためだと考えられる。

引用における「中性の男女」は、当時の同性愛者における「性的倒錯」を揶揄する言葉として一時的に流行っていた。とりわけ平塚らいてうら『青鞜』同人の「同性愛」問題や女性ジェンダー規範を越境する言動が社会問題となった後、「中性」は同性愛者、とくにその男らしさ／女らしさを逸脱する特徴を強調する表現としてメディアに流通していた。※8「同性恋愛は異性間のそれよりはもつと精神的なものでそれを善い方面に導けば一方がほかをどんなに感化誘導してゆける」という記述から窺えるように、カーペンターの「中性論」は「中性の男女」に対する「一部の人々」の認識を更新しうるものとして、つまり当時流通していた同性愛観を修正するという意図から訳出されたのである。

同作の内容からみると、「中性論」の主張は同時代の同性愛言説を覆す可能性を十分に有するといえる。当時の言説では同性愛が性的堕落とみなされがちだったが、それに対して「中性論」は精神的なつながりこそ同性愛関係の中核であると述べ、それは新しい社会を実現するための絆と位置づけているからだ。「性的倒錯」の問題に関しても、同作は精神医学における性倒錯理論を相対化し、「中性者」には「肉体の構造又は体質には何等の変態的或は病的な点の見えぬ」[※9]ことが主張される。同性愛を「堕落」「性的倒錯」と切り離すという点においては、カーペンターの思想は当時の日本の同性愛認識への批判性をもつといえるだろう。

前掲した神近市子による編集後記では、「中性論」は全訳ではなく抄訳であることにも言及されている。菊栄の翻訳を原文と対照してみると、以下二つの特徴があげられる。まず、原文の取捨に関しては、男性の同性愛についての論述が多く切り捨てられている。先に述べたように、「中性論」は男性における同性性行為を罰する法律を批判するという目的で書かれた。そのため、女性同性愛に関する論述があるものの、男性の同性愛を弁護することに重きを置かれており、それに関する歴史的根拠と個別の事例に紙幅が割かれている。しかし、菊栄の訳文には、男性同性愛に関するギリシアの歴史や、カーペンターの友人による個別の事例の紹介が18か所省略されている。また、訳語の選択の面では、原文における男性同性愛者のことを意味するいくつかの用語が、男女共通に使える、ジェンダー的偏向のない訳語に書き換えられている。同性愛は性欲的ではなく精神的であると主張する箇所では、原文はmale Uranian あるいは Uring men[※10]というあきらかに男性のみを指す用語を主語として使っているが、菊栄が男性（male/ men）という限定詞を消し去り、男女ともに適用する「中性者」[※11]という言葉に訳されている。

先に菊栄が「中性論」を翻訳したきっかけが、女性同性愛をめぐる社会的議論と女性問題への関心にあると確認した。この点からみると、翻訳における菊栄の取捨は単なる偶然ではなく、意識的な選択と思われる。というのも、男性同性愛に関する論述の省略と、男性限定詞の削除という二つの選択は、最終的に男性の同性愛に重点を置くという原作のジェンダー的偏向性を弱め、カーペンターの理論を女性同性愛にも適用する論述にしたからだ。男性同性愛論述の省略によって、男性を偏重する原作の特徴が消され、また訳語における男性限定詞の削除により同性愛の精神性を主張する論述が女性にもあてはまるようになった。原文に忠実である全訳ではないものの、原作の男性中心的な性質を和らげた菊栄の翻訳は、女性の同性愛が問題視されるという日本の社会的状況に接続させれば、日本の現状に対する原作の批判性を確実に高めたといえるだろう。

「中性論」の単行本化とその受容

1919年に『番紅花』に連載されている菊栄訳の「中性論」は「同性愛」と改題した上で、堺利彦訳のレスター・ウォード「女性中心説」と合わせて『女性中心と同性愛』(1919年、アルス)として出版された。ウォードの「女性中心説」は、社会進化論的な見地から女性こそ生命の根源と、人間社会における女性の優位性を主張する社会学著作である。両作が合本として出版した意図について、堺利彦は「之(中性論・筆者注)は先年、雑誌『サフラン』に載せられたが、餘り多く世人の目に触れて居らず、而も両性問題研究の資料として、『女性中心説』と共に缺くべからざるものであるから」[※12]と記している。彼は「中性論」をセクシュアリティの理論だけではく、「女性中心説」と同じく広い意味での「両性問題研究の資料」として受容しているようだ。

単行本として出版された「中性論」は、『番紅花』での発表より比較的に広く読まれ、とりわけ同時代の女性知識人に受け入れられた。たとえば、山田わかが著書『恋愛の社会的意義』(1920年、東洋出版社)で「中性論」に言及している。母性主義者である山田は、「人間には」「次代の養成という義務があ[※13]」るという点から「中性論」を全面的に肯定してはいないが、学校内における同性愛が教育上有益であるという主張を詳細に紹介しながら賛意を示している。そのほか、教育家の古屋登代子も女学生の同性愛を擁護する評論において「中性論」を援用しており、山田と同じく同性愛が教育上有益という主張に惹きつけられ、「新しき意味の同性愛に着眼して、其の社会的意義の重要さを告げる[※14]」人物としてカーペンターを評価している。さらに、作家の吉屋信子もカーペンターの読者として注目に値する。戦前期に女同士の親密な関係を書き続けた吉屋は、女性同性愛文学の先駆けとして位置づけられているが、ミチコ・スズキによれば、彼女の同性愛認識と創作活動にはカーペンターの思想、とくに同性愛の精神性を称賛する「中性論」の主張が多大な影響を及ぼしたという[※15]。

堺利彦による出版と紹介を経て、「中性論」は同時代の日本では、主として女性同性愛の正当性を主張する論拠として受け止められていた。このような読み方は、菊栄の翻訳の特徴、すなわち原作の男性中心性を和らげたことと無関係ではないだろう。日本における「中性論」の受容は、カーペンターの真意を全面的に理解したものとは言い難い。しかし、同性愛の社会的承認を求めるという点において、カーペンターの思想は確実に引き継がれた。そこには翻訳者としての菊栄の功績があったのである。

※１　石川三四郎『哲人カアペンター』（１９１２年）東雲堂書店。

※２　山川菊栄『女二代の記：わたしの半自叙伝』（１９５６年）日本評論新社、１４７‐１４８頁。

※３　山川菊栄、同前。

※４　渡辺澄子「解題」『『番紅花』解題・総目次・索引』（１９８４年）不二出版、５。『番紅花』については、渡邊澄子「雑誌『番紅花』：一九一四年の尾竹一枝」（『大東文化大学紀要人文科』59、２０２１、２７４‐２６４）、赤枝香奈子『近代日本における女同士の親密な関係』（角川学芸出版、２０１１年）に詳しい。

※５　黒澤亜里子「女性芸術誌『番紅花』と尾竹一枝」『彷書月刊』（２００１年）弘隆社、１８５、14‐16頁。

※６　この時期の女性同性愛言説については、拙論「女性解放とレズビアニズムの間：『番紅花』における女性同性愛言説をめぐって」（『名古屋大学人文学フォーラム』５、２０２２年、１０３‐１１８）を参照されたい。

※7 神近市子「編集室にて」『番紅花』1（3）、1914年5月、157-158頁。

※8 ※6に同じ。

※9 青山菊栄訳「中性論」『番紅花』1（3）、1914年5月、21頁。

※10 Uranian/ Uring はドイツの同性愛解放論者 Karl Heinrich Ulrichs による造語である。「男性の身体に女性の魂」という意味で、同性愛者（とくに男性）を指す。カーペンターは Ulrichs によるこの造語を援用している。

※11 「中性論」『番紅花』1(3)、1914年5月、2；「中性論」『番紅花』1(5)、1914年7月、75。原文：Edward Carpenter, *The Intermediate Sex A Study of Some Transitional Types of Men and Women*, London:Swan Sonnenschein &: Co., Ltd., 1908, 9, 128

※12 堺利彦「はしがき」『女性中心と同性愛』（1919年）アルス、2頁。

※13 山田わか『恋愛の社会的意義』（1920年）東洋出版社、293頁。

※14 古屋登代子「同性愛の女子教育上に於ける新意義」『婦人公論』7（8）、1922年8月、24-29頁。

※15 Michiko Suzuki, "The Translation of Edward Carpenter's The Intermediate Sex in Early Twentieth-Century Japan", Heike Bauer, ed, *Sexology and Translation: Cultural and Scientific Encounters across the Modern World*, Temple University Press, 2015, 197-215

◉エッセイ

国際的視点②

コロンタイと対話する山川菊栄

高柳聡子

1917年、ロシア革命の報を伝える記事に稲村ヶ崎駅のベンチで我を忘れる山川菊栄、そのときの感激を記録した言葉は鮮やかで、新聞を手にした菊栄の姿は映画のワンシーンのように浮かびあがる。率直な菊栄の筆は、当時の日本の社会主義者がどのように革命を受け止めたのかを巧みに表現している。

ロシアの女性解放運動の視点から見る山川菊栄（1890-1980）は、なによりもまずアレクサンドラ・コロンタイ（1872-1952）の紹介者である。そして社会の未来を見据える絶え間ない思考の過程で、コロンタイと熱心に議論した人物という印象だ。二人はどちらも恵まれた家庭に生まれ、国際的な視野を養う環境で育ち、（コロンタイは後に離婚するものの）当時としては稀有なほど妻の人生に理解を示す相手と結婚している。コロンタイは菊栄より18歳年上で革命の先駆者であるから、菊栄が彼女から多くを学ぼうとしたのは当然のことだ。二人とも外国語に長け、活動に生涯を捧げ、女性たちの解放を心から求める理想主義者であり、戦争に抵抗した。菊栄が翻訳したコロンタイの著作を読むとき、菊栄自身の著作を読んでいるかのように錯覚することがあるが、それも当然のことかもしれない。著者のコロンタイと訳者の山川菊栄はテクストにおいてしばしば一体化している。

一方で、菊栄が痛烈にコロンタイを否定するのが性解放論である。コロンタイは政治的な論文や綱領だけでなく、自身の思想を反映させた小説を執筆しているが、それは百年前としてはかなり過激な内容だ。喉が渇いたら水を飲むように女性も自由に性行為をという、「一杯の水」理論と呼ばれた主張がコロンタイによって為された(な)という誤解は日本でも広まった(ソ連国内でもおもに男性たちがこれを都合よく誤解し、女性の「貞操」に配慮する必要がないと思ったのか1920年代には性暴力事件が増えたと言われている)。

けれども菊栄はコロンタイの小説をそのようには誤読していない。菊栄がこれらの小説を読んだのは1926年から29年のどこかだと思われるが、それに先行する1925年から26年は、菊栄が一連の女性論をもっとも展開した時期である。女性差別の原因が社会構造にあり、改革によって女性解放は実現できる、ひいては労働者階級全体の解放が可能であるという気付きを得た菊栄が、コロンタイの小説を手にしたときの衝撃は想像に難くない。「コロンタイの恋愛観」(1926年)、「コロンタイの誤謬」(1929年)とコロンタイの性や恋愛をめぐり、小説作品を強く否定する菊栄の言葉は非常に厳しい。『ワシリーサ・マルイギナ』(邦題『赤い恋』)や『三代の恋』、『姉妹』など、コロンタイは特に恋愛小説を好んで書いたが、そこには、マルキストの女性が精力的に活動を続ける中で、男性との恋愛と性的関係について葛藤する様子が描かれている。例えば、「コロンタイの誤謬」の中で菊栄は、『三代の恋』のジェーニャ(ゲニア)を取り上げ、その考えを全否定する。祖母、母、娘の三世代間に横たわる性観念には隔たりがある。ましてや、革命という社会の大変革によって、その差は決定的なものとなっている。革命後に生まれた「新しい女性」である若いジェーニャにとって、性行為には信頼やパートナー関係はまったく不要であり、『ワシリーサ・マルイギナ』の中で主人公ワーシャが苦悩した嫉妬や独占欲から完全に解放されている。だからこそ、母の夫とも気軽に性的関係をもち、母親の動揺を理解することができない。

菊栄は、こうした放埓な性が許されることが女性の解放ではないと訴える。性交は衝動的に行うものではなく〈人格的な交渉を伴う〉もの、つまり、信頼しあった特定のパートナーとの関係の一部であるべきだと考えており、そうでない性的関係は知性と理性をもつ人間の社会では克服されるべきだという。このとき菊栄は重要な指摘をしている。〈最も誤っているのは、彼女がこれを共産主義と何らかの関係があるかの如く装い、この中に進歩的な任務を認めようとする点である〉という箇所だ。続いて、〈われわれは、婦人が、男子と等しく、生理的欲求の圧迫に堪えずに、機械的な性的交渉に満足を求めたとて、婦人なるがゆえに特に批難しようとは考えない。ある程度までは、それは人間共通の弱点として、寛仮するほか、余儀ないことだからである。けれどもかかる方法を、現代の女性が採るべき一般的な原則として主張されることには、どこまでも反対せねばならぬ〉と説明する。

菊栄は冷静にコロンタイの〈誤謬〉を見抜くのだが、この批判はコロンタイの小説に思想の一環として理性的に向き合った対話のようになっている。高度に発達した社会を叶えれば、人間同士の個人的関係は自制された美しい習慣を獲得するという考えは、当時の日本社会の状況と菊栄の生真面目な性格からして妥当なものだろう。一方で、コロンタイはどちらかというと情熱の人であり、彼女の主人公ワーシャは理性的でありたいと願いながら、夫への嫉妬から逃れることができず苦しんでいる。

革命運動と同時期、ロシアの思想・文学界では性や結婚の問題は重要な課題のひとつだった。女性が父から夫へ「所有物」として引き渡されるような結婚制度に疑念を抱く知識人たちは、三者婚（男女一対一ではなく三人の生活を実践するもの）や性交を伴わない結婚を試みたりもしている。あるいは、アンドレイ・プラトーノフという作家は「Anti-Sexus」（1926年）という短編で、労働者が性行為によって無駄なエネルギーを消費せぬよう最短でオルガスムが得られる自慰マシーンを登場させている。

こうした事象の背景には、生理的な欲求としての性行為と、心から愛する人との性行為が実際には同じであるということをどう理解すればよいのかと葛藤してきたロシア文化の経緯がある。コロンタイは小説の中でこの葛藤にケリをつけようとする。それは彼女にとっては、革命前から抱えてきた苦悩なのだが、苦悩することは自分が狭量であるから、未熟であるからなのだと理解している。つまり、主義とは無関係の人間としての成長をも社会主義体制となった暁には成し遂げられるにちがいないと革命の昂揚の中で一緒くたにしている。

このコロンタイの興奮を菊栄は冷静に断罪する。けれども、「女心」と呼ばれていたような感情の習慣を手放し、「新しい人間」になるにはどうすればよいのかというコロンタイの葛藤もまた事実である。女性的な感情を否定するとしてコロンタイの小説に女性嫌悪を見る向きもあるが、それは違うだろう。ソ連の女性たちは変わるのだという希望を素朴に描いたと読むべきではないかと思う。「新しい女性」を主人公にした小説は1920年代のソ連では女性雑誌にもよく掲載されていた。それは女性たちにロールモデルを提示するものだったが、コロンタイの一連の小説もこのジャンルに含まれるものだ。文学的にはあまり成功しているとはいえないコロンタイのフィクションを真っ当な理論で斬る菊栄の言葉は論文というよりも対話に近い。二人が取り組んだ女性解放政策——家族制度の見直し、家庭での女性の負担の軽減、女性の権利の獲得や売春の撲滅——は、21世紀の今では不備もあるが、帝国主義的国家が共通して抱えながら手つかずの問題であった。遠い国の同志たる菊栄の批判は同じ理想を目指す二人の対話のひとつとして翻訳と同じ熱量をもっている。そしてこの議論は今なお、我われのもとで続いているのである。

◉論　考

山川菊栄と黄信徳（ファンシンドク）にみる植民地主義認識

宋連玉（ソンヨノク）

はじめに

日本が朝鮮を植民地支配していた時代に、朝鮮女性と交流のあった稀有な人物として山川菊栄（以下「菊栄」）があげられよう。とくに菊栄から思想的影響を受けたのが黄信徳（以下「信徳」）である。二人の植民地主義認識から、私たちに残された課題を考えてみたい。

信徳の日本留学

信徳は1898年に平壌のクリスチャン家庭の末っ子に生まれ、恵まれた幼少期を送る。教会附属の初等教育機関を終えた後に信徳が入学した崇義女学校は、1938年3月に神社参拝に抵抗して閉校となるくらいの民族意識の強い学校だった。信徳も在学中に民族独立をめざす秘密結社に参加していた。

東京女子医学専門学校に留学していた姉、愛施徳（エスター）を頼って1918年末に日本留学に発つが、入れ替わるかのように姉の愛施徳は金マリアとともに朝鮮へ戻った。1919年3月に始まった三・一独立運動に加わるためだったが、娘の政治活動が理由で父親は警察に拘留され、署内で受けた拷問がもとで死亡する。

信徳は父の葬儀のために一時帰郷するが、１９２０年に再び日本に戻り、三・一独立運動一周年記念デモに参加する。警察から監視されながら、千代田高等女学校を卒業し、女子英学塾、早稲田大学を経て、新しく開設された日本女子大学校社会事業部に１９２２年に入学する。二代目校長の麻生正蔵（あそうしょうぞう）が独立運動をした朝鮮女性に理解を示し、信徳以外にも朴順天（パクスンチョン）、李賢卿（イヒョンギョン）、崔恩喜（チェウニ）たちの入学を受け入れたのである。「外には帝国主義、内には立憲主義」の「大正デモクラシー」は、このように朝鮮女性を「包容」したのである。

父親の死により学費に困っていた信徳だが、在日本朝鮮ＹＭＣＡ総務の崔承萬（チェスンマン）の紹介で知った吉野作造から奨学金を受けるようになる。吉野はある富豪から託された遺産を、アジアからの留学生の奨学金に活用していたのだ。民本主義を唱えていた吉野の目は、五・四運動、三・一独立運動を展開する中国や朝鮮の民衆にも注がれていたが、１９２０年代の吉野の思想には植民地の政治的独立という選択肢はなかった。

三・一独立運動後に、朝鮮の多くの知識人は民族独立の新たな方法論として社会主義に期待したが、信徳もこの時代の潮流を敏感に感知していた。次の文章からは、民族主義をベースにキリスト教から社会主義へと思想的に傾倒していくようすが窺える。

> （日本の）社会主義者は日本帝国主義を弱小民族と無産階級の共通の敵だと規定した。よって当時の若い（朝鮮人）留学生はいうまでもなく、（朝鮮の）知識人は社会主義路線を支持した。素手で独立を叫んでも現実的に独立の可能性が小さいと痛感したので、（日本の）無産者の階級闘争を祖国の独立運動の誘致するのが独立の近道だと信じた。

またキリスト教に対しても「朝鮮婦人を台所から教会ないしは社会まで指導する指導者であったが、朝鮮婦人の自覚と勇気とにアヘンの如き毒素ある麻酔剤にならざるをえない」と否定的評価を下している。

信徳と菊栄の出会い

信徳が社会主義思想を学ぶ師と仰いだのが菊栄だった。菊栄にとっても信徳と朴順天が印象に残ったようで、1972年にまとめた『おんな二代の記』(平凡社) に二人のことが詳述されている (「私の会ったアジアの女性たち」)。それによると信徳と朴順天が1923年初夏に山川宅を訪問して、自分たちの集まりに招聘したい旨を伝えた。信徳25歳、菊栄が33歳のときのことである。

その直後に関東大震災がおこり、多くの朝鮮人が虐殺された。信徳はそれを帰省先の平壌で知るが、国家ぐるみの犯行が他人事でなかった菊栄も厳しく朝鮮人虐殺を批判する。信徳と菊栄はそれぞれに帝国主義の「正体」に直面し、心理的距離を縮めたと思われる。

朝鮮女性たちとの交流から、菊栄の「東洋婦人の解放」と題する記事が1925年1月3日付の『東亜日報』に掲載されるようになった。

一方、信徳は1925年3月に李賢卿らとともに、朝鮮無産階級と女性の解放をめざす「三月会」を立ち上げるが、社会科学理論の学習を深めるために清家とし (後に「寺尾とし」)、西村桜東洋(にしむらおとよ)ら日本女性も交え「赤友会」をつくった。信徳が1926年3月に日本女子大学を卒業したのを機に、「三月会」は「単純なる思想鼓吹から実践運動へと展開すべき」として解消する。吉野作造は信徳に東京での勉学を続けるように勧めたが、大衆運動との結びつきを重視する「方向転換論」(山川均) などの影響もあり、朝鮮での実践活動を選択したのである。朝鮮に戻る際に菊栄の『リープクネヒトとルクセンブルグ』（1925年）を李春寿（イチュンス）が朝鮮語に翻訳しパンフレットにしたもの1000部のうち300部を朝鮮に持ち帰ったものの、警察に押収されてしまった。

槿友会（きんゆうかい）の綱領に見られる菊栄の思想

朝鮮に戻った信徳は『時代日報』記者として働きながら、女性運動団体の統一に向けて奔走した。その結果、1927年5月に社会主義系とキリスト教系の女性諸団体が合流して統一戦線「槿友会」が結成されるが、核となる理念構築は信徳や李賢卿によるところが大きい。信徳が同年に書いた論考「朝鮮婦人運動の過去、現在及将来」の終章（6章）の「×××民族としての朝鮮婦人運動」は当局から全文削除されたが、5章の「朝鮮婦人運動の当為的闘争目標」には、朝鮮男性とも日本女性とも異なる朝鮮女性運動の使命は、民主主義の自由平等を闘いとるだけでは終わらず、ジェンダー、階級、民族の輻輳（ふくそう）した視点、すなわちインターセクショナリティが重要だと説いている。

1929年7月に開催された第2回大会で作成された「行動綱領」は次のとおりである。

1. 女性に対する社会的法律的一切の差別撤廃
2. 一切の封建的因習と迷信打破
3. 早婚廃止および結婚の自由
4. 人身売買及び公娼の廃止
5. 農民婦人の経済的擁護
6. 婦人労働者の賃金差別撤廃及び産前産後の賃金支払い
7. 婦人及び少年労働者の危険労働及び夜業廃止

行動綱領には女性の抱える課題が羅列されているが、植民地朝鮮の現実に照らすと絵に描いた餅、多分に観念的なものとなっている。信徳が行動綱領作成にどれほど関与したのかは不明だが、信徳たちが朝鮮に伝えた菊栄の「婦人の特殊要求」と「婦人部テーゼ」を下敷きにしているといえる。しかし菊栄の掲げた女性解放の課題は信徳たちとの交流で植民地の問題にも関心を向けたとは言え、どこまでも内にだけ立憲主義の「帝国の女性解放」論である。菊栄の思想を直輸入するには社会の格差は大きく、朝鮮女性の多くが非識字の農民である植民地朝鮮の現実からすると、具体的な実践課題が提起されているとは言えない。

それぞれの戦争体験

１９２６年８月、財政難により時代日報社が発行を中断すると信徳は記者を辞め、その後は教職に就くが、１９２９年春に『東亜日報』記者の任鳳淳（イムボンスン）と結婚した。出産・育児のために一時、社会活動を中断するが、１９３４年から東亜日報社発行の女性誌『新家庭』記者として社会復帰する。だが１９４０年８月に『東亜日報』が廃刊に追い込まれると、その後は女子教育事業を本格的に始める。相馬黒光（そうまこっこう）から２万円の寄付を受けて１９４０年に京城家庭女塾（現・中央女子高等学校）を創立し、１９４２年から朝鮮臨戦報国団など「親日団体」の幹部として重責を担い、教え子を挺身隊に送るように周囲の学校にも働きかけるなど、帝国日本の侵略戦争に協力した。

信徳が１９３５年に書いた「朝鮮婦人運動の史的考察」という文章で、朝鮮の女性運動は「共産主義運動と合流した部類」と「可能な程度の啓蒙活動に注力する部類」に分裂したと総括しているが、自身は神社参拝に抵抗して閉校した母校のような選択を退け、戦争協力をしてでも女子教育事業を守る道を選んだのである。

1970年代に、富山県の不二越に挺身隊として送った教え子からかつての行為を非難されたとき、信徳は「悔やんでいる」と謝罪したそうだが、戦争協力した事実は公私ともに口をつぐんだまま1983年に他界している。

一方、菊栄は周知のように弾圧厳しい「15年戦争」下で雌伏し、『武家の女性』や『わが住む村』など社会史叙述に時を過ごしている。

信徳と菊栄の植民地主義認識

朝鮮が民族解放された後に、信徳は南朝鮮の右派の女性団体に属し、大韓民国政府樹立（1948年）後には女性界のリーダーとして活躍し、翌年には教育視察するため訪米している。その帰途で日本に立ち寄り菊栄と再会している。

1950年に朝鮮戦争が勃発すると、信徳は朝鮮人民軍に「民族反逆者」として拉致され、平壌に移送されるが奇跡的に生還し、その後は独裁政権を相手に性差別的な家族法改正のために闘う女性指導者として評価された。日韓基本条約（1965年）締結後は日韓の民間人の往来が可能となり、日本女子大学の同窓たちと再び交流するようになる。YWCA事務局長の渡辺マツ子が訪韓した際に案内されたのは、朝鮮戦争で戦死した兵士の墓地（国立墓地）だった。信徳が日本からの訪問客に訴えたかったのは、平和なのか、反共なのか、南北分断の悲劇なのか、また訪問した日本女性たちは朝鮮半島の南北分断と日本との関わりをどう捉えていたのか、短い文章からは読み取れない。

1967年に信徳が朴順天と来日した折には菊栄に会っている。菊栄自身も植民地支配の問題については信徳たちとの交流から学び、関係性は決して一方通行的なものではなかった。しかしその後の信徳の歩んだ軌跡をどのくらい知っていたのか、知っていても不問に付したのか、これについても現存資料からは不明である。１９７１年末に刊行された信徳の業績を讃える中央女子高等学校史には、吉野作造の写真は掲載されても、菊栄については一切触れられていない。反共独裁政権下では菊栄との交流に触れるのは危険だと判断したのだろう。しかし１９４５年以降に数回、菊栄に会ったという事実は、信徳の菊栄に対する敬意と信頼が表れている。

信徳も菊栄も難しい問題には触れずに旧交を温めるだけの再会だったのだろうか。植民地主義という視点からすると、信徳の思想的ねじれはいうまでもなく、植民地主義認識からみた菊栄自身の、そして菊栄が生きた時代の限界も、評価と同時に厳しく問うことが今日の課題として求められているのではないだろうか。

朴順天（左）と黄信徳（1967年７月６日）。背景に写っているのが国立墓地（現・顕忠院）。（写真提供：山川菊栄記念会）

【参考文献】

黄信徳『我が黄信徳先生』中央女子高等学校（ソウル）、１９７１年。

山川菊栄『おんな二代の記』平凡社、１９７２年。

宋連玉『脱帝国のフェミニズムを求めて』有志舎、２００９年。

鈴木裕子「山川菊栄―マルクス主義フェミニストの先駆」講座『東アジアの知識人』３、有志舎、２０１３年。

対談

バラバラに、でも全体で考える未来へ

――『らんたん』・議論・フェミニズム

柚木麻子（小説家）×松尾亜紀子（エトセトラブックス代表）

2021年、山川菊栄も登場する女子大河小説『らんたん』（小学館）が人気を集めた柚木麻子さん、出版でフェミニズム運動を続ける松尾亜紀子さんが、菊栄と同時代の女性たちについて対談。歴史上の女性を誰が、どう語るのか？ 表現の問題やフェミニズムの言葉、将来の展望……と、話題は大きく広がりました。

『らんたん』では菊栄が一番人気

――『らんたん』[※1]では山川菊栄が最も人気だったそうですが、予測はしていましたか？

柚木麻子（以下、柚木）：はい、一番人気になるよう狙って書きましたから。『らんたん』は私の母校の話だから思い入れはあるけど、称えるだけだとおもしろくないんですよね。そこで参考にしたのが、田辺聖子さんの『ゆめはるか吉屋信子』と、村岡恵理さんの『アンのゆりかご』。2冊とも、著者が影響を受けた人を書いた伝記ですが、戦争協力など批判的に書いた部分もとてもよかったので、主人公の河井道（かわいみち）を批判した人として菊栄を登場させました。菊栄は、（女子英学塾時代に教師の）道と一緒にクリスマス慰問で工場を訪ねたとき、やつれた女工さんたちを見てショックを受けるのですが、礼拝に回収されてしまったのですごく怒るんです。その、美化するなという視点がすごくよくて。キリスト教に批判的で、かつ『らんたん』を出版した2021年の価値観に近い考えを持っているんですよね。じつは、恵泉の歴史を調べていると引いてしまうこともあったのですが、それを無理に是とするのはいやだし、菊栄がいることで批判精神をもって描きやすかったです。

――なるほど。私は『らんたん』では津田梅子が特に好きでした。地道に大事な仕事をした梅子がちゃんと評価されてほしいと思ってきたのですが、『らんたん』では河井道との関係性も含めて真摯に描かれていました。

柚木：あの関係性は史実通りです。梅子は大山捨松(おおやますてまつ)※2の代わりに道を右腕にしたかったけど、道は女子英学塾（現・津田塾大学）と合わなくなって辞めてしまう。その「不義理」があったのに、その後も梅子と道は手紙のやりとりを続けています。梅子からのやさしくて、少しツンとした文面を読むと憎めなくて、私も梅子が大好きです。梅子のエリート教育には批判もあるだろうけど、あれだけゴリゴリの成果主義でなかったら、「（そこに）乗れなかった」人がいなかったわけで。逆に神近市子※3は優等生だから津田にも『青鞜』にも乗れたからこその葛藤があった。そして、伊藤野枝がいないと菊栄の論壇デビューもなかった。らいてうがちょっと頼りなかったからあの野枝が生まれたし、梅子がいたから「恵泉の河井道」が生まれた…というように、誰が欠けてもだめだというのは『らんたん』を書いていてすごく考えたことです。誰にでも当然、批判はあるけど、少なくとも「線」で見ないと批判もできないと思うし、「この人は偉いけどこの人はだめ」みたいな見方は違う。坂本龍馬を調べると有名人たちがつながっていますよね。その女性版物語をやりたかったんです。『らんたん』を書いてよかったのは、それまで「点」でしか知らなかった女性の偉人たちを、星座みたいに理解できるようになったことです。

――バラバラの「点」が近づく話で思い出すのが、関東大震災のあとに支援のために女性たちが集まったことです。そこで菊栄はとても温かい気持ちになったらしいことが、書き残したものから伝わってきます。廃娼論争ひとつとっても、いますごく単純化されてしまっている向きがあって、廃娼運動が始まった時期、全国的に広がった時期、関わった人の背景――それぞれを知らずに、「優れた菊栄」の発言だけで理解するのも違う。その対象に関係する環境や時代背景をまず知るのが大事だと思います。

柚木：あ、それは『ゆめはるか吉屋信子』にも書いてあった。「吉屋信子の戦争協力を言うのは誰にでもできます。でもそれは、時代のうねりというものを知らない者の傲慢ではないでしょうか」って。そしてその一言を村岡恵理さんが『アンのゆりかご』に「……と、田辺聖子が言っておりました」と引用しているんです。聖子さんだって、18歳の頃の日記はゴリゴリの軍国主義でしたから。

――菊栄も幼少時から日清・日露戦争と戦争の空気を吸って成長したから、子どもの頃は軍記ものが好きだったとか、靖国神社に行って武器のことを覚えたとか

※1　柚木さんの母校である恵泉女学園中学・高等学校を創設した河井道を描いた小説。彼女を支えた女渡辺ゆりとのシスターフッド、同時代を生きた女性たちとのドラマが紡がれていく。女子教育黎明期から戦後まで時代の息吹を伝えつつ、著者ならではのエンターテインメント性、フェミニズムを盛り込んだ新しい歴史小説。

※2　1872年、明治政府主導の官費留学生として津田梅子、吉益りょう、上田てい、永井しげとともに渡米。帰国後は女子教育や看護婦の教育にあたった。

※3　女子英学塾在学中に『青鞜』に参加した。1916年、恋人の大杉栄が伊藤野枝に心変わりしたことに腹を立て、現在の神奈川県三浦郡葉山町の日蔭茶屋で大杉を刺傷した（日蔭茶屋事件）。殺人未遂で2年間服役後、婦人運動を再開。戦後は社会党から出馬して衆議院議員になった。

書いていて、軍国少女のさきがけだったみたいです。[※4]

松尾亜紀子（以下、松尾）：全集を読み返していて感じたのは、いまの問題に引き付けて解釈しようとしてはいけないということです。だから、菊栄や歴史上の女性たちを考える時に、私たちは、どうしてもいま求めたい言説を昔にさかのぼって切り取ろうとしがちだけど、歴史はただ謙虚に学べばいい。

「点」でしか知らなかった女性の偉人たちを「星座」で理解できるようになった

歪められてきた女性たち

——『らんたん』では有島武郎と河井道の関係も印象的でした。

柚木：有島武郎の『或る女』の主人公・早月葉子は早くに死んでしまうけれど、そのモデルになった佐々城信子[※5]さんは長生きしたし、幸せに暮らしたんです。だから小説とは逆。

——誰が歴史を、物語を書くかという問題につながるような話ですね。

柚木：『或る女』は、まさに「お前が書くなよ！」って話なんですよ。葉子の母親は矯風会に入っていて、矢嶋楫子[※6]も出てきますが、母親を含めてキリスト教の女性はすごく嫌な人に描かれています。葉子はそれとは逆の人物に描かれていて、「体にうずまくこの情熱とともに生きるの」とか言って、好きな人に会うために船で渡米する。「当時のアメリカはどんな描写かな？」と楽しみにしながら読んでいたら、なんと上陸しないんです。船長と恋に落ちた葉子は入国せずに帰国して、愛欲にただれた暮らしを送り、やがてモテる船長に嫉妬して病んでいく。しまいには同居していた妹にも嫉妬して、さらに病んで死ぬ、終わり。

松尾：はい？　それが名作と言われている『或る女』？

柚木：モデルになった佐々城信子はたしかに船長と恋に落ちたけど、病んでもいないし死んでもいない。幸せに長生きしたんです。しかも有島はなぜかその原稿を河井道に見せたうえに、怒った道に否定されるとむくれるんですよ（笑）。道は有島の死後も、授業で有島が出ると烈火のごとく怒ったそうです。恵泉の先生だった柳原白蓮[※7]も道も、モデルにされて苦しんだ女性たちがまわりにいたので、この問題には敏感でした。白蓮のように本人が自分のことを語るのはいいけど、男に勝手に書かれるのは嫌だったと思います。

松尾：しかも男のロマンとして書いている。そんな都合で女を殺す小説が多すぎ。

柚木：いまも続いている話ですよね。女の連帯だって男が書いたほうが売れるし、「文学」だといわれる。『らんたん』には太宰治も出てきますが、女性と自殺を図ったということが当時は文学的「評価」が高かったそうです。でも教育は真逆の価値観を伝えるから、道と有島は生涯わかりあえなかった。

松尾：前職で『文藝』の編集をしていたときに、「男性作家が女性の物語を書きたがるのはなぜですか?」と男性作家たちに聞いたことがあるんです。そしたら、「想像の翼を最大限、広げるために内なる女性性、少女性を書かないと自分の弱さが書けないのだ」と。

柚木：本当の「内なる少女性」を見たことがあるのか?と問い詰めたいですよね。一回でいいから、私が書いているような内なる少女性を書いて見ろよ、と言いたい。

松尾：本当に気分が悪くなりました。むしろ内なる加害性に向き合うべきなのに、逃げ込んでいるとしか思えない。

――男性画家が女性ばかり描くのと同じですね。「内なる娼婦性を…」とか言って。

松尾：そうやって理想化するのが差別構造なんですよ。上にいる者がそう言えてしまうってことだから。

歴史的議論から学べることは?

――菊栄の人物評は明晰で批判的なところもあるけど、温かい。あそこまで鮮やかにいきいきと描けるのは、人との違いが当たり前だと思っていて、そこに親しみも感じていたからなのかなと思います。初期には筆が厳しくてとげとげしいところもあるけど、反省しながら変わってきました。

柚木：アップデートしていますよね。議論もしたけど、どれも豊かな議論という感じがする。

松尾：キレッキレなんだけど、ちゃんとその人に向かって話しているんですよね。菊栄の書き方でひとつ定型があって、まず相手を褒めてから、「あなたという人がなぜこんなことを言ったんですか?」と批判する。それから議論になって、「じゃあまたどこかで会いましょう」、という終わり方。これがクセになる。こういう書き方、こういう会話が出来る人がいまどれくらいいるだろうと考えてしまうんです。お互いに相手の言葉に耳を傾けて対話になったから、議論が深まっていったんだろうなと。

――あと腐れがなくて、本当に意味のある議論になっていますよね。だからいまも読まれる。

松尾：そうなんです。誰かをやり込めてやろうという感じがない。……それで思い出したのが、いま読んでいる江原由美子さんの『ラディカルフェミニズム再興』。出版は90年代初頭で、フェミニズ

※4 「戦争の思い出」(岩波書店『山川菊栄集6』)より。「私なども戦争熱はなかなか高く、小学時代は看護婦になって戦地に行くのを目的としていたくらい。『少年世界』の軍事記事を読み、『日清戦記』という本を暗記するほど繰返して、何年何月何日はわが軍がどこへ上陸したとか、どこを占領したとか、そこでの死傷者はどのくらいということまで覚えていて、士官学校に行っていた従兄をやり込めて、得意になっていたくらいだった。男の子が軍人になりたがったのも不思議ではなかった。もっとも二つ上の兄はそんなことに興味はなかったのだが、私の方は遊就館へよく行って武器のことを覚えたりしたのも、今軍艦や飛行機通の子供が多いのと似ているように思う」とある。

※5 菊栄の姉・松栄は、早月葉子のモデルになった佐々城信子の弟と結婚している。

※6 36歳のとき、飲酒などによる夫の暴力から逃れて熊本から上京し、受洗。１８８６年、来日した万国婦人禁酒会のレヴィットの遊説に触れ、日本基督教婦人矯風会を創立した。以降、90歳頃まで女子教育、廃娼運動や禁酒運動、困窮した女性の支援活動を続けた。

※7 歌人。家の都合で2度にわたり望まぬ結婚に苦しみ抜いたのち、36歳のときに社会主義者の宮崎龍介と駆け落ちする。当時は姦通罪があり、2年以下の懲役となる行為だったが、夫の伊藤伝右衛門に対して大阪朝日新聞紙上で絶縁状を発表して闘った(白蓮事件)。

ムのアイドル的な存在だった上野千鶴子さんの主張を批判した本です。江原さんは、上野さんが掲げるマルクス主義フェミニズムが唯一無二の回答みたいに言われていることに警鐘を鳴らしつつ、リブの頃のラディフェミに戻るべきだと言っています。「アイドル」が出てくると、誰が言ったかが重要になってしまうし、それはフェミニズムの言葉ではない、とも。それはいまにも通じることだし、全体で考えられなくなっている気がしていて。上野さんと菊栄のマルクス主義は違いますが、菊栄の頃は（論者が）何人もいたのがよかったんだろうなと。個人的なことは政治的なことだけど、それは個人的なことを政治的な場から排除されてきた人たちがつくった言葉でありやり方だから、個人的なことを自分の政治的な主張に無理やり使おうとしてはいけない――とも江原さんは書いていて、これもいますごく響きます。

もしいま、菊栄がいたら…

――松尾さんは、編集した本が山川菊栄賞[※8]の候補になったことがありますよね。

松尾：前職で担当した、北原みのりさんと朴順梨さんの共著『奥様は愛国』（河出書房新社）です。なぜ女性たちがヘイトに傾くのかという、まさにいまも読んでほしい本です。恥ずかしながら、その本が出た2014年まで菊栄のことをよく知らなくて、北原さんに「すごい！　山川菊栄賞候補だよ」って言われて、初めて岩波文庫の『山川菊栄評論集』を読んだらすごくて、だからどうしても賞がほしかった。結局、取れませんでしたけど、私の編集人生の誇りです。

――いま菊栄がいたら何を書いてもらいたいですか？

松尾：社会主義フェミニズムとは何かっていう話を、がっつりと。『エトセトラ』の責任編集に迎えたいですね。

――反資本主義フェミ特集ですね。菊栄は今の世相にぴったりですよね。貧困問題、資本主義の行き詰まり、女性労働の問題も。

松尾：ウーマンリブをどう考えているかについても聞きたい[※9]。また江原さんの本に戻りますけど、女性運動の現場から生まれた「ラディフェミ」の側から、まず理想ありきでそこに近づくフェミニズムに対して疑問を投げかける本でもあるんです。菊栄は社会主義という理想に向かっていくべきだというやり方だから、どうなのかなと。

――ひとつの原点である女工さんの話で考えると、目の前の現実を突き詰めるために、データを見つけてきてさらに考えを深めるというやり方をしたと思います。そして、その先に理想を見つけたという印象もあります。そういう社会科学的な分析がベースにあったフェミニストは当時、ほかにあまりいなかったように思います。

松尾：たしかに。机上の空論じゃないんですよね。戦後、婦人少年局の局長になれたのもそうだし、実利の人ですよね。現実の問題解決をどう進めるか。その視座に社会主義があったとしたら、「社会主義フェミニスト」みたいに呼ばれるのは嫌ったかもしれない。

――女工さんたちの問題も、とっかかりは「感情」だった。当たり前のことに疑問を持っていて、だから突き詰めて考えなければならない、それは当たり前のことなんだという。考えていくうちに社会の構造に気づいた。菊栄は「社会的条件」という言葉を使って、今でいうジェンダーの問題を指摘していますし、戦前から差別や格差が生じる構造についても再三、強調しています。

松尾：そう。それと私は、自分が性暴力の問題からフェミニズムに入ったから、性暴力も差別構造の問題だって言っているのがすごいと思いました。日本の男性が電車で痴漢をするのは、女性を対等の人格として見てないからだ、と一九二〇年代にすでに言っているんです。[※10] だからこそ、女の権利のことばかりいう当時の「フェミニスト」が高等遊戯みたいに見えてしまったし、悩みを吐露するだけのも、文化的なお遊びみたいに見えてしまったのも、仕方がないというか…。ただ菊栄は、誰に向かって言っているのかがはっきりしているのがいい。だからなんだか優しいんですよね。

議論することがつながり

松尾：私はモーゼの十戒をもじった「菊栄版十戒」[※11] が好きなんです。「自尊心を強く」「男子を偶像化するな」「公共討論へ」とか。公共的討論って、菊栄がずっと実践してきたことですよね。

――今だと相手のこともよく知らずにSNSで反射的に乗ってしまうけれど、当時は紙媒体だからじっくりと考え抜いて書く。思考がよく練られているのがわかります。

松尾：ちゃんと相手の考えも読んでいますしね。「十戒」には、「奴隷は互いにそねみ合うように訓練されている」、つまり女は対立するように仕向けられているのだと言っていて、こういうのを読んだ当時の後輩は尊敬しただろうな、と。

――菊栄のいう「公共的討論」がいまできているのか…。差異を認めて連帯する難しさを感じるようになっているいま、菊栄たちが意味のある議論をできたのは、お互いに違いを認めながら相手の言葉をよく聞いたことが重要だったように思います。

松尾：菊栄は、青鞜的なもの――つながるということ自体は批判していますよね。「つながるため」というお題目がなくても相手を信じていて、討論をすることがつながりだと思っていたふしがあります。

柚木：でも結局つながっちゃってるから、菊栄は。そこがいいところ。差異を認めて連帯するにしても、菊栄もずっと同じキャラクターではないし、人って刻一刻と変わりますよね。私は、フェミニズム

※8　正式名称は「山川菊栄記念婦人問題研究奨励金」で、在野の研究者を支えるために設立された。菊栄の死後、発足した山川菊栄記念会が1981年から2014年まで実施した。

※9　晩年の1979年、リブおよび新左翼について、また社会主義婦人論の意義について聞かれた菊栄は、こう述べている。――「(社会主義婦人論は)女権主義的ななにかが足りないのではないでしょうか。一般論で片づけている男の人はどうしても、その点が足りないのではないでしょうか。マルクスも男ですから。(中略)私には特に独創的な婦人論というものはありません。ごらんの通り終始平凡な常識的なものばかりです。支持ないし同感して下さる方が多いとすれば、その平凡で常識的なるが故にこそと思われます。私の書いたものをよんで下さる方は、その平凡で常識的なのが婦人解放論の真理であることを知ってほしいと思います。やたらとマルクス主義とむすびつけて考えないでほしいと思います」(『近代日本女性史への証言』「歴史評論」編集部編、ドメス出版)より。

※10　『山川菊栄集5』所収「性的犯罪とその責任」より。

※11　『山川菊栄集5』所収「誠にあらず希望として」より。

にもユーモアや柔らかいものがあった方がいいと思った時期もありましたけど、最近も仕事で激怒して悪魔のような人になったことがあって（笑）、人ってここまで変わるのかと驚きました。そして変わるのも大事だと思ったから、「この前と言ってることが違うぞ!?」と突っ込むのもおかしいし、それだと連帯するって難しい。フェミニストも失敗しないと成長しないと思うし、失敗を許さない土壌はきついですね。

松尾：いまだったらツイッターで「女工さんたちに（菊栄の）言葉が届くわけない」という声が上がりそう……。

柚木：最近「それって特権ですよね」というフレーズもよく聞きますけど、菊栄はプロレタリア文学がブームのときにこれを言われたことがあって、私はその切り返しがすごく好きなんです。「たしかに私は恵まれていますが、まだまだ勉強すべきことがあるのでもっと本を読みます」※12と言う。当時の文学界では自分が「強者」だと認めるのはタブーだったから、有島武郎や太宰治は病んでいくんですよ。「俺たちは恵まれている…批判されてる…うぅ…」って。

松尾：菊栄は、「強者」だという批判や揶揄につぶされないものを持っていたということですね。何度も討論をすることで、いまでいうフェミニズムの言葉、女性の言葉をつくろうとしていたのだと思います。

※12 「はだかの王様」（岩波書店『おんな二代の記』）に、「私は自分が労働者の家に生まれてこなかったことに責任はなく、知識の方は過剰どころか不足になやんでいるのに、このうえ知識を軽蔑してどうなるのか、独立した階級でないインテリは資本家の走狗とはきまっていない、それはそれとして社会主義革命に寄与する役割がある、と書いたことがありますが、これはだいぶ不評判でした」（328〜329頁）とある。これは、労働者の間に「知識階級排斥」のスローガンが広まっていた風潮を振り返って述べたもので、有島武郎がその風潮のなかで自信を喪失していったことにも言及している。

「公共的討論」は菊栄がずっと実践してきたこと。討論をすることで、いまでいうフェミニズムの言葉、女性の言葉をつくろうとしていた。

◉書評エッセイ

Unforgettable――忘却を阻むために

栗田隆子

2022年に発行された鈴木裕子（以下、敬称略）著『忘れられた思想家 山川菊栄 フェミニズムと戦時下の抵抗』（梨の木舎／以下、『忘れられた思想家 山川菊栄』とする）のタイトルを目にした時、思わず「忘れてない！ 全然忘れてないから!!」と心の中で叫んでしまった。

私は鎌倉の海沿いに育ったのだが、かつてその近隣に山川菊栄は居を構えていた。私にとってはいわば誇るべき「地元の偉人」である。こういう呼び方をおそらく菊栄は好まないであろうことは百も承知だ。しかし地元付近に菊栄が住んでいたからこそ、かつて江の島に存在していたかながわ女性センターにて彼女の蔵書である「山川菊栄文庫」に出会えた。そしておそらくフェミニストであった高校（通信制）の先生も山川菊栄について授業やレポートで触れ、生徒たちに菊栄の主著の一つ『わが住む村』をレポートの課題とされていた。『わが住む村』は私の家（実家）の周囲の地名が登場することもあり非常に親近感を覚えた。戦前、戦中、戦後を通して一貫して反戦、反資本主義、反植民地主義者であり、女性に対する差別や暴力に抵抗し、人権と尊厳を守る態度を貫いてきたこの人を忘れるなんてとんでもない！ 誇らないで誰を誇るのだ！ と思う。ちなみに江の島にあったかながわ女性センターは建物の老朽化を理由にたて壊され、現在山川菊栄文庫は旧労働省婦人少年局資料・旧国鉄労働組合婦人部資料等とともに神奈川県立図書館に移管された。山川菊栄記念会というグループもあり、菊栄の功績を残す努力を今も続けている。ただ…確かに山川菊栄の日本社会における知名度は低い。その評価もちゃんとなされているとは言い難い。

例えば、歌人や詩人としても名高く「母性保護論争」で平塚らいてふの論争相手となった与謝野晶子は郷里の大阪・堺市では同じく堺の有名人である茶人の千利休と並び称され「さかい利晶の杜」という展示施設が作られている。また東京婦人矯風会（きょうふうかい）の矢嶋楫子（やじまかじこ）は近年『われ弱ければ―矢嶋楫子伝』という映画が作られ、この映画に対し賛同者に認定NPO法人ウィメンズアクションネットワーク理事長の上野千鶴子、評論家・NPO法人高齢社会をよくする女性の会理事長の樋口恵子、故・瀬戸内寂聴、そのほか多くのフェミニスト団体が名を連ねている。

「母性保護論争」においては、国家による全面的な母性保護を主張する平塚らいてふと、経済的自立なくして女性の権利はあり得ないと主張する与謝野晶子の双方の主張を認め、母性を保護することが経済的自立を阻むというこの矛盾を解決するには、階級差別も性差別も両方を許さぬ社会の中でしかあり得ない（そのような社会をこそ社会主義だと山川菊栄は考えていた）と説き、問いを進めた山川菊栄がなぜ伝わっていないのか。あるいは「廃娼論争」において、矯風会の女性たちが性産業従事者に対し「醜業婦」と呼び見下すブルジョア女性の欺瞞に憤懣やるかたない伊藤野枝に大きく理解を示した上で、野枝のように「男子の本然の要求」を受け止める存在という視点には異議を伝え、親から売られ、前借金で縛られる女性たちの存在を統計で示すが、性のモラル的な視点で性産業従事者を見下すことのない山川菊栄がなぜ伝わっていないのか。今なお日本の女性の労働者は低賃金で不安定な待遇で働く人が多いが、女性労働者への連帯を忘れることのなかった山川菊栄がなぜ伝わっていないのか。

他の著名なフェミニストと菊栄の違いの一つは社会主義者であった点だ。菊栄の言葉を借りれば「当時、社会主義者といえばごろつき同様に思われ、親きょうだいが失業し、離婚された例さえあるほどの嫌われ者」であり、家を借りるのも難しく彼女の母親の名前で家を借りたこともあったという。右傾化する日本の中では、その「社会主義」的な部分が山川菊栄を「忘れられた」ものにさせるならば本当に戦前と今は重なってゆく。

さらに今の日本のフェミニズムでは山川菊栄の視点、とりわけ「廃娼論争」自体が無視されているからこそ、矯風会的なフェミニズムが主力になりつつあるのではないかと私は危惧する。もし山川菊栄の提起した問題が全て解決されていて、彼女が忘れられているのなら構わない。しかし現実はむしろ真逆だ。この新自由主義と呼ばれる今の時代において資本主義はむしろ暴走し、貧富の差がいわゆる「南北」間のみならずいわゆる「先進国」と呼ばれる「北」の国でも広がっている。女性の貧困問題に関しては、日本では女性の労働者数は増えているもののその大半は非正規労働者となり不安定かつ低賃金を強いられている。そうして防衛費を増やしアメリカの属国同然に、戦争のできる国になろうとしている。そのような中で山川菊栄の思想が忘れられているということは、フェミニストが根本的な問題解決を放棄しているように思えて仕方がない。

そして山川菊栄を伝え続ける鈴木裕子の研究も私のフェミニズムに非常に影響を与えてきた。

先日出版されたクォンキム・ヒョンヨン著『被害と加害のフェミニズム #MeToo 以降を展望する』（解放出版社、2023年）という本が話題になっているが、鈴木裕子こそ被害と加害のフェミニズムについて語り続けてきた研究者だ。具体的には日本の近代史の中で、第二次大戦におけるフェミニストたちが戦争に賛同し推進した事実に対して鈴木は向き合ってきた。例えば1996年に東京・恵比寿の東京写真美術館で開催された「ジェンダー　記憶の淵から」で展示されたアーティスト、嶋田美子（しまだよしこ）のエッチング作品では戦時中に女性たちが戦争に賛同する姿が描かれている。白い割烹着を着て銃を持つ「撃つ女」、満州で国防婦人会の襷掛け（たすきがけ）をする女性たちを描いた「白い割烹着」、ナチスのゲッペルスと原節子が並び立つ「原節子・ゲッペルス博士と共に」など、戦争賛同者としての女性がしっかりと描かれる。鈴木の著作を読むたびにこのような女性たちの姿が私の頭を行き来する。選挙権がない時代でさえフェミニスト含む日本の女性たちは決して無垢な被害者ではなかったという事実。少なくとも選挙権を持っており、至らぬ部分は多いものの戦中よりは社会的進出を遂げている女性である私には実に重い。コメディアンのタモリが2022年末に「来年は新しい戦前になるんじゃないか」と語ったこの時代情勢の中出版された、鈴木の新著『忘れられた思想家 山川菊栄』は「菊栄のフェミニズム思想と〈戦時下抵抗〉に絞り、そこから私たちの生き方を探ろう」とすることが目的だとある。とはいえこの新著は728ページに及ぶ大作となっている。結局戦時下の抵抗というテーマのなかには国家、資本主義、植民地主義、ジェンダーやセクシュアリティの問題が糸のようにより合わさっていることが逆によく伝わってくる。そして5年間に「防衛費」を43兆円も注ぎ込む国に生きる立場として、戦時下の抵抗という話は残念ながら遠い話には思えない。Unforgettable—ナット・キング・コールの歌のように少々センチメンタルかもしれないが、山川菊栄も鈴木裕子も私にとってUnforgettableである。そして山川菊栄は「忘れられた」というより意図して「忘れようとしている」フェミニスト含む日本の現状に改めて危機を覚え、僭越ながら警鐘を鳴らしたい。拙文が少しでもその忘却を阻む力になればと願う。

労働省婦人少年局長時代の山川菊栄。（写真提供：山川菊栄記念会）

北村兼子&山川菊栄年譜

※㊑は北村兼子、菊は山川菊栄に関する出来事です。

1890年	菊11月3日、東京市麹町区で青山千世・森田竜之助の次女（第3子）に生まれる。
1895年	菊富花小学校に入学（4月）。
1896年	菊番町小学校に入学（4月）。
1902年	菊東京府立第二高等女学校に入学（4月）。
1903年	㊑11月26日、北村勝野・佳逸の長女として大阪市北区天満に生まれる。在学中に「馬賊」になることを夢見る。
1906年	菊祖父・青山延寿の死を受けて青山家の戸主となる（11月。のち「森田」に復籍）。
1907年	菊東京府立第二高等女学校を卒業（3月）／成美女学校で行われた閨秀文学会に行き、与謝野晶子、平塚らいてう、馬場孤蝶を知る（5月頃）。
1908年	菊平塚らいてうから回覧雑誌への寄稿を依頼される（1月頃）／女子英学塾（現・津田塾大学）予科に入学する（9月）／河井道、山室軍平らと東京府下押上の富士瓦斯紡績工場へ見学に行き、女工の悲惨な状況に衝撃を受ける（12月）。
1909年	㊑北区の大火災を経て北区上福島1丁目に転居する（3月）。
1910年	㊑中之島尋常小学校に入学（4月）。

1912年

(菊)女子英学塾を卒業。青鞜社主催の講演会を傍聴する（3月）。

1914年

(菊)エドワード・カーペンターらの翻訳文を寄稿した雑誌『番紅花』創刊号が発売される（3月）。

1915年

(菊)神近市子に誘われ、大杉栄のフランス語夏期講習会に出席（8月）。秋、神近市子の誘いで大杉、荒畑寒村の平民講演会に出席。

1916年

(菊)『青鞜』新年号に、伊藤野枝の廃娼運動批判に対する批判論文が掲載され、論壇デビュー（1月）／平民講演会で山川均に出会う（2月）。

(兼)中之島尋常小学校を卒業（3月）／大阪府立梅田高等女学校（現・大阪府立大手前高等学校）に入学（4月）。

(菊)均から「公私娼問題」執筆依頼を受ける（5月。『新社会』7月号に掲載）／均と結婚（11月）／肺結核を病み、均と別居して鎌倉で転地療養する（12月）。

1917年

(菊)長男・振作を出産する（9月）。

1918年

(菊)米騒動の余波で警官に家を包囲される（8月）／翌年にかけて与謝野晶子、平塚らいてうらと母性保護論争を交わし、注目が集まる（12月）。

1919年

(菊)最初の著書『婦人の勝利』（日本評論社）を出版（6月）／最初の論集『現代生活と婦人』（叢文閣）、第二論集『女の立場から』（三田書房）を出版（10月）。

1920年

(兼)大阪府立梅田高等女学校を卒業（3月）。

1921年

(菊)赤瀾会を結成、「婦人に檄す」を起草（4月）／エドワード・カーペンター『恋愛論』（大鐙閣）を翻訳出版（5月）／社会主義研究のため水曜会を組織（8月頃）

／『労農露西亜の研究』（アルス）を均と共著・訳出版（9月）／『牙をぬかれた狼』（水曜会パンフレット第二輯）を出版（10月）／『リープクネヒトとルクセンブルク』（水曜会パンフレット第六輯）を出版（11月）

1922年

(菊)『メーデー』（水曜会パンフレット第11輯）を出版（3月）。この頃、後輩女性たちが国際女性デーを記念する八日会を結成／『女性の反逆』（三徳社）を出版（5月）。 露国飢饉救済婦人有志会を結成し、飢饉救済に動く。

(兼)官立大阪外国語学校（現・大阪外国語大学）別科英語科に入学（10月）。

1923年

(菊)八日会や水曜会の女性たちを中心に第1回国際婦人デーを開催。ベーベル『婦人論』（アルス）を翻訳出版（3月）。

(兼)関西大学夏期語学講習会に参加（7～8月）

(菊)在日朝鮮留学生の黄信徳、朴順天らが訪ねてくる（7月）。

(菊)関東大震災で家がつぶれ、森田家に身を寄せる。20日頃、伊藤野枝・大杉栄の虐殺を知る。震災後の救援活動を経て生まれた東京連合婦人会、全国公娼廃止期成同盟会に参加（9月）。

(兼)関西大学大学部法学部法律学科聴講生として入学（10月）。

(菊)翌年にかけて、震災時の伊藤・大杉夫妻、橘宗一虐殺、朝鮮人大虐殺を糾弾（12月）。

1924年

(兼)官立大阪外国語学校別科英語科を修了。関西大学第一学年を修了（3月）／『大阪毎日新聞』（4月28日付）夕刊1面「屋上庭園」欄に論文「爆弾事件と法の適用」が掲載される（4月）／高等試験（司法科・行政科）に出願するも女子であるため

1925年	受験不許可となる。北区中之島宗是町44に北村家の住居兼大阪洋服学校の建築認可が下りる（5～6月。完成後、転居）。 兼『大阪朝日新聞』朝刊に「千里山に咲く女大学生、婦人の世界を開く為に一心に法律研究」として兼子が紹介される。大阪実業会館で開催された全国女子学生連盟演説会で教育の機会均等を訴える（1月）／『大阪朝日新聞』記者に仮採用される。全関西婦人連合会機関誌『婦人』に「法律を学ぶ私」が掲載される（2月）／関西大学在学のまま『大阪朝日新聞』社会部記者に正式採用される（4月）／兵庫県但馬地震の被災地に救援活動のため派遣される（5月）／『大阪朝日新聞』の企画「関所争奪通信リレー」の選手となる（6月）。 菊『婦人問題と婦人運動』（文化学会出版部）を出版（7月）。 兼初めて飛行機に乗り、甲子園球場上空を飛ぶ（8月）／中之島公会堂で行われた第7回婦人連合会代表者会で司会を務める（10月）。 菊政治研究会第3回臨時全国大会開催に「婦人の特殊要求」を出す。また評議会全国婦人部協議会に際して「婦人部テーゼ」を起草（10月）。
1926年	兼最初の著書『ひげ』（改善社）を出版（2月）／関西大学文学部法律学科所定の全科目の聴講を修了（3月） 菊黄信徳らの三月会出版部が、菊栄の『リープクネヒトとルクセンブルク』を朝鮮語に訳して出版（3月）。 兼『短い演説の草案及北村兼子演説集』（改善社）を出版（4月）／『竿頭の蛇』を出版（5月）／社会部の企画「人間市場に潜行して」のため福岡と神戸のカフェー

にて潜入取材（6~7月）／『恋の潜航』（改善社）を出版（10月）。この頃から、大衆紙や雑誌による性的デマ記事が増え、性的被害を受けるようになる。

1927年

㊞『怪貞操』（改善社）を出版（2月）／丹後地震の被災地支援のため派遣される（3月）／レコード『怪貞操』（日東蓄音機商会）を発売（4月）／大阪朝日新聞社を退社（7月）

㊕コロンタイ『婦人と家族制度』（叢文閣）を翻訳出版（7月）。

㊞男子普通選挙法による府県会議員選挙にて、民政党遊説部の一員として大阪府・兵庫県で応援演説を行う（9月）／大阪市天王寺町における陪審模擬裁判で弁護士役を務める（11月）。

1928年

㊞『婦人記者廃業記』（改善社）を出版（1月）／衆議院銀選挙にて民政党の応援演説のため大阪、北陸、山陽をまわる（1~2月）／男子普通選挙実施後初の議会を取材し、『新愛知』に「議会観戦記」を連載（4~5月）。

㊕堺真柄らと『労農』付録「婦人版」を創刊する（5月）。

㊞第1回汎太平洋婦人会議に出席するためホノルルに向かう（7月）／ホノルルの真言宗別院にて市川房枝、平田のぶと講演。本会議に政治部委員として出席。帰国（8月）／明治大学で行われた陪審模擬裁判で証人役を務める（9月）。

㊕息子の振作が発病（9月）。以後通院や転居が続き、居住地・鎌倉との二重生活を送る。

1929年

㊞『婦人毎日新聞』論説部長を兼任（1月）／『女浪人行進曲』（婦人毎日新聞社）を出版（2月）／『情熱的論理』（平凡社）を出版（4月）／第11回万国婦人参政

1930年

権大会に出席するためベルリンに向かう（5月）／本会議および委員会に出席し、英語とドイツ語で演説。各国代表による平和示威運動に参加、ラジオ演説も行う（6月）／スイス、フランス、イギリスなどを歴訪してからアメリカへ渡る（6～8月）／帰国（9月）。

1931年

㊥「婦人文化講演会」の講師として台湾各地をまわる（1月）／『表皮は動く』（平凡社）を出版（2月）／『新台湾行進曲』（婦人毎日新聞台湾支局）を出版（4月）／香港を経て中国大陸を北に縦断（4～8月）／『地球一蹴』（改善社）を出版（9月）／東京・立川の日本飛行学校に入学（12月）。

㊥『子は宝なりや』（万里閣）を出版（3月）／単独飛行が可能となる（4月）／盲腸炎を発病し、手術のため慶応病院に入院。腹膜炎を併発して死去。享年27歳（7月）／遺著『大空に飛ぶ』（改善社）を父・佳逸が出版（10月）。

※以降は山川菊栄の年譜。

1933年

『女性五十講』（改造社）を出版するが発禁となる（5月）。

1935年

振作の病状が回復し、鎌倉の家に戻る（3月）。

1936年

神奈川県鎌倉郡村岡村（現・藤沢市弥勒寺）に転居。1933年頃から均が試行錯誤していたうずら飼育を拡大し「湘南うずら園」を開業する（4月）。

1937年	『婦人と世相』（北斗書房）を出版（3月）／盧溝橋事件が起こり、均は執筆禁止となる（7月）／第1次人民戦線事件により均が検挙・留置される（11月）。
1938年	均が警察所で肺炎に罹患し、重体となる（1月）／夏頃、飼料不足によりうずら園を廃業。秋、均が治安維持法違反で起訴され、巣鴨の東京拘置所に移送される。
1940年	『女は働いている』（育生社）を出版（11月）。
1941年	『村の秋と豚』（宮越太陽堂書房）を出版（1月）。
1943年	『武家の女性』（三国書房）を出版（3月）／『わが住む村』（三国書房）を出版（12月）。
1945年	均とともに広島県芦品郡国府村高木（現・府中市高木町）に疎開（4月）。そのまま敗戦を迎える／藤沢の家に戻る。孫みづほ（振作長女）が生まれる（10月）。
1946年	均と共に新歴史協会を創立し、雑誌『新歴史』を創刊。水戸藩の生瀬事件について執筆（1月）／日本民主主義婦人大会で議長となる（7月）。
1947年	民主婦人協会（のち民主婦人連盟）創立に加わる（4月）／孫しげみ（振作長男）誕生（6月）／均とともに日本社会党に入党。『日本の民主化と女性』（三興書林）を出版（7月）／労働省婦人少年局長に就任（9月）／母・千世が90歳で死去（10月）／『明日の女性のために』（鱒書房）を出版（11月）。
1948年	『新しき女性のために』（家の光協会）を出版（8月）。
1949年	婦人少年局廃止案が伝わり、廃止反対運動が起こる（2月）。

1951年	婦人少年局長を退任（6月）。
1952年	均とともに社会党に入党（1月）／イギリス各地をまわり、労働党の集会に出席、女性労働についても調査（1～5月）／パリ、ローマなどを訪問（5～6月）／インド、タイを経て帰国（7月）。
1953年	『婦人のこえ』を創刊（10月。編集長：菅谷直子）／A・ベヴァン『恐怖に代えて』（岩波書店）を翻訳出版（11月）。
1954年	『平和革命の国――イギリス』（慶友社）を出版（9月）。
1955年	G・D・H・コール『これが社会主義か』（河出新書）を翻訳出版（4月）。
1956年	『女二代の記――わたしの半自叙伝』（日本評論新社）を出版（5月）。
1958年	均がすい臓がんで死去。享年77歳（3月）／振作の妻・美代の姪である岡部雅子の申し出で同居生活を始める（4月）。
1959年	中華人民共和国の招きで中国を訪問し、国慶節式典に出席（9月）。
1961年	『婦人のあゆみ』（労働大学通信教育講座）を出版（4月）／『婦人のこえ』が休刊（9月）。
1962年	田中寿美子、石井雪枝、菅谷直子らと婦人問題懇話会（のち日本婦人問題懇話会）を設立（4月）。
1963年	婦人問題懇話会の会報第1号を発行（～64年の第14号）。家庭婦人分科会が『ビジネス・マダム――共かせぎ百科』（読売新聞社）を出版（7月）。

1966年	振作と共編の『山川均全集』（勁草書房）の刊行スタート（6月）／64年頃から病んでいたリューマチが悪化して入院。翌月退院するが外出困難となる（10月）。
1970年	『茨城県史研究』に「武家のくらしむき」を書きはじめる（11月）。次いで翌年から「幕末の水戸藩」を執筆（〜74年）。
1974年	『覚書　幕末の水戸藩』（岩波書店）を出版（8月）。
1975年	『覚書　幕末の水戸藩』（岩波書店）が第二階大佛次郎賞を受賞（10月）。
1977年	『女性解放へ――社会主義婦人運動論』（日本婦人会議中央本部出版部）を出版（8月）／ひ孫いぶき（しげみ長男）が誕生（11月）。
1978年	『二十世紀をあゆむ――ある女の足あと』（大和書房）を出版（10月）。秋、「山川菊栄先生の米寿を祝う会」の祝い金（個人369人、43団体）が寄せられる（没後、振作が山川菊栄記念会の基金として寄付）。
1979年	『日本婦人運動小史』（大和書房）を出版（4月）。
1980年	ひ孫みを（しげみ長女）が誕生（10月）生まれる／誕生日前日の11月2日、脳梗塞で死去。享年89歳（11月）。

※年譜は、『北村兼子　炎のジャーナリスト』（大谷渡著、東方出版）、『おんな二代の記』（山川菊栄著、岩波書店）を参照した。

主要参考文献

【北村兼子】　※北村兼子著作の書誌情報は本書各記事の末尾をご覧ください。

大谷渡『北村兼子　炎のジャーナリスト』東方出版、１９９９年
大谷渡『台湾と日本』東方出版、２００８年
大谷渡編著『大阪の近代　大都市の息づかい』東方出版、２０１３年
市川房枝『市川房枝自伝　戦前編』新宿書房、１９７４年
猪木正実『伝説の人　日本女子陸上初の五輪メダリスト　人見絹枝の世界』日本文京出版、２０１８年
人見絹枝著、織田幹雄・戸田純編著『炎のスプリンター　人見絹枝自伝』山陽新聞社出版局、１９８３年
三宅やす子『朗らかな人生』教文社、１９３２年
人見絹枝『戦ふまで』三省堂、１９２９年
人見絹枝『最新女子陸上競技法』文展堂書店、１９２６年
人見絹枝『女子スポーツを語る』人文書房、１９３１年
大谷渡「北村兼子と台湾」（『関西大学文学論集』関西大学文学界、55（３）、77－１００、２００５年）
大谷渡「北村兼子小伝」（『歴史と神戸』神戸史学会、第31巻、６１７（５）、10－20、１９９２年）
北村佳逸「故北村兼子略歴及遺著解題」（北村兼子『大空に飛ぶ』改善社、１９３１年）
三澤光男「短歌からみた人見絹枝の人生」（『日本女子体育大学紀要』日本女子体育大学、第40巻、93―99、２０１０年）
「吾等女性は何を一番痛切に要求するか」（『婦人倶楽部』７（10）、16－19、講談社、１９２６年）
「果敢なく逝った関西の二女性」（『婦人倶楽部』12（９）、92、講談社、１９３１年）
石月静恵「知識人女性の台湾訪問と台湾認識」（『桜花学園大学人文学部研究紀要』桜花学園大学、第８巻、１－16、２００６年）
吉屋信子「北村兼子の功名心」（『吉屋信子全集12』所収「私の見た美人たち」朝日新聞社、１９７６年）
楊智景「女性作家の植民地台湾への行進――「婦人文化講演会」とその文芸的所産をめぐって――」（『Ｆ―ＧＥＮＳジャーナル　Frontiers of Gender Studies　no.6 公募研究特集号』お茶の水女子大学21世紀ＣＯＥプログラムジェンダー研究のフロンティア、１０３－１１０、２００６年）
杉山博昭「キリスト教社会事業家と優生思想」（『基督教社会福祉学研究』日本キリスト教社会福祉学会、第30巻、46－55、１９９７年）
文珠正子「関西大学に於ける女子学生の軌跡――大正末から昭和にかけて――」（『関西大学年史紀要』関西大学年史編纂委員会、第６巻、２１５－２３０、１９８４年）
横田冬彦「娼妓と遊客―近代京都の遊郭―」（京都橘女子大学女性歴史文化研究所編『京都の女性史』思文閣出版、96－１２０、２００２年）
藤目ゆき「全関西婦人連合会の構造と特質」（『史林』史学研究会、71（５）、７４７－７７６、１９８８年）

【山川菊栄】

山川菊栄『山川菊栄集』（１～９）、岩波書店、１９８１～82年
山川菊栄著、鈴木裕子編『山川菊栄評論集』岩波書店、１９９０年
山川菊栄『おんな二代の記』岩波書店、２０１４年
山川菊栄『日本婦人運動小史』大和書房、１９７９年
山川菊栄記念会編『いま、山川菊栄が新しい！』山川菊栄記念会、２０２１年
「歴史評論」編集部編『近代日本女性史への証言』ドメス出版、１９７９年
岡部雅子『山川菊栄と過ごして』ドメス出版、２００８年
江刺昭子『覚めよ女たち　赤瀾会の人びと』大月書店、１９８０年
山崎朋子『アジア女性交流史　明治・大正期篇』筑摩書房、１９９５年

著者一覧

大橋由香子（おおはしゆかこ）
フリーライター、編集者。「SOSHIREN女（わたし）のからだから」「優生手術に対する謝罪を求める会」などに関わる。著書に『満心愛の人　益富鶯子と古謝トヨ子　フィリピン引き揚げ孤児と育ての親』（インパクト出版会、２０１３年）ほか。光文社古典新訳文庫サイトで女性翻訳家へのインタビューを連載中。

ｍａｃｃａ（まっか）
武蔵野美術大学卒。高校から日本画を学び、CDショップでフェミニズムと出会う。日本のフェミニストを題材に布を作るプロジェクト「莫連会」に参加し、女性画家を調べていく過程で島成園を知る。

山田（樋浦）敬子（やまだ［ひうら］たかこ）
婦人問題懇話会「女性史分科会」で山川菊栄を学ぶ。現在、山川菊栄記念会事務局長。元神奈川県立高校教員、組合で家庭科の男女共学や男女混合名簿問題に取り組む。退職後は、中学校、高校などでのデートDV予防教育にも携わる。

佐藤礼次（さとうれいじ）
１９４０年生まれ。１９６０年労働大学本科講座を卒業後、労大事務局で働くものの学習誌『まなぶ』編集を担当。現在NPO労働者運動資料室でボランティア。「これからの社会を考える会」会員、社会・労働資料センター連絡協議会監査役。

山口順子（やまぐちじゅんこ）
オノーレ情報文化研究所主宰。専門はメディア史。山川菊栄の後輩にあたる東京都立竹早高等学校卒。同校同窓会組織・篁（たかむら）会アドバイザーを務める。「日本婦人問題懇話会の軌跡」や山川菊栄記念会のWebサイト管理者。

林　葉子（はやしようこ）
名古屋大学ジェンダーダイバーシティセンター教授。博士（文学）。専門は、歴史学、ジェンダー論。著書に『性を管理する帝国—公娼制度下の「衛生」問題と廃娼運動』（大阪大学出版会、２０１７年）ほか。

豊田真穂（とよだまほ）
専門は、ジェンダー史、アメリカ研究。現在、早稲田大学文学学術院教授。単著に『占領下日本の女性労働改革―保護と平等をめぐって―』（勁草書房、２００７年）、その他論文に「労働省婦人少年局と山川菊栄」（山川菊栄記念会『今、山川菊栄が新しい！』、２０２１年）がある。

趙書心（ちょうしょしん）
１９９５年、中国生まれ。名古屋大学大学院人文学研究科博士後期課程、日本学術振興会特別研究員。専攻は日本近現代文学、クィア研究。論文に「青鞜におけるレズビアニズムの再考」（『女性学』第29号、２０２２年）など。

高柳聡子（たかやなぎさとこ）
ロシア文学研究・翻訳者。著書に『ロシアの女性誌 時代を映す女たち』（群像社、２０１８年）、訳書にダリア・セレンコ『女の子たちと公的機関 ロシアのフェミニストが目覚めるとき』（エトセトラブックス、２０２３年）など。

宋連玉（そんよのく）
朝鮮近現代女性史・ジェンダー史。青山学院大学名誉教授。山川菊栄の関連論文に、「植民地期朝鮮のラディカル・フェミニズム、その不在を問う」（『歴史学研究』９４７号、２０１６年）がある。

柚木麻子（ゆずきあさこ）
小説家。１９８１年東京都生まれ。２００８年、オール讀物新人賞受賞。２０１５年、『ナイルパーチの女子会』にて山本周五郎賞受賞。近著に『ＢＵＴＴＥＲ』（新潮社、２０１７年）『らんたん』（小学館、２０２１年）、『ついでにジェントルメン』（文藝春秋、２０２２年）、『とりあえずお湯わかせ』（ＮＨＫ出版、２０２２年）など。

松尾亜紀子（まつおあきこ）
１９７７年長崎県生まれ。出版社勤務ののち、２０１８年にフェミニスト出版社「エトセトラブックス」を設立、21年から同名書店スタート。

栗田隆子（くりたりゅうこ）
１９７３年生、神奈川県出身。文筆家。大阪大学大学院文学研究科博士課程中退。主著に『ぼそぼそ声のフェミニズム』（作品社、２０１９年）、『呻きから始まる――祈りと行動に関する24の手紙』（新教出版社、２０２２年）。

未来からきたフェミニスト　北村兼子と山川菊栄
2023年５月20日　初版第一刷発行

表紙イラスト　田中よう子
表紙デザイン　三上祥子（Vaa）
本文組版　キャップス
校正　佐々木幸
表紙写真提供　国立台湾大学図書館（北村兼子）、山川菊栄記念会（山川菊栄）
印刷・製本　モリモト印刷株式会社

発行者　伊藤春奈
発行所　花束書房
〒185-0001　東京都国分寺市北町4-10-12
電話 090-9340-4338　FAX 050-3142-2804
http://www.hanatabasyobo.com

ISBN 978-4-9912489-1-7